Charmaine Liebertz

Das GOLDENE SCHATZBUCH
ganzheitlichen Lernens

Grundlagen und Spiele
für eine bessere Bildung

Hrsg. von der Gesellschaft
für Ganzheitliches Lernen e.V.

Gerne nehmen wir Ihre Anregungen, Wünsche, Kritik oder Fragen entgegen:
Don Bosco Medien GmbH, Sieboldstraße 11, 81669 München
anregungen@donbosco-medien.de
Servicetelefon (089) 480 08-3 41

Ebenfalls von der Autorin lieferbar

ISBN 978-3-7698-1446-0

ISBN 978-3-7698-1773-7

Bibliografische Information der Deutschen Nationalbibliothek

Die Deutsche Nationalbibliothek verzeichnet diese Publikation in der Deutschen Nationalbibliografie; detaillierte bibliografische Daten sind im Internet über http://dnb.d-nb.de abrufbar.

3. Auflage 2018 / ISBN 978-3-7698-2024-9
© 2013 Don Bosco Medien GmbH, München
www.donbosco-medien.de
Umschlag, Layout und farbige Innenillustrationen: ReclameBüro, München
Satz: Don Bosco Medien GmbH, München
Druck: Don Bosco Druck & Design, Ensdorf

Gedruckt auf umweltfreundlichem Papier

Vorwort

> **Wer zu lesen versteht, besitzt den Schlüssel zu großen Taten, zu ungeträumten Möglichkeiten.**
> Aldous Huxley

Liebe Leser,

Sie halten eine vollständig überarbeitete Neuauflage von „Das Schatzbuch ganzheitlichen Lernens" in der Hand. Ich freue mich sehr darüber und bin ein wenig stolz auf die Geschichte dieses Buches.

Zum Zeitpunkt seiner Erstauflage im Jahr 1999 herrschte in der Pädagogik noch eine sehr medienpessimistische Haltung. Zwar gilt es auch in der medienaffinen Generation des 21. Jahrhunderts auf das Gleichgewicht echter und virtueller Welt zu achten, aber die Vorteile der globalen Kommunikation, des vernetzten und rasch aktualisierbaren Wissensstandes sind heute offenkundig.

Im Laufe der Jahre hat sich mein Buch zu einem beliebten Standardwerk des ganzheitlichen Lernens entwickelt, und das verdanke ich vor allem Ihnen! Sie haben mich in all den Jahren nicht nur treu begleitet, sondern insbesondere in meinem Anliegen, die ganzheitliche Bildung in Deutschland voran zu bringen, kenntnis- und erfahrungsreich unterstützt.
In meinen Seminaren und Lehrgängen begegnete ich vielen interessanten Menschen, außergewöhnlichen Persönlichkeiten, an deren kritischen Fragen, innovativen Ideen und liebevoller Haltung ich wachsen durfte.
Die gesammelten neuen Schätze möchte ich Ihnen in dieser Neuauflage weitergeben, auf dass unser Erfahrungswissen breit gestreut wird und vielen Menschen die Zuversicht gibt,

den Weg des ganzheitlichen Lernens mit Kopf, Herz, Hand und Humor zu gehen – vor allem im Sinne des Kindes!

Denn das Konzept des ganzheitlichen Lernens ist heute so gefragt wie nie zuvor: Die aktuellen Erkenntnisse der Hirn- und Emotionsforschung, die zunehmende Kopflastigkeit der Wissensvermittlung, der psychische Leistungsdruck auf die Neue Kindheit und die Unzufriedenheit vieler Pädagogen fordern eine bessere, eine ganzheitliche Bildung.
Motor und Motivator hierfür ist die ganzheitlich gebildete Pädagogenpersönlichkeit! Sie findet Antworten auf ihre Frage „Ganzheitlich Lernen – aber warum?" (s. Kap. 3) sowohl im respektvollen Rückblick auf die reformpädagogischen Ideen als auch im Ausblick auf die moderne Lern- und Intelligenzforschung. Und sie vermag die Frage „Ganzheitlich Lernen – aber wie?" (s. Kap. 4) sowohl mit pädagogischen Schlüsselkompetenzen als auch mit praxisrelevanten Spielen (s. Kap. 5) zu beantworten.

Dieses Buch eröffnet Ihnen, lieber Leser, auch wertvolle Schätze aus dem Reich der ganzheitlichen Spiele, die nichts kosten und vom Aussterben bedroht sind. Schon Astrid Lindgren bemerkte: *„Wenn man genügend spielt, solange man klein ist – dann trägt man Schätze mit sich herum, aus denen man später sein ganzes Leben lang schöpfen kann."*

Möge Ihnen das goldene Schatzbuch den Schlüssel für eine bessere Bildung geben!

Charmaine Liebertz

KAPITEL 1

KINDHEIT HEUTE

Jede Generation bringt eine neue Gesellschaft hervor!

Alexis de Tocqueville

„Das gab es bei uns nicht!" oder gar „Früher war's besser!", immer wenn Sie in die Versuchung kommen, solch wehmütige Stoßseufzer über „diese neue Generation" auszustoßen, so bedenken Sie bitte: Jede heranwachsende Generation hat ihre spezifischen Chancen und Probleme.

Immer verändern sich die Lebensbedingungen von Kindern so grundlegend und rasant, dass zwischen unserer *eigenen Kindheit* und der *neuen Kindheit* nur wenige Gemeinsamkeiten bestehen. Dies gehört zum Wesen eines jeden Generationswechsels! Erst die Ablösung von Alt durch Jung ermöglicht den Wechsel von Vergangenheit zur Zukunft. Der historisch-gesellschaftliche Wandel ist Wegbereiter für das Neue und den Fortschritt. Jeder Generationswechsel löst sowohl Fremdheit und als auch ein großes Entwicklungspotential aus.

Der wehmütige Blick auf vergangene Zeiten, ein verklärter Retroblick hilft uns heute nicht weiter. Um voneinander zu lernen sind intergenerative Kommunikation und Toleranz bedeutsam, d. h. für die Pädagogik vor allem der professionelle Blick auf Chancen und Gefahren der neuen Kindheit.

Es gilt, das aktuelle Erscheinungsbild der neuen Kindheit stärkenorientiert zu analysieren, um zeitgemäß erziehen und unterrichten zu können. Auch wenn einige Probleme in Ihrem pädagogischen Alltag noch nicht aufgetreten sind, so sollten Sie zumindest um die lauernden Gefahren wissen, um frühzeitig und flexibel darauf reagieren zu können. Die folgende Auflistung soll Ihnen, lieber Leser, helfen, die vielfältigen Gefahrensignale der Kinder unserer Informationsgesellschaft einzuschätzen.

Die aktuellen Zahlen[1] beziehen sich auf deutsche Großstädte und Ballungszentren.

---

[1] Datenquelle: Statistisches Bundesamt in Wiesbaden, Polizei- und Kriminalstatistik des Bundesinnenministeriums, Deutsche Gesellschaft für Ernährung (Prof. H. Heseker), Deutsche Akademie für Kinder- und Jugendmedizin (Prof. Dr. H. G. Schlack) Institut für Bevölkerungsforschung und Sozialpolitik (Prof. Dr. K. Hurrelmann), Robert-Koch-Institut Berlin (Dr. M. Schlaud) Erziehungswissenschaftliche Fakultät der Universität Dresden.

Existenzgrundlage und Familiensituation[2]

Arbeitsmarkt
- 3,156 Mio. registrierte Arbeitslose (7,4%), davon sind 69,3 % im Rechtskreis SGB II (Hartz IV) registriert.
- 299.223 Jugendliche unter 25 Jahren sind arbeitslos.

Sozialhilfe
- 1,9 % der Haushalte bezogen Anfang 2013 Wohngeld und rund 7,5 Millionen Menschen erhielten Transferleistungen der sozialen Mindestsicherungssysteme.
- Jedes siebte Kind lebt in einem Haushalt, der auf staatliche Fürsorge angewiesen ist. Ihre Eltern sind entweder arbeitslos oder ihre Niedriglöhne reichen nicht aus, um die Existenz der Familie zu sichern.

Scheidung und Alleinerziehende
- 2,3 Mio. der 15,6 Mio. deutschen Kinder sind Scheidungskinder. Fast jede dritte Ehe wird geschieden, am häufigsten im vierten Jahr ihres Bestehens. Die meisten Kinder erleben diese Trennung/Scheidung im Alter zwischen 3 und 13 Jahren also in einer sensiblen Entwicklungsphase.
- Von den rund 8,2 Mio. Familien mit minderjährigen Kindern sind knapp 20% alleinerziehende Mütter oder Väter. Von 1996 bis 2010 stieg die Anzahl der Alleinerziehenden von 1,3 Mio. auf 1,6 Mio. Mit einem Elternteil im Haushalt leben 17% der Kinder.
- 58% der alleinerziehenden Mütter sorgen für ein Kind, 32% für zwei Kinder und 1% für drei oder mehr Kinder. Bei den alleinerziehenden Vätern sorgen 63% ein Kind, 29% zwei Kinder und 8% drei oder mehr Kinder.
- Laut einer Studie des Deutschen Jugendinstituts[3] ist für die kindliche Entwicklung weniger die Familienform als vielmehr die sozioökonomische Lage bedeutsam. Wichtig für das

---

[2] Stand Februar 2013 s. Statisches Bundesamt: www.destatis.de

[3] Deutsches Jugendinstitut: Aufwachsen in Deutschland: Alltagswelten (AID:A). Erhebung 2009. Sonderauswertungen im Auftrag des Bundesministeriums für Familie, Senioren, Frauen und Jugend. München 2011.

kindliche Wohlbefinden sei der finanzielle Beitrag des Vaters[4], etwa in Form von Unterhaltszahlungen. Kinder von Alleinerziehenden gaben etwas seltener an, in ihrer Familie immer über alles sprechen zu können, als Kinder in Paarfamilien. Insgesamt unterscheidet sich die Beziehung der Kinder zur Mutter allerdings kaum zwischen den Familienformen.

Kinderbetreuung

Im März 2012 haben 558.000 Kinder unter drei Jahre eine Betreuung in Kindertageseinrichtungen oder in öffentlich geförderter Kindertagespflege in Anspruch genommen (Anstieg gegenüber 2011 um rund 44.000 Kinder). Der Anteil der Kinder in Tagesbetreuung an allen Kindern dieser Altersgruppe (Betreuungsquote) belief sich damit bundesweit auf über 27,6% (2011: 25,4%). Von August 2013 an haben Kinder ab dem ersten Geburtstag einen Rechtsanspruch auf einen Betreuungsplatz. Dann sollen nach dem Wunsch der Bundesregierung 39% der unter Dreijährigen in einer Kita unterkommen können. Ein Jahr vor Inkrafttreten des Rechtsanspruchs fehlten noch 220.000 Plätze und der Ausbau der Kitas wird voraussichtlich bis 2017 dauern. Selbst wenn die Plätze vorhanden wären – es fehlt an qualifiziertem Personal! Vor allem Alleinerziehende sind auf Kinderbetreuungsangebote angewiesen, da sie ihren überwiegenden Lebensunterhalt durch eigene Erwerbstätigkeit erwirtschaften. So nennt laut einer Umfrage[5] jede zweite Alleinerziehende (53%) mit einem zweijährigen Kind eine aufgenommene Erwerbstätigkeit als Grund für die Kinderbetreuung. Im europäischen Vergleich ist Deutschland noch weit entfernt davon den quantitativen und qualitativen Ansprüchen von Eltern und Kindern gerecht zu werden.

---

[4] Limmer, Ruth: Mein Papa lebt woanders – Die Bedeutung des getrenntlebenden Vaters für die psychosoziale Entwicklung seiner Kinder. In: Mühling, T./Rost, H. (Hrsg.): Väter im Blickpunkt. Perspektiven der Familienforschung. Opladen 2007

[5] Sinus Sociovision: Was heißt hier alleinerziehend? – Analysen zu Lebensformen und Beziehungskonstellationen von Müttern in Deutschland. Im Auftrag des Bundesministeriums für Familie, Senioren, Frauen und Jugend. Berlin 2012

Gewalt und Kriminalität[6]

Die Gewaltstudie 2013 der Universität Bielefeld zeigt auf, dass jedes vierte Kind von Erwachsenen geschlagen wird. Jeder fünfte Jugendliche (18,9%) gab an, in den letzten 12 Monaten Opfer einer Gewalttat geworden zu sein. Bezogen auf die gesamte bisherige Lebenszeit sind es sogar doppelt so viele Jugendliche (38,9%), die mindestens einmal eine Gewalttat erlitten haben. Bei 3,1% war die Verletzung so gravierend, dass ein Klinikaufenthalt nötig war. Bei immerhin einem Fünftel aller Übergriffe führten der oder die Täter eine Waffe mit (z. B. Schlagstock). Männliche Jugendliche haben ein höheres Opferrisiko als weibliche Jugendliche (mit Ausnahme von sexueller Gewalt). Zudem erleben Hauptschüler mit 24,8% viel häufiger Raub, Erpressung, sexuelle Gewalt oder Körperverletzung als Gymnasiasten (13%). Jeder zehnte Jugendliche musste im zurückliegenden Jahr mit ansehen, wie sich seine Eltern Gewalt antaten.

Schule als Tatort: 18,2% der Jugendlichen wurden im zurückliegenden Schulhalbjahr geschlagen oder getreten. Jedes fünfte Kind der 4. Grundschulklasse (21,5%) wurde in den vier Wochen vor der Befragung von anderen Schülern geschlagen.

Jugendliche als Gewalttäter: Jeder sechste Jugendliche (16,9%) gab an, im vergangenen Jahr mindestens eine Gewalttätigkeit verübt zu haben (3,9% fünf oder mehr Gewaltdelikte). Bei den Jungen ist der Anteil der Gewalttäter mit 25,1% deutlich größer als bei den Mädchen (8,9%) und unter Hauptschülern fast dreimal so hoch wie unter Jugendlichen in Gymnasien und Waldorfschulen.

Die alarmierenden Zahlen zur Gewalt belegen das angespannte häusliche Milieu in deutschen Kinderstuben und Schulen. Drei Faktoren begünstigen — nach Ansicht von Christian Pfeiffer, Leiter des Kriminologischen Forschungsinstituts Niedersachsen — diese Entwicklung: Armut, Gewalt im Elternhaus und die mangelnde Aussicht, sich aus eigener Kraft aus der Misere herausziehen zu können. Wenn Eltern ihre eigenen Perspektiven schwinden sehen, welche Hoffnung sollen sie dann ihren Kindern mitgeben? Woher die Kraft für eine harmonische Erziehung nehmen?

---

[6] Seit 1998 befragen Prof. Dr. Christian Pfeiffer (Kriminologisches Forschungsinstitut Niedersachsen) und Prof. Dr. Peter Wetzels (Universität Hamburg) Schüler in ausgewählten Städten und Landkreisen Deutschlands. Die vorliegenden Zahlen stammen aus einer Befragung im Jahr 2005 (insgesamt 19.830 Schüler davon 5.529 Grundschulkinder der 4. Jahrgangsstufe sowie 14.301 Jugendliche der 9. Jahrgangsstufe).

Bewegung und Ernährung

Die von 2003 bis 2006 durchgeführte KiGGs-Studie[7] des Robert-Koch-Instituts ist derzeit die aktuellste Langzeitstudie zur gesundheitlichen Situation der in Deutschland lebenden Kinder und Jugendlichen. Sie weist diese Zahlen aus:

- 21,9% der 11- bis 17-Jährigen zeigen ein auffälliges Essverhalten. Im Alter von 17 Jahren sind es 30,1% Mädchen und 12,8% Jungen.
- 15% der 3- bis 17-Jährigen sind übergewichtig. Eine Adipositas liegt bei etwa 6,3% vor.
- Der Anteil der Übergewichtigen steigt von 9% bei den 3- bis 6-Jährigen über 15% bei den 7- bis 10-Jährigen bis hin zu 17% bei den 14- bis 17-Jährigen.
- Eine Adipositas haben 2,9% der 3- bis 6-Jährigen, 6,4% der 7- bis 10-Jährigen und 8,5% der 14- bis 17-Jährigen.
- 16,7% der Kinder haben eine allergische Erkrankung. Jedes zehnte Kind leidet unter Rheuma oder Diabetes.
- 43% der Kinder erreichen bei der Rumpfbeuge nicht das Fußsohlenniveau.

Medienkonsum

Laut der aktuellen Langzeitstudie *Massenkommunikation*[8] sind Fernsehen und Radio die täglich am meisten genutzten Medien, obwohl sich das Internet rasant entwickelt. Die Radio- und Fernsehnutzung dominiert während der Mahlzeiten; über zwei Drittel der täglichen Essenszeit wird vor tagesaktuellen Medien verbracht. Je jünger die Menschen, desto eher nutzen sie die Medien parallel. Die Haushalte mit Kindern sind sehr gut mit Medien ausgestattet: Fernseher, Computer, Handy, Radio und MP3-Player stehen fast allen Familien

---

[7] 2009 begann das Robert Koch-Institut die Daten für eine Fortsetzungsstudie zu erheben. Die ersten Ergebnisse werden ab Ende 2013 verfügbar sein: www.kiggs-studie.de

[8] Die Studie der ARD/ ZDFMedienkommission startete im Jahr 1964 und wurde ab 1970 im fünfjährigen Turnus wiederholt. Zu den Kernergebnissen der zehnten Erhebungswelle 2010 vgl. Ridder, Ch.M./ Engel, B.: Massenkommunikation 2010: Mediennutzung im Intermediavergleich. Ergebnisse der 10. Welle der ARD/ ZDF Langzeitstudie zur Mediennutzung und bewertung. In: Media Perspektiven 11/2010, S. 523–536

zur Verfügung, 89% haben einen Internetanschluss. Eine Studie[9] zum Medienumgang von 6- bis 13-Jährigen belegt: Am häufigsten sind CD-Player, jeder Zweite besitzt eine Spielkonsole, MP3-Player und Handy haben die Hälfte der 6- bis 13-Jährigen. Bei 45% steht ein Fernseher im Kinderzimmer. Allerdings besitzen nur 15% der Kinder einen Computer für sich und jedes zehnte Kind hat einen eigenen Internetanschluss.

Fast alle Kinder sitzen regelmäßig vor dem Fernseher, weitere häufige Medienbeschäftigungen sind Musik hören und Computer-/Konsolenspiele, letzteres vor allem für die Jungen. Drei Viertel der Kinder nutzen den Computer für Spiele, Schularbeiten und das Schreiben von Texten. Nach Jahren stetigen Wachstums wird nun eine Sättigungstendenz sichtbar. Bei Kindern ab 6 Jahren stagnieren die Werte beim Computerzugang mit 80% (4,8 Mio.) und der Internetnutzung mit 74% (4,5 Mio.) auf hohem Niveau. Zunehmend ist jedoch die Nutzungsintensität bei den Kindern ab 10 Jahren; jeder zweite Nutzer ist jeden Tag online. Zwar birgt diese digitale Multimediageneration viele Gefahren[10] aber sie bietet auch Chancen, denn wer im Internet unterwegs sein will, hat eine deutliche Motivation gut lesen zu können. Und: Drei Fünftel der Mädchen und zwei Fünftel der Jungen lesen regelmäßig, sei das nun online oder offline.

Im 21. Jahrhundert steht nicht mehr die Frage „*Medien ja oder nein?*" im pädagogischen Fokus sondern nur die Antwort „*Medien ja, aber sinnvoll!*" Noch hinken die deutschen Schulen europaweit bei der Vermittlung von Computerkenntnissen[11] für die Bildungs- und Arbeitswelt hinterher. Kein Wunder, denn laut der EU-Studie ist die Ablehnung unter den Lehrern, diese Kompetenzen zu vermitteln, noch sehr hoch.

---

[9] KIM-Studie 2010 des Medienpädagogischen Forschungsverbunds Südwest: Kinder + Medien Computer + Internet. Basisuntersuchung zum Medienumgang 6- bis 13-Jähriger in Deutschland.

[10] Spitzer, M.: Digitale Demenz. Wie wir uns und unsere Kinder um den Verstand bringen. München 2012

[11] In fast 150 Ländern ist der Europäische Computer-Fahrschein (ECDL) ein anerkanntes Zertifikat zum Nachweis grundlegender IT-Kenntnisse.

Werbung und Konsum

Kaufkraft und Werbung[12]

23,74 Milliarden (Mrd.) Euro werden unsere 6- bis 19-jährigen Kinder in diesem Jahr ausgeben (1,41 Mrd. € mehr als 2011) davon:

- 1,70 Mrd. € Handy-Gebühren
- 1,63 Mrd. € Getränke
- 1,53 Mrd. € Fastfood
- 964 Mio. € Süßigkeiten
- 470 Mio. € Computer und Internet

und immerhin 740 Mio. Euro für Bücher und Zeitschriften.

Die 6- bis 13-Jährigen bekommen 10% mehr Taschengeld als 2011. Diese Kaufkraft macht sie zur interessanten Zielgruppe für die Werbewirtschaft: Jährliche Werbeausgaben für Süßigkeiten (über 500 Mio. €), Telekommunikation (300 Mio. €) und TV-Spots, Telefon- und Faxdienste (300 Mio. €) – also für Produkte, die Kinder und Jugendliche bevorzugt konsumieren. Da die Finanzkompetenz erst mit den Jahren wächst, geraten viele Jugendliche auch aufgrund der Werbeversprechen (Null Zinsen, günstige Verträge etc.) in die Schuldenfalle. Jeder Achte der 13- bis 24-Jährigen hat schon Schulden in durchschnittlicher Höhe von 1.800 Euro. Daher bietet die Kreditauskunftei Schufa das Programm „Schufa macht Schule"[13]; es versorgt Lehrer kostenlos mit Unterrichtsmaterial zum Thema.

Spielzeug und Markenbewusstsein

Laut einer Studie des Instituts der deutschen Wirtschaft Köln[14] ist der Umsatz der deutschen Spielwarenbranche in den vergangenen Jahren stetig gewachsen – trotz Wirtschaftskrise und sinkender Geburtenzahlen. Während die deutsche Wirtschaft im Jahr 2009 um 4,7% einbrach, verbuchte die Spielzeugbranche einen Umsatz von rund 2,4 Milliarden €, das entspricht einem Plus von 4,1%. Dabei stieg der Verkauf von Spielsachen für Kleinkinder

---

12 Hochrechnung des Marktforschungsinstituts „Iconkids & Youth" im Rahmen der Studie „Trend Tracking Kids 2012".

13 www.schufamachtschule.de

14 Studie „Weniger Kinder, mehr Spielzeug" www.iwkoeln.de

bis zu 3 Jahren im Jahr 2009 auf rund 308 Mio.€ – 17 Mio. € mehr als 2008. Eltern und Bekannte gaben 317 Mio.€ für Baby- und Kleinkindspielzeug aus. Bitte achten Sie, lieber Leser, mal darauf: Viele Kinder beginnen erst richtig zu spielen, wenn das Spielzeug kaputt ist. Die Reparaturarbeiten sind oft interessanter als das Spielzeug selbst. Die Lektion: „Kauf dir was und schon geht's dir besser" mag für Werbestrategen aufgehen. Für die Erziehung ist dies Prüfstein und Chance zugleich, langfristige, nicht materielle Anreize zu bieten.

Aber Kinder von heute sind Kunden von morgen! Seit 20 Jahren bietet die KidsVerbraucherAnalyse[15] eine Fülle an Daten über das Markenbewusstsein von 6- bis 13-Jährigen. So sagten 60% der befragten Kinder, dass ihnen Marken-Sportschuhe wichtig seien. Laut Institut für Marken- und Kommunikationsforschung[16] setzt der Prozess der Markenbindung bereits im dritten Lebensjahr ein. Schon Vorschulkinder kennen jedes dritte Logo. Dabei spielen die Charaktere, welche Marken umgeben, bei den Kindern eine entscheidende Rolle. Farbenfrohe Sympathieträger wie die Milka-Kuh oder der Fruchttiger verstärken die Wirkung der Markenbekanntheit. Mit einem durchschnittlichen Bekanntheitsgrad von 39% sind sie noch präsenter als die Logos.

Psychische Probleme

Seelische Erkrankungen zählen zu den häufigsten Krankheiten der Kinder und Jugendlichen in Deutschland. Laut einer Studie[17] sind knapp 20% der unter 18jährigen (4 Mio. Kinder und Jugendliche) psychisch auffällig. Sie zeigen:
• Emotionale Probleme: Ängste, depressive Symptome, Essstörungen und Somatisierungsstörungen (z. B. Bauch- oder Kopfschmerzen)
• Verhaltensauffälligkeiten: abweichendes, aggressives Sozialverhalten (Prügeln, Wutausbrüche, Ungehorsam, Lügen, Stehlen)
• Soziale Probleme: Kontaktschwierigkeiten, keinen guten Freund haben, nicht beliebt sein, gehänselt werden, bevorzugt Kontakt zu Erwachsenen als zu Gleichaltrigen

---

[15] KidsVerbraucherAnalyse (KidsVA) gibt Überblick zum Medien- und Konsumverhalten der aktuell 6,04 Mio. Kinder und Jugendlichen im Alter von 6 bis 13 Jahren in Deutschland: www.egmont-mediasolutions.de

[16] Institut für Marken– und Kommunikationsforschung an der EBS Universität für Wirtschaft und Recht in Oestrich-Winkel: www.imk-ebs.de

[17] Stiftung für die psychische Gesundheit von Kindern und Jugendlichen: www.achtung-kinderseele.org

- Psychische Erkrankungen (selten): Frühkindlicher Autismus, affektive und schizophrene Psychosen, Verhaltensauffälligkeiten nach hirnorganischen Erkrankungen (z. B. Schädel-Hirn-Trauma)
- Psychische und Verhaltensprobleme durch psychotrope Substanzen: Alkohol, Cannabis und der Konsum anderer Substanzen sind vor allem im Jugendalter ein Problem.

Zu den häufigsten psychischen Problemen bei Kindern und Jugendlichen zählen Störungen des Essverhaltens, Angststörungen und depressive Störungen.

Schulprobleme

ADHS

Die Zahl der Kinder mit Aufmerksamkeits- und Hyperaktivitätsstörungen (ADHS) ist einer Studie[18] zufolge in den vergangenen Jahren sprunghaft angestiegen. Die ADHS-Diagnosen unter Kindern und Jugendlichen bis 19 Jahren hätten demnach von 2006 bis 2011 einen Zuwachs von 42%. Bundesweit leiden 12% der zehnjährigen Jungen und etwa 4% der Mädchen in dieser Altersgruppe an der Störung. Allerdings gibt der Schweizer Kinderarzt und Entwicklungsforscher Remo Largo[19] zu bedenken: „Es gibt Kinder, die aufwendig zu erziehen sind. Sie brauchen viel Bewegung und lassen sich leicht ablenken. Ernsthaft krank sind aber die wenigsten von ihnen. Um wirklich herauszufinden, weshalb ein Kind verhaltensauffällig ist, braucht es eine mindestens vierstündige Abklärung von Motorik, Sprache, Sozialverhalten und Kognition. Dieser Aufwand wird selten betrieben, meist wird nur ein Fragebogen ausgefüllt oder ein kurzes Gespräch geführt."

Legasthenie

wird auch *Dyslexie* oder *Lese-Rechtschreib-Störung* genannt. Legastheniker können nur schwer das Gesprochene in geschriebene Sprache umsetzen und umgekehrt. Ursachen

---

[18] Arztreport der Barmer GEK Krankenkasse 2013
[19] Wir zwingen Kinder dazu, still zu sitzen. DIE ZEIT. N°7 Februar 2013

hierfür können sein: Genetische Disposition[20], Probleme bei der auditiven und visuellen Wahrnehmungsverarbeitung oder der Verarbeitung der Sprache (phonologischen Bewusstheit). Studien belegen, dass ca. 9% der eingeschulten Kinder und 5% der Gesamtbevölkerung von Legasthenie betroffen sind also rund 4 Mio. Deutsche.

Dyskalkulie

Menschen mit Rechenschwäche entwickeln eine unvollständige Mengenvorstellung; sie können scheinbar nicht verstehen, welche Zahl größer und welche kleiner ist, sie schreiben Ziffern seitenverkehrt und verwechseln Rechenarten. Daher fallen ihnen aufbauende mathematische Inhalte besonders schwer. Wissenschaftler[21] schätzen, dass etwa 6% der Grundschüler unter dieser Teilleistungsstörung leiden.

Sprachprobleme

Eine Sprech- oder Sprachstörung wird nicht durch organische oder mentale Störungen verursacht. Sie liegt vor, wenn ein Kind nicht in der Lage ist kurze, vollständige Sätze mit angemessenen Worten zu bilden oder zu verstehen. Seit 2004 hat dieses Krankheitsbild nach Aussage der Wissenschaftler um 20% zugenommen. Laut Arztreport der Barmer-GEK[22] leidet jedes dritte Vorschulkind unter Sprachstörungen. 1,1 Mio. Kinder bis 14 Jahren waren 2010 deswegen in Behandlung (bundesweit 10,3% aller Kinder). Bei den 6jährigen Jungen leiden 38% an einer Entwicklungsstörung des Sprechens und der Sprache; gleichaltrige Mädchen weisen diese Störung nur zu 30% auf.

---

[20] Ein Forscherteam der Münchner Universitätsklinik hat Ende 2009 bei Legasthenikern den Beitrag eines spezifischen Gens nachweisen können. Die Erbanlagen scheinen eine wichtige Rolle bei der Entwicklung einer Lese-Rechtschreibschwäche zu spielen. Die Identifizierung des Gens könnte in Zukunft unter anderem eine bessere Früherkennung ermöglichen.

[21] Das Mathematischen Institut zur Behandlung der Rechenschwäche/Dyskalkulie in München informiert Eltern und Lehrer: www.rechenschwaeche.de

[22] Grundlage der Studie waren Daten von insgesamt 8,3 Millionen Versicherten der Barmer GEK aus dem Jahr 2010. Sie repräsentieren 10% der deutschen Gesamtbevölkerung. Die Daten von mehr als 1 Mio. Kinder flossen in die Untersuchung ein.

Nun haben Sie, lieber Leser, nach diesen ernstzunehmenden Fakten sicher einen defizitären Tunnelblick auf die neue Kindheit bekommen. Aber es gibt auch stärkenorientierte Lichtblicke, die Ihnen für die pädagogische Arbeit die erforderliche Zuversicht geben können. Nutzen Sie die folgende Zusammenfassung nach dem bewährten pädagogischen Dreischritt: Hinsehen – Erkennen – Handeln!

Zusammenfassung

Die Kinder der neuen Generation „zahlen für die fortgeschrittene Industrialisierung und Urbanisierung einen hohen Preis, der sich in körperlichen, psychischen und sozialen Belastungen ausdrückt" meint der Pädagoge Klaus Hurrelmann[23]. Das größte Problem ist ihre unausgewogene *Entwicklungskost*:

• zu viele künstliche Welten – zu wenig reale Erfahrungsräume
• zu viel Passivität – zu wenig Bewegung und Eigentätigkeit
• zu viele auditive und visuelle Sinnesreize – zu wenig andere Sinneseindrücke
• zu viele Infos aus „zweiter Hand" (virtuell) – zu wenig Primärerfahrungen (real)
• zu viel Konsum – zu wenig Kreativität
• zu viele mediale Kommunikation – zu wenig echte Bindung

„Vielleicht brauchen wir einen Kinderbeauftragten, der die gleiche Kompetenz hat wie der Wehrbeauftragte, das heißt, dass sie oder er auch bei Gesetzesvorhaben tatsächlich intervenieren und sagen kann: Habt ihr daran gedacht, was hat das für Auswirkungen für Kinder?"[24]

---

[23] Hurrelmann, K.: Familienstress, Schulstress, Freizeitstress. Gesundheitsförderung für Kinder und Jugendliche, Weinheim 1990, S. 58
[24] Prof. Norbert Wagner, Präsident der Deutschen Gesellschaft für Kinder- und Jugendmedizin

KAPITEL 2

BILDUNG HEUTE

Bildung ist nicht das Befüllen von Fässern, sondern das Entzünden von Flammen.

Heraklit

- flexibel hinzulernen
- kreativ denken
- eigen- und mitverantwortlich handeln
- Teamgeist fördern
- kritisches Bewusstsein stärken
- lebenslang lernen
- ganzheitliches Menschenbild entwickeln

Welche Lebens- und Arbeitsbedingungen erwartet die neue Generation im 21. Jahrhundert? Welche Schlüsselkompetenzen benötigen Kinder und Jugendliche in Zukunft? Wie muss sich die Qualität von Bildung, Lernen und Erziehen verändern?

Die alte Paukschule war für die Aufbauphase der industriellen Gesellschaft stimmig. Im 21. Jahrhundert jedoch gerät sie unter den neuen Anforderungen der Informationsgesellschaft und ihrer neuen Kindheit massiv ins Wanken. Viele sogenannte Problemkinder werden in den Therapiebereich abgedrängt wo sich spezialisierte Therapeuten mit den Defiziten der kindlichen Entwicklung auseinandersetzen. Doch bevor die therapeutischen Alarmglocken klingeln, sollte unser pädagogischer Sachverstand und eine selbstkritische Haltung greifen!

Es ist höchste Zeit, dass wir Pädagogen die Frage nach der Qualität von Bildung in den Mittelpunkt unseres Interesses rücken! Zeitgemäßes, qualitativ hochwertiges Lernen erreichen wir nur, wenn wir unsere Kinder fit machen für die neuen Herausforderungen der Zeit. Aber welche Kenntnisse, Fähigkeiten und Einstellungen benötigen sie heute?

Unsere Gesellschaft hat lange vor der Jahrhundertwende einen ökonomischen und technologischen Wandel vollzogen von der nationalen Industriegesellschaft hin zur globalen Informationsgesellschaft. Unsichere Arbeitsplätze, Billiglohnjobs, sinkendes Wirtschaftswachstum, rasant wechselnde Berufsanforderungen und Informationstechnologien verunsichern die Menschen. Ihr ökonomischer Wohlstand wird in Zukunft nicht mehr davon abhängen, was sie einmal gelernt haben, sondern ob sie ein Leben lang bereit sind, schnell und flexibel hinzu zu lernen. Der soziale Wohlstand wird nicht mehr nur davon abhängen, wie gut das staatliche Sozialwesen funktioniert, sondern wie eigen- und mitverantwortlich jeder von uns denkt und handelt. Die Schlüsselworte wie Globalisierung, europäischer Arbeitsmarkt und multikulturelle Gesellschaft verdeutlichen, welch hohes Maß an Mobilität, Flexibilität, Kreativität und Selbstständigkeit die neue Generation in Zukunft benötigt.

In der Gesellschaft des 21. Jahrhunderts sind selbstbestimmte und kreative Menschen gefragt, die Freude am Querdenken haben. Intelligenz und Kreativität sind die Währung der Zukunft. Steven Jobs, der verstorbene Mitgründer des Apple Unternehmens verkörperte mit seinem Slogan „think different!" diese Entwicklung prototypisch. Und Bill Gates, der Microsoft-Gründer und einer der reichsten Menschen der Welt, schuf mit der „Bill & Melinda Gates Foundation" (größte Privat-Stiftung der Welt!) eine neue Management-*Philosophie*, in der soziales Engagement selbstverständlich ist.
Fähigkeiten wie Teamgeist, Eigen- und Mitverantwortung sind heute gefragter denn je, Alleingänge und Ellbogenmentalität dagegen unerwünscht. Firmen, in denen autoritäre Platzhirsche regieren, Mitarbeiter sich auf Kosten anderer profilieren, Mobbing und Machtkämpfe an der Tagesordnung sind, werden es schwer haben, langfristig auf dem Markt zu bestehen. Auch sollten wir bedenken: Je stärker wir uns auf die Entfaltung der eigenen Persönlichkeit und Leistung beschränken, umso egozentrischer und einsamer werden wir. Ein Bildungssystem, das den Erfolg des Einzelnen über den Misserfolg der Anderen erstrahlen lässt, fördert die weitverbreitete Kultur des Narzissmus.

Es geht darum, ein ausgewogenes Verhältnis von realer und virtueller Kommunikation, von selbstbestimmten Individualismus und verantwortungsvollem Gemeinschaftssinn zu schaffen. Kommunikation und Begegnung, Information und Erfahrung, Wissen und Fertigkeiten sind eben nicht das Gleiche! Der Zukunftsforscher Robert Jungk bringt die Misere auf

den Punkt: „Denn sie können nicht, was sie wissen!" Und der Schulpädagoge Peter Fauser von der Friedrich-Schiller-Universität Jena sagt: „Wir haben kein Wissensproblem, sondern ein Handlungsproblem!"

Wenn wir Kinder und Jugendliche aktiv an Lern- und Entscheidungsprozessen partizipieren lassen, fördern wir ihre sachliche und soziale Kompetenz. Sie sollten im Bildungswesen so oft wie möglich Verhaltens- und Kommunikationsstrukturen einüben, die sie befähigen, Konflikte und Krisen zukunftsweisend zu lösen. Denn sie werden kaum noch feststehende Normen finden, die ihnen angemessenes Verhalten in allen Lebenslagen vorgeben. In unserer schnelllebigen Konsumwelt, in der es alles, nur kein Fastfood-Produkt für *richtiges Leben* zu kaufen gibt, muss die heranwachsende Generation lernen, ihre Ziele, Regeln, Grenzen und Werte beständig neu auszuhandeln.

Doch damit nicht genug! Schließlich wollen wir keine unkritischen Mitläufer und Verfechter alles Modernen! Kinder und Jugendliche müssen selbstbewusst genug sein, um dem Einfluss des Zeitgeistes, der politischen und religiösen Manipulation und vor allem der Datenflut einen eigenen kritischen Standpunkt entgegensetzen zu können.

Die neue Generation muss mehr denn je Selbsteinschätzung und -verantwortung entwickeln, um den großen Freiheitsgrad unserer Gesellschaft unbeschadet zu nutzen. So forderte der Bundespräsident Joachim Gauck[25] in seiner ersten Grundsatzrede:

„Freiheit heißt nicht nur frei sein von etwas, sondern auch frei sein zu etwas. … Freiheit der Erwachsenen hat einen Namen: sie heißt Verantwortung."

Angesichts der schier unvorstellbaren Datenflut steht die heranwachsende Generation vor neuen Gefahren und Chancen. So summiert eine aktuelle Studie[26] zur Inventur des Weltwissens alle gespeicherten Daten auf 295 Trillionen Bytes das heißt: Die weltweite Informationsmenge wächst viermal schneller als die Weltwirtschaft. Um alle gespeicherten Daten fassen zu können, wäre ein Stapel von CD's nötig, der von der Erde bis zum Mond und noch

---

[25] Rede nach der Vereidigung zum Bundespräsidenten Berlin 23. März 2012
[26] „The World's Technological Capacity to Store, Communicate and Compute Information", Martin Hilbert and Priscila López April 2011, Science, Volume 332, ino. 6025; p.60-65

tausende Kilometer darüber hinaus reicht! Im Jahr 2007 versendete die Menschheit knapp zwei Zettabytes Daten (eine Zahl mit 21 Nullen!). „Für diese Menge müsste jeder Mensch auf der Erde jeden Tag 174 Tageszeitungen lesen", sagt Dr. Martin Hilbert von der University of Southern California. Seiner Studie zufolge verdoppelt sich die weltweit produzierte Datenmenge alle zwei Jahre.

Übrigens, bereits zur Wende des 19. Jahrhunderts wuchs die Wissensmenge rasant. Viele Entdeckungen und Erfindungen folgten dicht aufeinander, und schon damals befürchtete man einen Wissens-Overkill der neuen Generation.

Parallel zur heutigen Informationsflut wächst im Bildungswesen die Gefahr des „Bulimie-Wissens" bei dem wir nach Ansicht des Philosophen Richard David Precht[27] von den Heranwachsenden erwarten, dass sie „Wissen ganz schnell in sich hineinstopfen und wieder auskotzen". Überspitzt aber prägnant fordert er wie viele Bildungsforscher, dass Bildung mehr sein muss, als nur Erwerb von Wissen und Kulturtechniken. In einer globalisierten Welt wird sich jeder übers Internet alle Informationen und jedes Wissen kaufen können. Die Qualität, mit ihnen umzugehen und sie effektiv einzusetzen, ist heute für Kinder und Jugendliche entscheidend!

So stellt der Verhaltensphysiologe und Hirnforscher Prof. Dr. Dr. Gerhard Roth[28] fest:

„Es ist aus psychologischer wie neurowissenschaftlerischer Sicht nutzlos, in einer gegebenen Zeitspanne mit höherem Druck mehr ‚Stoff' durch den Flaschenhals des Arbeitsgedächtnisses durchzujagen, denn dabei kommt es wie im Straßenverkehr nur zu Staubildungen und Effektivitätsminderung. Weniger Stoff besser vermittelt, wird wesentlich besser effektiver im Langzeitgedächtnis verankert als mehr Stoff, der schlecht vermittelt wird."

Auf der langen tradierten Suche nach zeitgemäßen Kategorien für Erziehung und Bildung rückt im 21. Jahrhundert der Kompetenzbegriff in den Vordergrund. Der Erziehungswissen-

---

[27] zitiert aus Sendung „Precht"; Thema „Macht Lernen dumm?" ZDF Fernsehen 2.9.2012
[28] Roth, G.: Bildung beginnt bei Null. Vorwort. In: : Brockhaus perspektiv: Wahnsinn Bildung. Brauchen wir eine neue Lernkultur? Gütersloh/München 2012. S. 6

schaftler Hartmut von Hentig[29] formuliert es treffend: „Die Sachen klären – die Menschen stärken!" Er betont die subjektive Seite, die Entwicklung von Identität, die nur in der Auseinandersetzung mit sich selbst und der Gesellschaft wächst.

Dabei spielen die Emotionen eine zentrale Rolle, denn – so betonen Neurodidaktiker – nachhaltige Bildung benötigt eine stabile Bindung. Die Hirn- und Emotionsforschung[30] konnte nachweisen, dass Denken und Fühlen eine Einheit bilden. Nüchternes Faktenwissen und präziser Sachverstand reichen nicht aus, um sich im Lebenslabyrinth zurechtzufinden. Ein gebildeter Mensch vermag seine Gefühle und die anderer Menschen wahrzunehmen und intelligent einzusetzen. Pädagogik ist daher immer Bindungspädagogik und Pädagogen sind überall – ob zu Hause, in der Kita, in der Schule oder in der Erwachsenenbildung – vor allem Menschenbildner.

Wir brauchen im 21. Jahrhundert Menschen, die trotz allem persönlichen Ehrgeiz und beruflichem Erfolgsdenken tolerant, solidarisch und kritisch sind, d. h. von hoher sozialer Kompetenz.

„Bildung ohne Herzensbildung ist keine Bildung. Erst wenn Wissen und Wertebewusstsein zusammenkommen, erst dann ist der Mensch fähig, verantwortungsbewusst zu handeln. ... Gute Bildung stellt den ganzen Menschen in den Mittelpunkt." [31]

Schon der Ex-Bundespräsident Horst Köhler forderte ein ganzheitliches Menschenbild, in dem emotionale Achtsamkeit und soziale Werte für eine gesunde Persönlichkeitsentwicklung entscheidend sind. So warnt die Weltgesundheitsorganisation (WHO 12/2009) vor depressiven Erkrankungen, die in den letzten Jahrzehnten vor allem in den hoch industrialisierten Ländern stark angestiegen sind. Die Ursachen sind zwar individuell verschieden, aber auf dem Kongress zur Kinder- und Jugendmedizin 2012 machten die Ärzte vor allem veränderte gesellschaftliche Bedingungen (soziale Unsicherheit, prekäre Arbeitsverhält-

[29] Hentig, Hartmut v.: Die Menschen starken, die Sachen klären. Plädoyer für die Wiederherstellung der Aufklärung. Stuttgart 1986

[30] Damasio, Antonio R.: Ich fühle, also bin ich. München 2002

[31] Ex-Bundespräsident Horst Köhler: Rede am 21.9.2006 in der Kepler-Oberschule in Berlin Neukölln

nisse, instabile Familienstrukturen, Armut) für die bedenkliche Entwicklung verantwortlich.

Die moderne Informationsgesellschaft verlangt nicht nur kognitive und emotionale Kompetenzen sondern auch gesundheitliches Stehvermögen. So meint der Wirtschaftstheoretiker und Zukunftsforscher Leo A. Nefiodow:

„Ganzheitliche Gesundheit wird zum Konjunkturmotor des nächsten Jahrhunderts werden!"[32]

Höchste Zeit also, sich von der alten Wissensstoff-Paukschule zu verabschieden und sich für pädagogische Innovationen einzusetzen, die den ganzen Menschen mit seinen vielfältigen Kompetenzen und Emotionen in den Mittelpunkt stellen! Neue Lebensrhythmen erfordern neue Lernrhythmen. Wir brauchen ein flexibles und ressourcenorientiertes Bildungswesen, das jeden Lernenden dort abholt wo er angesichts seiner Interessen, seiner Kompetenzen und seiner sozialen Herkunft steht. Noch immer herrschen im Land der Dichter und Denker ungleiche Bildungschancen!

„PISA bestätigt erneut die hohe soziale Selektivität des deutschen Bildungssystems, die höher ist als in jedem vergleichbaren Land. Der Skandal liegt darin, dass auch heute die soziale Herkunft eines Kindes nach wie vor über seinen Bildungserfolg entscheidet."[33]

Auf die neuen Fragen, die uns der stete gesellschaftliche Wandel beschert, gilt es adäquate pädagogische Antworten zu finden. Die Generation des 21. Jahrhunderts sollte ganzheitliche Lebensräume erfahren (Familie, Kindergarten, Schule, Universität ...), in denen das Wahrnehmen, Fühlen, Denken und Bewegen eine Einheit bilden. Es geht um hirngerechtes Lernen, um Lernen mit allen Sinnen mit Kopf, Herz, Hand und Humor! Wenn unser

[32] Nefiodow, L. A.: Der sechste Kondratieff – Wege zur Produktivität und Vollbeschäftigung im Zeitalter der Information, 1996
[33] Dokumentation „Soziale Herkunft entscheidet über Bildungserfolg". Netzwerk Bildung vom 24. Januar 2008

Bildungswesen bereit ist, den verlorenen Zusammenhang von Greifen und Begreifen, von Wirken und Wirklichkeit, von Bilden und Bindung wiederzuentdecken, dann wird sie die Kinder der neuen Informationsgeneration nicht mehr als Störenfriede, sondern als Herausforderung zur Neubesinnung ihres pädagogischen Auftrags ansehen — eines Auftrags, der den Menschen in seiner Ganzheit versteht, mit all seinen Anlagen und Bedürfnissen, seinen Interessen und Gefühlen.

Wir alle sind aufgefordert, der neuen Generation die Schatztruhe des ganzheitlichen Lernens zu öffnen!

KAPITEL 3

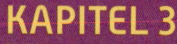

GANZHEITLICH LERNEN – ABER WARUM?

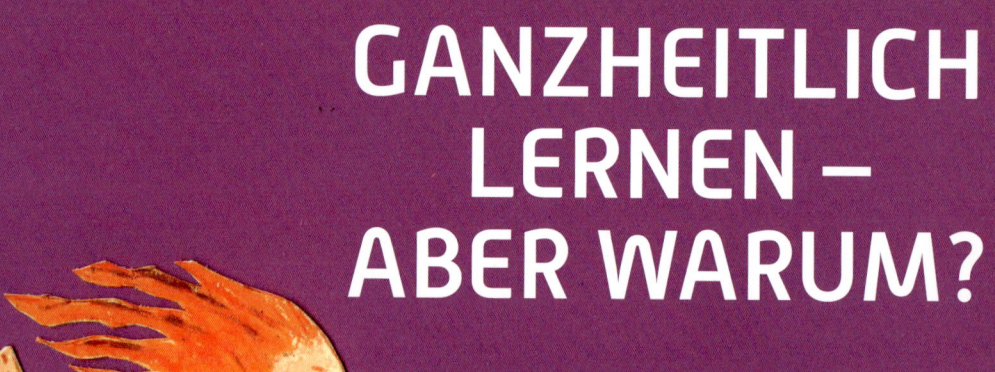

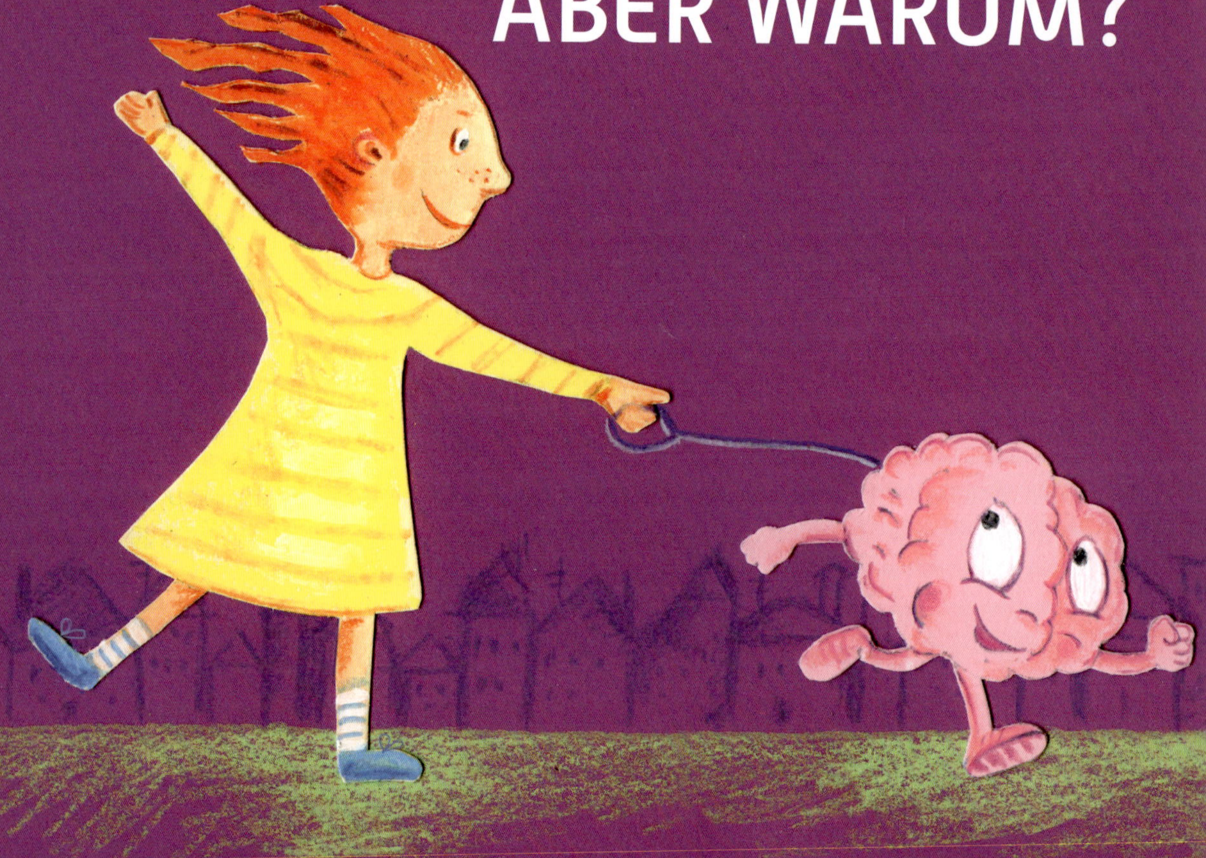

> Der Mensch vermag gar manches durch
> zweckmäßigen Gebrauch einzelner Kräfte,
> er vermag das Außerordentliche durch
> Verbindung mehrerer Fähigkeiten.
> Aber das Einzige, ganz, ganz Unerwartete
> leistet er nur,
> wenn sich die sämtlichen Eigenschaften
> gleichmäßig in ihm vereinigen.

Johann Wolfgang von Goethe

- Historischer Rückblick
- Ein Blick in die Hirnforschung
- Ein Blick in die Intelligenzforschung
- Ein Blick in die Lernforschung

Historischer Rückblick

Den Menschen ganzheitlich zu bilden, ist ein tradiertes Ziel unserer Bildungsgeschichte. Die entsprechenden Bildungsansätze der Pädagogen, Philosophen und Psychologen datieren weit zurück:

So wies Johann Amos Comenius (1592–1670) als einer der ersten Pädagogen darauf hin, dass jedes Wissen auf Sinneswahrnehmung basiere. Seinen Anspruch „Alle alles ganz zu lehren"(vgl. Didactica Magna[34]) wollte er durch drei Lernprinzipien umsetzen: Lernen durch Tun – anschauliche vor sprachlicher Vermittlung – Vorbild vor Worten.

Auch der englische Philosoph John Locke (1632–1704)[35] meinte: „Nichts ist im Verstand was nicht vorher in den Sinnen war". In seiner Theorie des Sensualismus unterschied er drei Erkenntnisarten: die intuitive, die demonstrative und die sensitive. Locke ging davon aus, dass jedes Kind als Tabula rasa zur Welt komme und in seiner Entwicklung individuell zu fördern sei.

> **Wissenswertes aus der Forschungsgeschichte**
> Der Sensualismus war eine aus England stammende Richtung der Philosophie, die alle Bewusstseinsinhalte aus Empfindungen bzw. Sinneseindrücken oder Wahrnehmungen ableitete.

Im berühmten Erziehungsroman[36] des Philosophen Jean-Jacques Rousseau (1712–1778) lernt der Junge, Emile, mit sinnlichen Materialien z. B. Holz zu arbeiten und zwar ohne vorherige Anleitung – nur seiner sinnlichen Intuition folgend. Im Kapitel „Übung der Organe und Sinne" beschreibt Rousseau die Rolle des Erziehers als Arrangeur des Lernens. Diese

---

[34] Die Didactica Magna ist das erste große Werk der Pädagogik. Es wurde 1657 veröffentlicht und von Comenius als „Didaktik des Lebens" bezeichnet.

[35] John Locke: Gedanken über Erziehung. Stuttgart 1990. (Erstveröffentlichung 1693)

[36] Rousseau, J.-J.: Emil oder Über die Erziehung, Paderborn 1975

sehr modernen Ansichten beeinflussten die Pädagogen Johann Heinrich Pestalozzi und Maria Montessori.

Johann Heinrich Pestalozzi (1746–1827)[37] verdanken wir schließlich den bekannten Begriff „Lernen mit Kopf, Herz und Hand". Pestalozzis Streben galt der ganzheitlichen Volksbildung, die die intellektuellen, sittlich-religiösen und handwerklichen Kräfte der Kinder vielseitig fördern sollte. Pestalozzi gilt mit seiner Anschauungspädagogik als Vordenker der Ende des 19. Jahrhunderts einsetzenden Reformpädagogik.

Diese frühen Theorieansätze verstanden unter Sinnesschulung ein hartes Training, in dem einzelne Sinnesorgane geschärft werden sollten. Noch fehlte die Erkenntnis, dass der gezielte Einsatz aller Sinne unsere Denk- und Lernleistung zu optimieren vermag.

Die früheste Kritik an der Verkopfung und Sinnesfeindlichkeit pädagogischer Einrichtungen übten die Reformpädagogen. Zu Beginn des 19. Jahrhunderts erkannten der französische Arzt und Begründer der Heilpädagogik Jean-Marc Itard (1775–1838)[38] und sein Schüler Édouard Séguin (1812–1880)[39] die Wechselwirkung von Sinnesarbeit und Intellekt, von Motorik und Geist. Sie entwickelten die „physiologische Methode", mit der sie von der „Peripherie" aus auf das „Zentrum" einwirken wollten. In ihrer Arbeit mit geistig Behinderten konnten sie nachweisen, dass durch gezielte Anregung der Sinne und des Bewegungsapparats (= Peripherie) die geistige Leistung (= Zentrum) verbessert werden kann.

Diesen heilpädagogischen Ansatz zur Sinnesschulung übertrug die italienische Ärztin Maria Montessori (1870–1952)[40] auf die allgemeine Pädagogik. Sie ging davon aus, dass das Kind in seiner Entwicklung einem biologischen Bauplan folgt, den es pädagogisch zu begleiten und zu fördern gilt. So entwickelte sie erstmals die Methoden des offenen Unterrichts und der Freiarbeit, um jedes Kind in seinen sensiblen Phasen entwicklungsgemäß zu fördern.

---

[37] In seinem 1801 erschienenen Buch „Wie Gertrud ihre Kinder lehrt" stellte Pestalozzi seinen ganzheitlichen Ansatz vor.
[38] Krenberger, S. (Hrsg.): Itards Berichte über den Wilden von Aveyron, Wien 1913
[39] Krenberger, S. (Hrsg.): Seguin, E., Die Idiotie und ihre Behandlung nach physiologischer Methode, Wien 1912
[40] Heiland, H.: Maria Montessori, Hamburg 1996

Nach dem Motto „Hilf mir, es allein zu tun" entwickelte sie sinnesaktivierende Lernmittel (Montessori-Material), die das individuelle Interesse eines Kindes wecken sollten.

Zu gleicher Zeit begannen Psychologen sich mit dem Phänomen der Ganzheitlichkeit auseinanderzusetzen. In der von Felix Krueger (1874–1948)[41] begründeten Ganzheitspsychologie ist das Ganze mehr als die Summe der Teile. Die Ganzheit des Erlebens besteht vor allen Teilen. Diese Erkenntnis beeinflusste die pädagogische Praxis. Ausgehend vom kindgemäßen Weltverständnis und -erleben vermittelten die Schulen insbesondere im Erstunterricht zunehmend Erlebniseinheiten und Sinnzusammenhänge.

Dieser kleine historische Exkurs hat gezeigt, dass ganzheitliche Bildung keine Erfindung der neuzeitlichen Pädagogik ist. „Lernen mit allen Sinnen" ist eine wiederentdeckte Forderung, die wir heute allerdings mit Erkenntnissen aus der Hirn-, Intelligenz- und Lernforschung unterfüttern können. Die einstige Vermutung, dass Kopf, Herz und Hand eine Lerneinheit bilden könnten, ist heute zur empirisch fundierten Gewissheit geworden.

Bei allem Respekt vor diesen neuen naturwissenschaftlichen Fakten sollten wir nicht vergessen, dass die Wurzeln des ganzheitlichen Lernens in der Geisteswissenschaft – nämlich in der Erziehungswissenschaft – liegen. Hier sind die fortschrittlichen Bildungsansätze erstmals entwickelt worden. Mutige Pädagogen, die um ihr Ansehen fürchten mussten, kämpften für ihre Vision des Lernens vom Kinde aus!

Ein Blick in die Hirnforschung

Auch ohne den neuesten Stand der Hirnforschung zu kennen, wissen Sie aus eigener Erfahrung, dass Denken, Erfahren und Empfinden nicht voneinander losgelöst – sozusagen in separées — stattfindet. Wissen, Gefühle, Fähigkeiten und Fertigkeiten arbeiten vernetzt miteinander; es entstehen Erfahrungs- und Sinnzusammenhänge.
Keine künstliche Intelligenz vermag dies! Auch als der IBM-Schachcomputer *Deep Blue* am 11. Mai 1997 den Schachweltmeister Garri Kasparow in die Knie zwang, so war dies noch

---

[41] Krueger, F.: Über psychische Ganzheit, 1926

lange kein Sieg über das menschliche Hirn. Denn Großrechner arbeiten engstirnig im Vergleich zu unserem nur 1500 Gramm schweren Gehirn. Mit seiner Hilfe können wir mehr als nur Schach spielen. Wir:

- empfinden Glücksmomente bei der Betrachtung eines Gemäldes.
- erwecken Kindheitserinnerungen durch kleine Melodien zum Leben.
- verstehen die komplizierten Satzkonstruktionen eines Thomas Mann.
- schreiben Gedichte.
- komponieren Musikstücke.
- wählen von unzähligen Gerichten einer Menükarte das passende für uns aus.
- ziehen einen Faden durch ein winziges Nadelöhr und können dabei gleichzeitig von der Zukunft träumen!
- analysieren Börsenkurse.

Und jede Sekunde unseres bewussten Denkens, Fühlens und Handelns steuert diese geniale *Schaltzentrale Gehirn*. Allerdings vollbrachte sie dieses Wunderwerk nicht von heute auf morgen! Die Evolution unseres Gehirns vollzog sich in kleinen Schritten:

Hirnstamm

Vor rund 1,5 Milliarden Jahren entwickelten höhere Lebewesen den Hirnstamm. Forscher nennen diesen ältesten Teil auch das Reptiliengehirn denn es entspricht dem eines Kriechtieres. Der Hirnstamm verbindet das Gehirn mit dem Rückenmark. Es ist der Sitz unseres Selbsterhaltungstriebes. Hier werden sowohl alle lebenswichtigen Funktionen wie Fortpflanzung, Herzschlag, Schlucken oder Atmen vollautomatisch gesteuert als auch die Bewegungsabläufe und der Gleichgewichtssinn koordiniert.

Zwischenhirn

Knapp eine halbe Milliarde Jahre später dockte die Evolution an diesen Hirnstamm das sogenannte Zwischenhirn an. Hier befinden sich der Thalamus, der Hypothalamus und die Hypophyse (Hirnanhangdrüse). Sie sind Schaltstationen für wichtige Lebensfunktionen:
- **Thalamus:** In ihm laufen eine Vielzahl von Nervenleitungen aus unseren Sinnesorganen zusammen. Hier werden die von der Außenwelt kommenden Sinneseindrücke mit Gefüh-

len wie Freude, Schmerz, Lust oder Angst verbunden. Diese Gehirnregion arbeitet sozusagen als *Relais- und Interpretationsstation* der sinnlichen Wahrnehmungen und Empfindungen.

- **Hypothalamus:** Dieser Teil des Zwischenhirns sorgt dafür, dass unser Körper stets im Gleichgewicht ist z. B. eine konstante Körpertemperatur hat. Hier werden Maßnahmen wie Zittern oder Schwitzen getroffen und das Hunger- und Durstgefühl erzeugt. Diese Gehirnregion sorgt als *Wächter* in Notfällen dafür, dass der Geist den Körper beherrscht. Bei Schmerz, Wut und Aggression spielt er eine große Rolle.
- **Hypophyse:** Sie steuert alle Hormondrüsen und somit Stoffwechsel und Wachstum. Sie regelt den Energieverbrauch und unser Sexual- und Fortpflanzungsverhalten. Daher wenden sich die Wirkungsstoffe der Anti-Baby-Pille an diesen Teil des Gehirns.

Großhirn

Vor 500.000 Jahren gesellte sich zu den beiden „Althirnen" — Hirnstamm und Zwischenhirn — das neue sogenannte Großhirn hinzu. Es bildet den größten Teil unseres Gehirns (ca. sieben Achtel) und ist der Sitz von Bewusstsein, Persönlichkeit und Willen. Das Großhirn besteht aus zwei spiegelbildlichen Hälften (Hemisssphären). Sie tauschen über einen bleistiftdicken Nervenstrang (Corpus callosum) Informationen aus. Ihre Aufgaben sind sehr unterschiedlich: Die rechte Hirnhälfte steuert die linke Körperhälfte und umgekehrt. Während der linken Hirnhälfte mehr die kognitiven Leistungen wie Sprechen und rationales Denken zugeordnet werden, sind in der rechten vorwiegend die Gefühle und künstlerischen Fähigkeiten angesiedelt.

Großhirnrinde

Sie ist der entwicklungsgeschichtlich jüngste Teil unseres Gehirns. Als 4 Millimeter dicke, mehrfach gefaltete Schicht umhüllt sie das Großhirn und steuert die „höheren Funktionen" wie Denken und Sprechen.

Wie entwickelt sich bei dieser Funktionsvielfalt des Gehirns unser Verständnis von der Welt, d. h. wie funktioniert die Aufnahme und Weiterleitung der vielfältigen Informationen?

Zunächst benötigen wir Datenautobahnen, die die Reize unserer Außenwelt aufnehmen. Diese Arbeit übernehmen unsere Sinnesorgane wie Auge, Ohr, Haut, Nase und Zunge. Die

einlaufenden Informationen werden über elektrische Impulse in einem gigantischen Netzwerk von Gehirnzellen (Neuronen) verarbeitet:

- Unser Gehirn verfügt über rund 100 Milliarden Neuronen. Aneinander gekoppelt ergäben sie eine Länge von 500.000 km und reichten zwölfmal rund um die Erde!
- Etwa zehn Millionen Informationen gelangen pro Sekunde in unser Gehirn, rund 100 Billionen im Laufe eines durchschnittlich langen Lebens!
- Pro Sekunde werden uns nur rund 20 Informationen bewusst. Der Rest prallt entweder ab oder landet im Unterbewusstsein!
- Jede einzelne Nervenzelle kann über Synapsen mit mindestens 100.000 bis 200.000 benachbarten Nervenzellen in Verbindung treten.
- Weit über 1 Billion Synapsen stellen die Kommunikation zwischen den einzelnen Nervenzellen her. Sie regeln den Informationsfluss im Hirn.
- Die Weiterleitung ihrer Impulse geht atemberaubend schnell. Neurophysiologen ermittelten Werte bis zu 135 Meter pro Sekunde, das sind fast 500 Stundenkilometer!

Mit Hilfe von chemischen Botenstoffen — den sogenannten Neurotransmittern — werden die elektrischen Impulse von einer Nervenzelle zur nächsten übertragen. Diese Übertragungsarbeit der Synapsen ist komplex: Wenn ein Neuron ein Signal per Neurotransmitter verschickt, so wird dieses vom empfangenden Neuron nicht sofort identifiziert. Für die gelungene Identifizierung sind sogenannte Gliazellen erforderlich, die ein spezifisches Protein produzieren. Dieses noch wenig erforschte Protein ermöglicht dem empfangenden Neuron den Neurotransmitter zu identifizieren. Wissenschaftler der Stanford University School of Medicine haben entdeckt, dass Gliazellen eine wesentliche Rolle bei der Synapsenbildung nach der Geburt spielen. Bisher war nur bekannt, dass diese Zellen die Arbeit der Neuronen im erwachsenen Gehirn unterstützen.

Auch wenn wir Informationen ins Langzeitgedächtnis ablegen hat die Chemie ihre Hand im Spiel. Eiweißstoffe dienen als sogenannte Gedächtnismoleküle der stofflichen Verankerung von Informationen im Langzeitgedächtnis. Da im zunehmenden Alter die körpereigene Produktion von Eiweißstoffen abnimmt, ist es auch verständlich, dass es älteren Menschen oft

sehr schwer fällt, aktuelle Informationen lange im Gedächtnis zu behalten, sie sich aber an länger Zurückliegendes mit verblüffender Detailgenauigkeit erinnern.

Die linke Hirnhälfte …
- denkt logisch, regelgeleitet, gliedernd, organisierend, analysierend, planend
- liebt die überschaubare Ordnung
- denkt in Begriffen
- speichert und organisiert Informationen, registriert Einzelheiten und verarbeitet sich nacheinander (z. B. Pickel auf der Nase, Lachfalten etc.)
- denkt linear, zielgerichtet (z. B. verknüpft Wörter nach grammatischen Regeln zu Sätzen)

Die rechte Hirnhälfte …
- denkt spontan, intuitiv, gefühlsmäßig, phantasievoll, kreativ
- liebt den Zufall, das Neue, das Ungeordnete, die Improvisation
- denkt in Bildern
- erfasst ganzheitlich (z. B. freundliches Gesicht)
- denkt umkreisend, unerwartet, assoziierend, tagträumend, wild (z. B. verbindet Worte mit Bildern, Tönen, Farben, Gefühlen, Erinnerungen, Rhythmus)

Ein Blick in die Intelligenzforschung

In unserem Bildungssystem rangieren die sprachlichen und mathematischen Fähigkeiten an erster Stelle, den künstlerisch-musischen und emotionalen Kompetenzen wird nur wenig Bedeutung beigemessen.

Diese Rangordnung resultiert aus einer längst überholten Intelligenztheorie, die vorgab, Intelligenz mittels des IQ-Tests mit endlosen Zahlen- und Bilderreihen messen zu können. Aber gemessen wurde allenfalls, wie Probanden in einer begrenzten Zeit abstrakte Probleme lösen, bei denen sie auch noch alle notwendigen Informationen serviert bekommen. Letztlich ermittelt der IQ nur den Zahlenwert einer einseitig definierten Intelligenz. Der prominente amerikanische Evolutionsbiologe Stephen J. Gould[42] bringt die Kritik auf

---

[42] Gould, S. J.: Der falsch vermessene Mensch, 1983

den Punkt: „Die Einteilung von Menschen auf einer einzigen Skala der Intelligenz hat wenig mehr gemessen als soziale Vorurteile!"

Wissenswertes aus der Forschungsgeschichte

Der französische Psychologe Alfred Binet (1857–1911) entwickelte 1905 den ersten Intelligenztest. Er verstand Intelligenz als Potpourri von Fähigkeiten, und er weigerte sich, diese mit einer Zahl zu beziffern! Sein britischer Zeitgenosse Charles Spearman hatte dagegen keine Bedenken. Er entwarf 1904 seine Theorie der „messbaren, generellen Intelligenz", die vor methodischen Fehlern und willkürlichen Annahmen nur so strotzte. Aber sie war für die Psychologen attraktiv, weil messbar. Und so schmiedeten sie einen Intelligenzquotienten (IQ) als Durchschnittswert für die intellektuelle Potenz des Menschen. An der Kurvenspitze legten sie den IQ-Wert 100 fest. Demnach haben zwei Drittel der Menschen einen IQ von 85 bis 115 und nur 2,1 % mehr als 130. Seitdem unterwerfen Psychometriker ihre Blut und Wasser schwitzenden Prüflinge einer Batterie von Aufgaben, die ein zweifelhaftes Maß messen!

Zahlreiche Forschungsstudien zeigen inzwischen, dass Intelligenz weit mehr ist als der gemessene Zahlenwert unseres abstrakten Denkens. Der Bostoner Kognitionsforscher Howard Gardner[43] geht davon aus, dass der menschliche Geist pluralistisch aufgebaut ist, d. h. viele Facetten des bewussten Erkennens umfasst. Er beobachtete bei Kindern die Entwicklung ihrer jeweiligen Fähigkeiten und untersuchte, ob und wie diese nach Hirnverletzungen beeinträchtigt waren. Gardner lehnt den traditionellen IQ-Test ab, weil er den eigentlichen Sinn der menschlichen Intelligenz, nämlich „Probleme zu lösen oder Produkte zu entwerfen, die in seinem speziellen kulturellen Umfeld relevant sind"[44] nicht zu messen vermag. An die Stelle einer angeblich messbaren Grundintelligenz setzt Gardner seine Theorie der multiplen Intelligenzen, bei der er acht Intelligenzbereiche unterscheidet:

---

[43] Gardner, H.: Abschied vom IQ. Die Rahmen-Theorie der vielfachen Intelligenzen, Stuttgart 1991
[44] Ebd., S. 9.

Sprachliche Intelligenz

Die Sprache ist das charakteristischste Merkmal unserer Intelligenz. Sprachbegabte Menschen können komplizierte Sachverhalte erklären, flüssig diskutieren und andere überzeugen. Hochbegabte verfügen schon als Drei- bis Vierjährige über einen auffallend differenzierten Wortschatz von hunderten Vokabeln. Die Fähigkeit, eine Sprache zu erlernen, ist zwar angeboren, aber die sprachliche Intelligenz kann durch ein breites Angebot von äußeren Anregungen weiter entwickelt werden. Ein Beispiel hierfür liefern uns die Maori, die Ureinwohner von Neuseeland. Sie lösen ihre Konflikte nicht durch Waffengewalt, sondern durch Rededuelle!

> **Wissenswertes aus der Forschung**
> Ende der fünfziger Jahre stellte der amerikanische Psycholinguist Noam Chomsky (geb. 1928) fest, dass sich alle Kinder kulturübergreifend nach denselben Mustern und in derselben Altersstufe Wortschatz und Grammatik aneignen! Bis zum Alter von 2 Jahren gelangt ein Kind vom Geplapper zur Bildung von Sätzen, die aus zwei Wörtern bestehen. Danach eignet es sich die Grammatik als strukturelles Stützwerk der Sprachinhalte an. Diese Entwicklung verläuft parallel zur Ausbildung spezifischer Nervenverbindungen im kindlichen Gehirn. Chomsky folgerte daraus, dass das Gehirn ein Programm zur Sprachentwicklung besitzt und unsere Gene über eine Art angeborene Grammatik verfügen.

Musikalische Intelligenz

Aus ihr entspringt alles, was mit Musik zu tun hat, vom Gesang der Vögel bis hin zu den Klängen einer Sinfonie. Auch sie ist angeboren. Musikalische Säuglinge ahmen die Sprechmelodie ihrer Eltern nach, im Alter von nur zwei Monaten treffen sie gezielt die Tonhöhe und mit vier Monaten sogar die rhythmische Struktur. Begabte können bereits als Zweijährige ganze Lieder nachsingen. Die musikalische Intelligenz kann durch eigenes Musizieren, aufmerksames Musik hören gefördert und im Lernprozess effektiv eingesetzt werden. Denn unser Hirn arbeitet auch rhythmisch. Es prägt sich Fakten besser ein, wenn sie in Melodien verpackt sind. Wenn Werbefachleute ihre Botschaften mit einprägsamen Melodien an den

Kunden bringen, dann sollte uns dies als Pädagogen auch gelingen, wenn wir z. B. das Alphabet, die Wochentage oder Merksätze nachsingen lassen. Leider sieht unser westlicher Kulturkreis musikalisches Analphabetentum nicht als Erziehungsmanko an. Für afrikanische Stämme ist dagegen ein Leben ohne Musik unvorstellbar. So beherrschen z. B. die Kinder der Anang in Nigeria Hunderte von Liedern und zahlreiche Schlaginstrumente.

Wissenswertes aus der Kultur
Als Dreijähriger war der weltberühmte Geiger Yehudi Menuhin vom Besuch des San Francisco Orchestra so sehr beeindruckt, dass er sich zum Geburtstag eine Geige und Unterrichtsstunden wünschte.

Logisch-mathematische Intelligenz

Wir benutzen sie täglich z. B. beim Einkaufen oder beim Lösen von Kreuzworträtseln. Die logisch-mathematische Intelligenz beruht Howard Gardner zufolge auf unserer „Konfrontation mit der Welt der Dinge". In der kindlichen Entwicklung wird dies deutlich: Das Kind geht bei seinen ersten Erkundungen von bestimmten Annahmen über die Dinge seiner Welt aus. Wenn es sie nicht sieht, glaubt es, sie würden nicht existieren. Erst allmählich (ab dem 18. Monat) begreift es, dass Objekte auch außerhalb seines Sichtkreises existieren. Es kann sie sich vorstellen, der erste Schritt zur geistigen Abstraktion ist getan. Recht bald erkennt es Ähnlichkeiten, Mengenunterschiede und beginnt das Zählen mit konkreten Größen (z. B. Äpfel). Später werden Rechenvorgänge abstrakt gelöst. Diese Intelligenzform wird in westlichen Ländern hoch bewertet. Schüler mit großen mathematisch-logischen Fähigkeiten sind daher in traditionellen Ausbildungssystemen sehr gefragt.

Wissenswertes aus der Forschung
Zu den großen logisch-mathematischen Denkern gehört Galileo Galilei. Er gelangte bei der Beobachtung des Sternenhimmels 1609 als erster zu der Überzeugung, das sich die Erde um die Sonne dreht und nicht umgekehrt.

Räumliche Intelligenz

Spätestens beim Lesen einer Straßenkarte oder beim Einparken des Autos brauchen wir unser räumliches Denkvermögen. Wir nehmen Objekte im Raum also im Kontext ihrer Umgebung wahr. Um dreidimensionale Gebilde, z. B. ein Dreirad, in Beziehung zu seiner Umgebung zu setzen, muss das Kind zahlreiche Raum-Lage-Erfahrungen gesammelt haben. Die Entwicklung der räumlichen Intelligenz hängt stark davon ab, wie gut das Seh- und Hörvermögen, der Tast- und Raumsinn in den ersten Lebensjahren gefördert werden. Menschen mit hoher räumlicher Intelligenz drehen in Gedanken problemlos Formen oder komplizierte Gegenstände, sie lassen sie im Kopf rotieren. Diese Fähigkeit benötigen insbesondere Architekten und Bildhauer. Der Künstler Henry Moore stellte sich seine imposanten Skulpturen gedanklich so vor, als hielte er sie in seiner Hand. Und die Bewohner Papua-Neuguineas vermögen gar, auf offenem Meer ohne Kompass und Sextanten zu navigieren. Sie orientieren sich an den Wellen und den Sternen!

> **Wissenswertes aus der Forschung**
> Untersuchungen ergaben, Blinde können sich dreidimensionale Gegenstände vorstellen, wenn sie ihre erhöhten Konturen ertasten. Die räumliche Intelligenz hängt also nicht nur von der visuellen Wahrnehmung ab!

Interpersonale Intelligenz

Hier geht es um das Verhältnis des Menschen zu anderen Individuen, um die Fähigkeit, Mitmenschen zu verstehen und ihre Gefühle nachzuvollziehen. Schon früh lernt das Kind, die Stimmungen der Erwachsenen zu unterscheiden und sie in Bezug auf sich einzuschätzen. Und Eltern entwickeln ein intuitives Gefühl für die Bedürfnisse ihrer Kinder. Menschen mit hoher interpersonaler Intelligenz zeigen großes Interesse daran, ihre Sozialkontakte zu vertiefen. Sie besitzen großes Einfühlungsvermögen, meistern persönliche Probleme gut und arbeiten gerne im Team. Außendienstler, Politiker, religiöse Führer, Diplomaten, Psychologen und Pädagogen brauchen eine ausgeprägte interpersonale Intelligenz. Viele Firmen legen heute großen Wert darauf, ihre Mitarbeiter darin optimal zu schulen.

Wissenswertes aus der Geschichte

Der amerikanische Bürgerrechtler Martin Luther King setzte seine hohe interpersonale Intelligenz für tiefgreifende gesellschaftliche Veränderungen ein. Er war ein brillianter Redner und vermochte Menschen für seine Visionen zu begeistern. Ein negatives Beispiel ist Adolf Hitler, der die Menschenmassen für den Nationalsozialismus zu bewegen vermochte. Beide Persönlichkeiten verbanden erfolgreich ihre interpersonale mit ihrer sprachlichen Intelligenz.

Intrapersonale Intelligenz

Sie ist die Fähigkeit, sich selbst zu verstehen und zu akzeptieren, Zugang zur eigenen Gefühlswelt zu haben, also ein Selbst-Verständnis zu entwickeln. Schon mit zwei Monaten kann ein Säugling Freude, Traurigkeit, Ärger oder Stolz empfinden. Diese Gefühle helfen ihm, seine Bedürfnisse zu befriedigen und Selbstmotivation zu entwickeln. Menschen mit hoher intrapersonaler Intelligenz treffen keine schnellen Entscheidungen, sie wägen alles, was sie tun, genau ab. Sie tendieren zur Selbstständigkeit, Ruhe, Bedächtigkeit und neigen dazu, lieber allein zu arbeiten als in Gruppen.

Wissenswertes aus der Psychologie

Autistische Kinder leiden unter einer eingeschränkten intrapersonalen Intelligenz. Ihnen fehlt der Bezug zu sich, also eine Ich-Vorstellung.

Körperlich-Kinästhetische Intelligenz

Sie versetzt uns in die Lage, körperliche Bewegungen vielfältig und kontrolliert zu variieren, z. B. einen Faden durch ein Nadelöhr zu ziehen oder beim Auto fahren Schaltung und Kupplung zu koordinieren. Nach 20.000 bis 100.000 Wiederholungen einer Bewegung speichert unser Hirn das Muster der erforderlichen Muskelkoordination ab. Erst dann ist die Bewegung automatisiert. Ab dem zweiten Lebensjahr vermag unser Hirn komplexe Bewegungsabläufe, wie z. B. den aufrechten Gang, problemlos zu steuern. Die Entwicklung der Feinmotorik, die zum Schnürsenkel binden oder zum Klavierspiel erforderlich ist, erfolgt vom

4. bis zum 10. Lebensjahr. Menschen mit hoher kinästhetischer Intelligenz sind motorisch sehr geschickt und haben ein großes Bewegungsbedürfnis, z. B. Tänzer, Sportler, Musiker, Handwerker. Pantomimen beherrschen diese Intelligenzform perfekt. Sie vermögen wortlos eine Geschichte nur mit Bewegungen, Gestik und Mimik allen Zuschauern verständlich zu erzählen.

Naturalistische Intelligenz

Sie ist die Fähigkeit, sensibel auf Naturphänomene zu reagieren, also Lebendiges zu beobachten, zu erkennen und zu unterscheiden. Besonders ausgeprägt ist diese Intelligenz bei Biologen, Botanikern, Tierärzten, Umweltexperten aber auch bei Menschen, die gerne kochen.

Jede der acht Intelligenzen kann Aufgaben sowohl für sich allein als auch im Wechselspiel mit anderen Intelligenzen bewältigen. Aber erst das Zusammenspiel aller Intelligenzen gewährleistet nach Howard Gardner ein „menschlich kompetentes Verhalten"!

H. Gardner zieht noch eine neunte potentielle Intelligenz in Betracht und bezeichnet sie als „existentielle, spirituelle Intelligenz". Darunter versteht er die Fähigkeit, auf grundlegende Daseinsfragen zu reagieren und nach Antworten zu suchen wie dies religiöse, geistige Führer und Philosophen tun z. B. der Dalai Lama. Ob es sich dabei tatsächlich um eine unabhängige Intelligenzart handelt, bleibt weiterer Forschung überlassen.

Einige konservative Vertreter der akademischen Intelligenzforschung werfen Gardners Theorie konzeptionelle Schwächen vor insbesondere der Mangel an empirischen Belegen. So kritisierte der amerikanische Intelligenzforscher Robert J. Sternberg von der Oklahoma State University, dass Gardner auf windige Indikatoren zurückgreife. Auch Gardner selbst war unzufrieden mit den vereinfachten Schlussfolgerungen, die die Pädagogik aus seiner Theorie zog. So präsentierten ihm manche Schulen herumkrabbelnde Kinder mit dem Hinweis, sie würden ihre körperlich-kinästhetische Intelligenz trainieren.
Aber eines hat noch schlimmere Konsequenzen meint Gardner nämlich „die Ansicht, dass es nur eine einzige Art von Intelligenz gebe", denn schließlich ließe sie sich nicht „wie der Ölstand eines Autos messen!"

Bei aller u. U. berechtigten Kritik hat Gardner's Theorie der multiplen Intelligenzen ein großes Verdienst: Sie eröffnete den Weg von der Einfalt in die Vielfalt! Gardners Suche nach einem „irreduziblen Set von grundlegenden kognitiven Chemikalien, mit denen menschliches Verhalten erklärt werden kann" brach die bislang eindimensionale Sicht von Intelligenz auf. Dies ermöglicht uns Pädagogen bis heute das breite Spektrum der kindlichen Intelligenz zu sehen und zu wertschätzen.

Weitere Meldungen aus der Intelligenzforschung

- Eine erstaunliche Beobachtung machte der australische Sozialwissenschaftler James Flynn. Er stellte weltweit einen IQ-Anstieg des abstrakten und räumlichen Denkens fest. Über eine Erklärung streiten sich noch die Experten. Manche glauben, dass die Menschen nicht klüger, sondern nur fitter im Lösen von Tests geworden seien. Psychologen dagegen tippen auf einen anderen Grund: Kinder gewöhnen sich heute durch Fotos, Fernsehen, Video und Computer schon recht früh an das Entschlüsseln bildlicher Aufgaben. Im Anstieg des IQ's spiegle sich somit der gesellschaftliche Wandel vom Wort zum Bild wieder.

- Altwerden muss nicht zwangsläufig mit einem Leistungsverlust im geistigen Bereich einhergehen! Der Persönlichkeitspsychologe Raymond B. Cattell fand heraus, dass der Mensch eine „kristalline Intelligenz" (Wortschatz, Sprache, mechanisches Wissen, Erfahrungswissen) und eine „flüssige Intelligenz" (geistige Flexibilität, assoziatives Denken, Denktempo) besitzt. Letztere mag zwar beim jungen Menschen ausgeprägter sein aber durch gezieltes Training können beide Intelligenzformen bis ins hohe Alter leistungsstark bleiben.

Ein Blick in die Lernforschung

Historischer Rückblick

Lange Zeit herrschten im Selbstverständnis der Pädagogik und ihrer Vorstellung von Lernen zwei einander widersprechende Paradigmen vor:

1. Die Umwelt als Bauherr des Menschen
   Dieser Ansatz geht davon aus, dass die Umwelteinflüsse ausschließlich für die Lebens- und Lernentwicklung eines Menschen zuständig und verantwortlich sind. Der Erziehung wird eine große Bedeutung beigemessen und die Rolle des Pädagogen ist die des planenden Architekten einer optimalen Lernumwelt. Es ist die Blütezeit des *pädagogischen Optimismus* deren Vertreter böse Zungen auch *Kuschelpädagogen* nennen.

2. Die Biologie als Bauherr des Menschen
   Dieser Ansatz geht davon aus, dass die Biologie die Lebens- und Lernentwicklung eines Menschen determinierend prägt. Die Bedeutung der Erziehung ist gering: „Ich bin machtlos, wir sind genetisch determiniert!" Das *Genkapital* des Menschen sei angeboren und sein Intelligenzpotential das Resultat seiner natürlichen Begabung. Die Rolle des Pädagogen ist die des pflegenden Gärtners einer Naturanlage. Es ist die Blütezeit des *pädagogischen Pessimismus* deren Vertreter böse Zungen auch *Leistungsapostel* nennen.

Diese beiden Paradigmen sind längst überholt; der kontrovers geführte Anlage-Umwelt-Streit ist inzwischen verstummt.
Die neuesten wissenschaftlichen Erkenntnisse zeigen, dass Lernen viel komplexer zu betrachten ist.

Neue Erkenntnisse aus der Genetik und Epigenetik[45]

Als die Wissenschaft Ende 2001 unsere Gene entschlüsselt und katalogisiert hatte, war die Überraschung groß: Jeder Mensch verfügt über ca. 35.000 Gene, die zu 99,9 % bei allen Menschen identisch sind! Nur 0,1 % des gesamten Genoms machen das aus, was einen Menschen vom anderen unterscheidet. Jedes Gen gibt es in unzähligen Variationen, die sowohl vererbt werden als auch neu entstehen.

Diese Erkenntnis[46] bedeutete das Ende der Theorie, dass Intelligenz oder gar Verhalten genetisch bedingt seien. Von nun an war klar: Gene steuern nicht nur, sie werden auch gesteuert – von Signalen im Gehirn die wiederum aus zwischenmenschlichen Beziehungen und individuellen Erfahrungen resultieren.

Insbesondere für die Lernforschung ist diese molekularbiologische Erkenntnis sehr aufschlussreich: Unsere Gene bilden zwar das Fundament des Lebens und Lernens, aber ihre Informationen müssen abgerufen und wie die Tastatur eines Klaviers bespielt werden. Erst im Laufe unserer individuellen Biografie formt sich schrittweise unser genetisches Fundament – das Genom. Es ist nicht deterministisch, sondern flexibel und individuell formbar. Wobei Beziehungen und Lebensstile unsere Gene vor allem in den pränatalen, postnatalen und pubertären Lebensphasen prägen. Das bedeutet für uns Pädagogen: Die Selbstverantwortung des Einzelnen, der persönliche Freiheitsspielraum ist größer als bislang angenommen. Die genetische Grundausstattung des Lernenden ist nicht vollständig determiniert sondern durch die biografische Prägung der Umwelt und der Bezugspersonen formbar. Lernen ist somit ein nachhaltiger Dialog zwischen Innen und Außen, zwischen Genen und Umgebung, zwischen Selbstbestimmung und Fremdeinflüssen.

Auch wenn die Epigenetik noch am Anfang steht, so zeigt sie schon jetzt, wie falsch es wäre, unser Lebens- und Lernschicksal in die Hand der Gene zu geben. Ganz im Gegenteil: Unser Erbgut ist das Ergebnis eines lebenslangen Reifungsprozesses für den wir verantwortlich sind!

---

[45] Epigenetik ist seit der ersten Dekade des 21. Jahrhunderts ein zentrales Thema der Genetik. Sie untersucht die Zelleigenschaften, die auf Tochterzellen vererbt werden und erforscht die Aktivierung von Gensequenzen durch Umwelteinflüsse daher die Vorsilbe *epi* (altgriech. ἐπί = über, außerhalb)

[46] Welche Konsequenzen diese Erkenntnis für unseren Alltag hat erläutert der Mediziner Joachim Bauer in seinem Buch „Das Gedächtnis des Körpers" sehr anschaulich.

Lernen heute

Vor dem Hintergrund dieser aktuellen Forschungsergebnisse erscheint Lernen nunmehr in einem neuen Licht: Intelligenz ist kein Produkt zufälliger Erbanlagen mehr, sondern sie ist förder- und erweiterbar! Unser geniales Gehirn braucht eine motivierende Umwelt und vor allem prägende Persönlichkeiten. Es funktioniert nicht nach dualen Prinzipien sondern arbeitet ganzheitlich-systemisch. Es arbeitet sukzessiv als treibender Motor seiner Entwicklung. Dabei greift es auf vorhandene Strukturen zurück und erweitert diese in einem selbst organisierten Prozess (Selbstreferentialität des Gehirns). Jeder Lerninhalt löst strukturelle Veränderungen im neuronalen Netzwerk aus; jeder input hinterlässt Spuren. „Das Gehirn ist nichts anderes als das Protokoll seiner Benutzung" sagt der Hirnforscher Gerald Hüther treffend.

Ob wir ein Lied singen oder unser Auto steuern, ob wir ein Gedicht aufsagen oder verliebt sind, ob uns etwas gelingt oder wir Fehler machen, jedes Mal findet in unserem Gehirn ein Kommunikationsfeuerwerk von Sinnesreizen, Körperimpulsen, Neuronen und Gefühlen statt. So vernetzt das Gehirn Neues mit Altem, Neues beeinflusst Altes und vor allem das Alte stets das Neue! Und hierbei spielen Umwelteinflüsse und emotionale Bindungen eine zentrale Rolle.

Ein ganzheitlicher Lernprozess ist immer das Ergebnis von hirngerechtem Lernen! Aber was bedeutet das? Ordnen wir einmal die wichtigsten Erkenntnisse aus der Hirnforschung den vier maßgeblichen Lernabschnitten zu:

1. Reizaufnahme (Sinnesorgane — Wahrnehmung)

Das Gehirn erhält sein lebenswichtiges *Informationsfutter* über die Sinnesorgane. Diese Wahrnehmungsreize vermag das Gehirn z. B. in Gefahrensituationen blitzschnell einzuschätzen. Bedenken Sie, wie zuverlässig unser größtes Wahrnehmungsorgan, die Haut, äußere Reize weiterleitet: In kürzester Zeit können wir beurteilen, ob uns ein Regentropfen berührt oder eine Mücke sticht! Schnell setzen wir diese Information in bewegte Handlung um: Wir spannen entweder den Regenschirm auf oder erschlagen die Mücke! Je mehr Sinnesorgane bei der Reizaufnahme beteiligt sind, umso differenzierter und nachhaltiger ist die Wahrnehmung. Die *Sinnesnahrung* sollte im Lernprozess vielfältig und ausgewogen sein. Unsere Kinder erleben heute vor allem eine Reizüberflutung ihrer Hör- und Sehsinne.

Um so wichtiger ist es, im Kindergarten und in der Schule die anderen Sinnesorgane zu aktivieren.

2. Denken (Neues mit gespeichertem Wissen verknüpfen)

Aus der inneren Beschäftigung mit unseren Wahrnehmungen, Vorstellungen, Erinnerungen, Begriffen und Gefühlen formen wir eine Erkenntnis. Um eine Denkaufgabe lösen zu können, erfassen, verarbeiten und bewerten wir die eingehenden Informationen. Wir bilden *geistige Modelle,* in dem wir auf vorhandenes Wissen und Erfahrungen zurück greifen. Wir verwenden Gesetzmäßigkeiten und Methoden, die wir in unserer Lernlaufbahn erlernt haben. Dabei ist es entscheidend, dass wir nicht bereits Gedachtes lernen sondern lernen, selbst zu denken. „Denken als Weg!", nannte dies der Philosoph Martin Heidegger: „Wir gelangen in das, was Denken heißt, wenn wir selber denken. Damit ein solcher Versuch glückt, müssen wir bereit sein, das Denken zu lernen."

3. Behalten (Wiedererkennen von gespeichertem Wissen)

Nur wenn wir neue Informationen mit bekannten verknüpfen, können wir sie über einen längeren Zeitraum bzw. ein ganzes Leben lang behalten. Und für den gesamten Informationsfluss im Gehirn sorgen Billionen von Synapsen, die vernetztes Denken und Erkennen, Lernen und Erinnern ermöglichen. Aber z. B. durch Angst oder Stress wird ihre Arbeit beeinträchtigt. Denn jetzt werden verstärkt die Hormone Adrenalin und Noradrenalin ausgeschüttet. Und sie sind die Gegenspieler der Botenstoffe, die in den Synapsen für die Informationsweiterleitung zuständig sind. Kinder haben einen wesentlich kleineren Kurzspeicher als Erwachsene; Siebenjährige haben nur 25 % der Speicherkapazität ihres Lehrers. Sie brauchen kurze, klare Sätze und vor allem den Einsatz möglichst vieler Sinne im Lernprozess!

    Warum wir vergessen, gehört noch zu den großen Rätseln der Hirnforschung. Aber hierüber besteht kein Zweifel:

- Informationen verlieren sich innerhalb von ca. 20 Sekunden, wenn sie keinen *Aufhänger,* wie z. B. Neugier oder Interesse finden.
- Informationen verlieren sich innerhalb der ersten Stunde, wenn die Arbeit des Kurzzeitgedächtnisses gestört wird, z. B. durch zu viele neue Eindrücke oder belastende Gefühle.

- Informationen werden aus dem Langzeitgedächtnis nicht abgerufen, wenn sie durch Stress blockiert sind, sie aus Angst ins Unterbewusste verdrängt wurden, sie falsch eingeordnet wurden, sie lange nicht aktiviert wurden, Durchblutungs- und Sauerstoffmangel die Gehirnarbeit beeinträchtigen

4. Anwenden (Übertragen des Gespeicherten, Handeln)

Kinder müssen so oft und solange wie möglich konkretes Wissen anwenden und in Handlungen verinnerlichen. Erst dann entwickeln sie neuronale Strukturen, also *Denkwerkzeuge*, und können sich aus dem diffusen ein konkretes Bild der Wirklichkeit machen. Die geistigen Strukturen muss der Mensch von sich aus, von innen heraus entwickeln. Nicht die äußere Konditionierung, sondern die selbstgemachte Erfahrung schafft Wachstum.

KAPITEL 4

GANZHEITLICH LERNEN – ABER WIE?

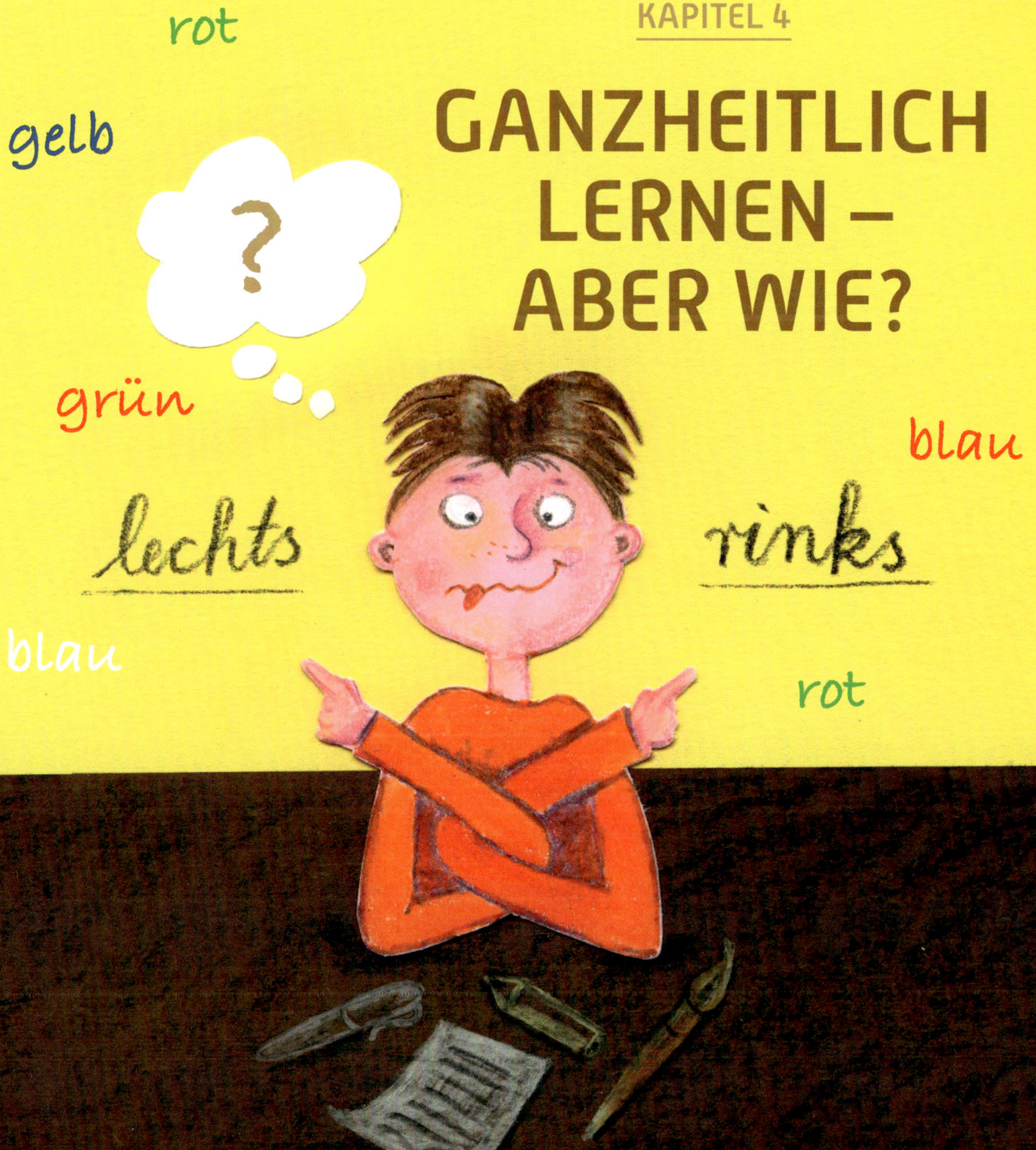
rot
gelb
?
grün
blau
lechts
rinks
blau
rot

> **Alle Mittel bleiben nur stumpfe Instrumente, wenn nicht ein lebendiger Geist sie zu gebrauchen versteht.**

Albert Einstein

- Nachhaltig Lernen – Schlüsselfaktoren
- Vom Kind aus – Schlüsselaussagen
- Ich persönlich – Schlüsselkompetenzen
- Der große Praxisteil
- Projekte

Nachhaltig lernen – Schlüsselfaktoren

**Der Mensch soll lernen,
nur die Ochsen büffeln.**

Erich Kästner

Im Gegensatz zum bloßen *Pauken* – das nur von kurzfristiger Dauer ist – geht es beim nachhaltigen Lernen um das dauerhafte Wissen und Können. Auf dem Weg von der passiven Rezeption fremdbestimmten Lernstoffs hin zur aktiven selbstbestimmten Lernerfahrung sind diese zehn Schlüsselfaktoren hilfreich:

1. Zeit

Bis die Verbindungen zwischen den Nervenzellen sich stabilisieren, vergehen Stunden. Wie lange dies dauert, können Hirnforscher noch nicht genau sagen. Aber eines ist gewiss: Nach einer Konzentrationsphase von ca. 10 bis 20 Minuten braucht ein Kind eine Entspannungspause von ca. 3 Minuten. Während eines entspannenden Spiels kann das kindliche Gehirn die zuvor gewonnenen Erkenntnisse ungestört abspeichern.

Jeder Mensch hat einen individuellen Rhythmus von Leistungsfähigkeit und Ruhebedürfnis. Daher ist es ratsam die Zeitabstände des Wechsels entsprechend den Bedürfnissen einer Zielgruppe zu takten.

2. Struktur

Das Gehirn entwickelt ständig geistige Landkarten und Denknetze. Hierfür braucht es konstante Meilensteine, eine zuverlässige Ordnung und Struktur, um Gedächtnisinhalte zu speichern und abzurufen. Daher ist es ratsam, das Lernpensum, die Lerninhalte, die Vermittlungsschritte, die Konzentrations- und Entspannungsphasen aber auch die Erwartungen transparent zu machen. Strukturierende Fragen könnten sein: Was lernen wir jetzt? Wie werden wir es lernen? Was ist dazu erforderlich? Was fehlt noch? Was haben wir gelernt und warum? Was lehren uns die Fehler? Wie können wir es besser machen? Welche sind die

51

nächsten Lerninhalte? Über diese Reflexion hinaus kann der Lernende neue Lernstrategien erwerben; seinen Denk- und Arbeitsstil optimieren. Struktur und Reflexion sind die Schlüssel für selbstorganisiertes, nachhaltiges und lebenslanges Lernen.

Jeder Lernende braucht ein Geländer an dem er sich auf seinem Lernweg zuverlässig entlang hangeln kann. Mit der Mind Map Methode beispielsweise (kostenlose Programme dazu gibt es im Internet) lassen sich komplexe Lernwege in übersichtliche Schritte strukturieren. Vor allem Kleinkinder brauchen in einer reizüberfluteten Umwelt konstante Strukturen und Rituale um die vielfältigen Wahrnehmungsreize und Gedanken zu ordnen.

3. Bindung

Wir lernen am besten, wenn der Lernstoff einen emotionalen Inhalt hat und eine angenehme Lernatmosphäre herrscht. Unsere emotionale Motivation lenkt das Aufmerksamkeitssystem; es selektiert, ob und wie eine Information in den neuronalen Schaltkreisen gespeichert wird.

Von besonderer Bedeutung für das Kind ist eine sichere Eltern-Erzieher-Lehrer-Bindung. Die Lernstimulierung ist intensiver und nachhaltiger, wenn die jeweilige Bindungsperson sich engagiert um das Kind kümmert und empathisch reagiert. Nur wenn sie liebevoll und verständnisvoll auf die Bedürfnisse des Lernenden eingeht, prompt und zuverlässig auf seine Bedürfnisse reagiert entsteht Sicherheit. Diese positive Bindung ist existentiell für die gesunde kognitive, psychische und soziale Entwicklung des Lernenden verantwortlich. Auch mit Lob sollten wir nicht geizen! Denn wer eine emotional positive Lernerfahrung macht, wird vom Belohnungssystem seines Gehirns belohnt. Es schüttet den Botenstoff Dopamin aus, das ein Gefühl freudiger Erregung und Wachheit sowie den Wunsch hervorruft, noch mehr Erfolgreiches zu erleben. Nachhaltiges Lernen ist also auch das Resultat vieler Dopaminausschüttungen und wiederkehrender Glücksgefühle.

4. Motivation

„Der Geist ist kein Schiff, das man beladen kann, sondern ein Feuer, das man entfachen muss!" So brachte der griechische Historiker Plutarch die Bedeutung der Motivation auf den Punkt. Der Mensch lernt, weil er will, nicht weil er muss! Wohlgemerkt ist hier nachhaltiges Lernen gemeint, nicht oberflächliches Pauken! Lebenslanges Lernen und dessen Selbstorganisation setzt voraus, dass der Lerner während seiner Lernlaufbahn kontinuierlich und nachhaltig motiviert wird. Das heißt er braucht ein **Motiv** für sein Streben nach Zielen, nach Handlungen und Wirkungen. In den Neurowissenschaften gilt die Motivation als Triebkraft und Energie für zielgerichtetes Verhalten. Sie löst beim Lernenden den erforderlichen Willen aus, um seine Handlungen bis zur Zielerreichung aufrechtzuerhalten. Bei einer positiven Lernmotivation werden verstärkt Endorphine ausgeschüttet, die Glücksgefühle hervorrufen. Und die Wissenschaft vermutet, dass dort, wo Endorphine produziert werden, auch die Prozesse des Merkens und Erinnerns stattfinden!

Jeder Lernende verfügt über den besten Verbündeten des Pädagogen — den Neugiertrieb. Die Neugier zu wecken, ist der wichtigste Schritt für eine gelungene Motivation. Hierzu ist wiederum eine hohes Interesse des Pädagoge an seiner Zielgruppe erforderlich: Was interessiert sie? Womit beschäftigt sie sich zur Zeit? Welche Wünsche, Sorgen und Ängste hat sie? Welche Spiele mag sie?

5. Mehrkanalige Wahrnehmung

Je mehr Sinne am Informationstransport beteiligt sind, umso differenzierter nehmen wir wahr. Je differenzierter die Wahrnehmung, umso detaillierter entwickeln wir mentale Bilder. Je detaillierter die mentalen Bilder, umso zuverlässiger speichert das Gehirn die Information ab. Je vielschichtiger der Lernstoff vermittelt wird, desto nachhaltiger bleibt er im Langzeitgedächtnis haften. Die zunächst im Ultrakurzzeitgedächtnis ankommenden Sinneseindrücke klingen nach wenigen Sekunden wieder ab, z. B. weil sie als unwichtig ausgefiltert werden. Aber auch mangelndes Interesse, fehlende Assoziationsmöglichkeit, negative Gefühle (z. B. Angst, Stress) verhindern, dass die Erstinformation abgespeichert wird. Wenn sich Unlust breit macht, ist das Vergessen vorprogrammiert. Im Langzeitgedächtnis speichert der Lernende nachhaltig nur solche Wahrnehmungen und Inhalte die ihm mehrkanalig und in vielfältigen Zusammenhängen präsentiert wurden. Der Biochemiker Frederic Vester[47] resümiert: „Je mehr Wahrnehmungsfelder im Gehirn beteiligt sind, desto mehr Assoziationsmöglichkeiten für das tiefere Verständnis werden vorgefunden desto größer werden Aufmerksamkeit und Lernmotivation".

---

[47] Vester, F.: Denken, Lernen, Vergessen, München 1992

6. Bewegung

Nur wer sich bewegt, sammelt motorische und sensorische Informationen über sich und seine Umwelt. Der Mensch ist ein geborener Bewegungslerner; Bewegung und Gehirnentwicklung sind eng miteinander verknüpft. Der israelische Hirnforscher Henry Markram[48] meint: „Intelligenz entsteht nur mit Körper." So versuchte man früher in der Erforschung künstlicher Intelligenz in einen Rechner Intelligenz hinein zu programmieren. Heute, so Markram, weiß man, dass „sich kognitive Fähigkeiten und Intelligenz nur in der Interaktion mit der Umwelt entwickeln. Dies setzt voraus, dass man einen Körper hat." Unser Gehirn arbeitet nicht als isoliertes System, es ist auf den regen Austausch zu unserem Gesamtkörper angewiesen – auf die Informationen seiner Muskeln, seines Enzym- und Botenstoffhaushalts. So belegt die Hirnforschung, dass wir bei koordinierten Bewegungen vermehrt den Botenstoff Neurotrophin produzieren. Er regt das Wachstum von Nervenzellen an und steigert die Anzahl der neuronalen Verbindungen. Die aus der Bewegung gewonnenen Lernanreize aktivieren also unser neuronales Netzwerk. Die volle Wachheit resultiert vor allem aus dem ausgewogenen Verhältnis von bewegungsarmen (Stillsitzen, Lesen, Schreiben, Zuhören) und bewegungsstarken (Lernspiele, Lernstationen, Projekte) Lernsequenzen. Sicher brauchen Zappelphilippe weniger Ermahnung als vielmehr Bewegung. Am besten an der frischer Luft, denn unser Gehirn macht zwar nur 2% unserer Körpermasse aus aber es benötigt 25% unseres Sauerstoffhaushaltes.

Bewegung ist auch der Motor einer gesunden körperlichen und psychischen Entwicklung. Über die Erfahrungen, die das Kind mit seinem Körper gewinnt, entwickelt es ein Bild von den eigenen Fähigkeiten. Es erlebt durch seine körperliche Aktivität, wozu es selbst imstande ist, was es zu leisten vermag und was es mit seinen Handlungen bewirken kann. In Bewegung erschließt es sich schrittweise Raum und Zeit, Chancen und Grenzen, Niederlagen und Erfolge.

7. Individualität

Wie individuell wir Lerninhalte aufnehmen und verarbeiten, zeigt u. a. die Lerntypentheorie. Die Sinne sind bei jedem Menschen unterschiedlich stark ausgeprägt; jeder entwickelt

---

[48] Er arbeitet an der École polytechnique fédérale de Lausanne und leitet mit einer Gruppe europäischer Wissenschaftler das ambitionierteste Projekt der Forschungsgeschichte: Das „Human Brain Project". Es wird in den nächsten zehn Jahren das menschliche Denkorgan Schritt für Schritt erforschen und rekonstruieren.

seinen Typus, seine individuelle Wahrnehmungsstärke: motorisch, auditiv oder visuell. So verfügt jeder Lernende über ein individuelles Paket an Entwicklungsmöglichkeiten. Offenbar scheint das Gehirn zu wissen, wo die Stärken seines Besitzers liegen; es versucht diese durch gezielte Fragen zu erschließen und auszubauen. Die angeborene Wissbegier, die nicht enden wollenden Fragen des Kleinkindes sind Ausdruck eines gezielten hoch motivierten Lernanliegens. Dieses gilt es zu verstehen und weitere Lerninhalte und -schritte anzubieten, die auf die individuellen Fähigkeiten und Fertigkeiten abgestimmt sind. So geht jeder Lernende von klein auf und ein Leben lang seinen individuellen Lernweg, den es auch individuell zu fördern gilt. Keine Gruppe/Klasse ist eine homogene Lerngruppe; immer und überall differenziert sie sich in Individuen mit entwicklungsbedingten Stärken und Schwächen. „Ich habe nie ein Kind mit einem anderen verglichen, sondern jedes Kind nur mit sich selbst", sagte Johann Heinrich Pestalozzi. Nachhaltig Lernen bedeutet auch die individuelle Lernbiografie zu erkennen, zu wertschätzen und zu stärken.

8. Wiederholung

Jeder Sinnesimpuls, den unser Aufmerksamkeitssystem als relevant erachtet, landet zunächst im Kurzzeitgedächtnis. Wir speichern ihn nur dann ins Langzeitgedächtnis, wenn sein Eindruck (emotional oder kognitiv) stark war und vor allem wenn die Inhalte öfter wiederholt werden. Nur so entwickeln sich die Synapsen – ähnlich wie ein Muskel – kräftiger und wirksamer. Daher raten Neurobiologen nicht nur neue Reize und Lerninhalte zu präsentieren, sondern Inhalte von denen man möchte, das sie abgespeichert werden, öfter zu wiederholen.

9. Nutzung

Weg von der Rezeptivität hin zur Produktivität! „Wer rastet, der rostet!" oder wie Hirnforscher sagen „Use it or lose it!" Die Grundlage des nachhaltigen Lernens bildet die Nutzung und Anwendung des Gelernten im Alltag. Nur wenn es sich im Leben des Lerners als gebrauchstauglich oder sinnvoll bewährt, regt es ihn zu weiteren Lernschritten an. Die Lerninhalte sollten aktiv vom Lerner genutzt werden können, sie sollten ihm nützen, ihm sinnvolles Gestalten ermöglichen und weitere Entwicklungschancen bieten. Dieser Transfer kann nur gelingen, wenn wir in Kindergarten und Schule das Leben hereinlassen, selbsterfahrene Erkenntnisprozesse in Projekten und offenen Lernsituationen fördern und außerschulische

Lernorte aufsuchen. Denken Sie daran, dass die abstrakte Phase des Denkens erst im Alter von 12 bis 13 Jahren einsetzt! Kinder brauchen konkrete Lernprozesse, die das Fragen, Erfahren und Selbstdenken lehren, nicht das Auswendiglernen von bereits Gedachtem. Denn „Lernen ist Erfahrung. Alles andere ist einfach nur Information!" meinte Albert Einstein.

10. Schlaf

Wir lernen tatsächlich auch im Schlaf, während unser Gehirn die Erfahrungen erneut durchspielt. Damit wir Informationen, die wir zuvor begierig aufgesogen haben, nicht vergessen, ist eine zuverlässige Speicherung im Gedächtnis erforderlich. Neue Forschungsergebnisse legen nahe, dass dies vorwiegend im Schlaf geschieht. So konnte der US-amerikanische Neurowissenschaftler Robert Stickgold[49] aufzeigen, dass vor allem prozedurale Lerninhalte (motorische Tätigkeiten und Routinehandlungen z. B. Autofahren) aber auch deklarative Lerninhalte (Fakten, Daten, Vokabeln) ohne ausgiebige Nachtruhe nicht funktionieren. Wie viel Nachtruhe das Gehirn braucht, ist offenbar individuell verschieden. Stickgolds Probanden jedenfalls zeigten die besten Leistungen, wenn sie acht Stunden geschlafen hatten.

Diese Liste von 10 Schlüsselfaktoren erhebt nicht den Anspruch auf Vollständigkeit. Sicher werden Sie, lieber Leser, noch andere Faktoren bei Ihrem Kind oder in Ihrer Lerngruppe entdecken. Aber eines ist gewiss: Erst das Zusammenspiel all dieser Faktoren macht nachhaltiges und ganzheitliches Lernen möglich!

---

[49] Stickgold, R.: Sleep, Memory and Learning, an Issue of Sleep Medicine Clinics. 2011

Vom Kind aus – Schlüsselaussagen

Lernen ist die Vorfreude auf sich selbst.

Peter Sloterdijk

Die heute banale Selbstverständlichkeit einer Pädagogik „vom Kinde aus" war die Zentralforderung der Reformpädagogik zu Ende des 19. Jahrhunderts. Heute jedoch rufen Rousseaus normativ aufgeladene Naturvorstellungen viele Einwände hervor, vor allem die einer unzeitgemäßen zivilisatorischen Entfremdung und eines übertrieben irrationalistischen Kindheitskultes. Das reformpädagogische Ideal einer harmonischen, naturwüchsigen einheitlichen Volksgemeinschaft steht im diametralen Gegensatz zur Realität des 21. Jahrhunderts. In unserer demokratischen Gesellschaft steht die Erziehung mündiger und kritischer Bürger im Vordergrund. Eine Erziehung also, die sich den realen Anforderungen einer multikulturellen Gesellschaft, einer globalen Ökonomie und einer technisierten Medienwelt stellt. Eine Erziehung, die den Medienpessimismus überwindet, keine Konflikte scheut und bei unterschiedlichen Interessen realistische Kompromisse sucht.

Wenn das Konzept des ganzheitlichen Lernens das individuelle Kind im Mittelpunkt seines pädagogischen Fokus setzt dann nicht aus einer nach hinten gewandten retropädagogischen Sehnsucht heraus. Bei allem Respekt vor der reformpädagogischen Pionierarbeit, ihrem bahnbrechenden Einsatz für eine kindgerechte Pädagogik so gilt doch heute: Die Tauglichkeit oder Untauglichkeit des Schlagwortes „vom Kinde aus" muss daran gemessen werden, ob es uns modernen Pädagogen gelingt, die wertvollen reformpädagogischen Denkanstöße für unsere Gegenwart, für die Kindheit heute und ihre zukünftigen Erfordernisse kritisch zu adaptieren.

Das Bildungskonzept „Ganzheitlich lernen" orientiert sich unmittelbar am Kind. Die Entfaltung seiner individuellen Persönlichkeit ist erklärtes Ziel. Dabei ist es die Aufgabe der Erwachsenen, ihm auf der Grundlage stabiler Bindungen solche Schlüsselkompetenzen

zu vermitteln, die ihm eine selbständige Entwicklungschance in der realen Umwelt des 21. Jahrhundert ermöglicht.

Heute brauchen Kinder mehr denn je die Herausforderung an eigenes Denken, Fühlen, Erleben und Handeln. Denn die künstlichen Bilder aus den Medien verdrängen zunehmend die konkrete, echte Begegnung von Kind und Welt. Und das kindliche Begreifen gerät in die Gefahr, dem Körperlichen und der unmittelbaren Berührung mit der Sache entzogen zu werden. Viele Studien aus der Hirnforschung und der Entwicklungspsychologie belegen, dass insbesondere Kleinkinder vielfältige, persönliche Erfahrungen aus ihrem konkreten Umfeld brauchen. Denn das Greifen, das allem Begreifen vorausgeht, kann weder durch verbale Abstraktionen noch durch elektronische Bilder ersetzt werden.

Unsere Kinder brauchen Lernprozesse, bei denen Erfahren, Entdecken und Erforschen am Anfang stehen. Sie brauchen Lernprozesse, die Bewegung, Sinneswahrnehmung und Erkenntnis effektiv verknüpfen.

Und sie brauchen vor allem starke Partner also viele kompetente Erwachsene. Bildung und Erziehung im 21. Jahrhundert bedeutet sowohl den ganzheitlichen Reifungsprozess des Individuums zu fördern als auch die konstruktive Zusammenarbeit aller Bildungsinstitutionen, die einen Menschen im Laufe seiner Entwicklung begleiten.

Die folgenden 10 Schlüsselaussagen zum Ganzheitlichen Lernen können Ihnen, lieber Leser, helfen, eine Pädagogik „vom Kind aus" zeitgemäß zu gestalten und das pädagogische Profil/ Konzept Ihrer Bildungseinrichtung stetig zu reflektieren.

Kindzentriert → Ebene des Kindes

1. Das Kind ist ein geborener Lerner.
Es erforscht und entdeckt mit Neugier immer und überall.

2. Das Kind lernt vernetzt mit Kopf, Herz, Hand und Humor.
Es nimmt mit allen Sinnen wahr und begreift denkend, fühlend und handelnd.

3. **Das Kind lernt spielerisch und in Bewegung.**
   spielen, lachen und lernen bilden eine Einheit.

4. **Der Mensch lernt ein Leben lang.**
   Lernen ist ein lebenslanger Prozess. Das Gehirn kann bis ins hohe Alter neue Neuronen
   bilden und vernetzen (Neurogenese).

Direkte Umwelt → Ebene der Erwachsenen

5. **Lernen ist mehr als Wissen anhäufen.**
   - denken und fühlen bilden eine Einheit. Bildung ohne Herzensbildung ist keine Bildung.
   - gehirngerechtes und vernetztes Lernen fördern
   - individuelle Bindung, emotionale Intelligenz und soziale Kompetenz fördern
   - geeignete Inhalte/Methoden für ganzheitliche Lernerfahrung anbieten

6. **Lernen ist ein individueller, selbstbestimmter und nachhaltiger Prozess**
   - konkrete Erfahrungen machen und eigene Denkstrukturen entwickeln lassen
   - selbstbestimmtes Lernen ist nachhaltiger als fremdbestimmtes
   - differenzierte Lerninhalte und -methoden anbieten

7. **Lernen und Erziehen sind immer und überall eine Einheit.**
   erzieherische Lernpartnerschaft fördern

8. **Lernen gedeiht im respekt- und liebevollen Klima.**
   Bindung und Lernatmosphäre reflektieren; Eigen- und Mitverantwortung stärken

9. **Lernen beinhaltet Fehler machen.**
   stärkenorientierte-optimistische Haltung und konstruktive Fehlerkultur entwickeln

Indirekte Umwelt → Ebene der Institutionen

10. Lernen ist institutionsübergreifend und braucht starke Partner

- individuellen Lernweg stärken z. B. durch kindgerechte Übergänge innerhalb und unterhalb der Bildungseinrichtungen
- ganzheitliche Lernlandschaft (Elternhaus, Kindergarten, Kindertagesstätte, Familienzentrum, Schule, diverse Bildungseinrichtungen, Sportvereine, politische Institutionen) etablieren
- Kooperationspartner suchen und Kommunikation pflegen
- Öffentlichkeitsarbeit betreiben

Ich persönlich – Schlüsselkompetenzen

Lehren und Lernen finden im Rahmen der Persönlichkeit des Lehrenden und Lernenden statt.

Gerhard Roth

Nun ist es statistisch belegt: Entscheidend für die Qualität des Lerngeschehens ist der einzelne Pädagoge!

Wer oder was macht guten Unterricht aus? Diese Qualitätsfrage stellte sich der neuseeländische Erziehungswissenschaftler (Education Research Institute/University of Melbourne) John Hattie[50] in einer Studie mit mehr als 800 Metaanalysen, die wiederum 50.000 Einzelstudien zusammenfassen. An dieser weltweiten, umfangreichen Unterrichts-

---

[50] Hattie, John : Visible Learning. A synthesis of over 800 meta-analyses relating to achievement. Routledge, London, New York 2008

Beywl, Wolfgang / Zierer, Klaus: Lernen sichtbar machen: Überarbeitete deutschsprachige Ausgabe von „Visible Learning". Baltmannsweiler 2013

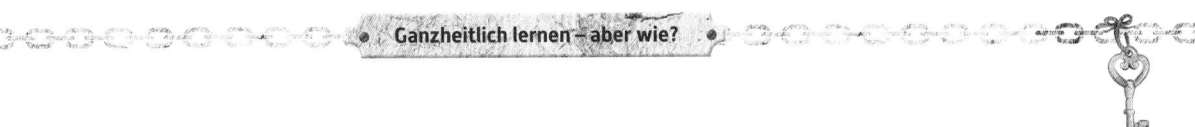

forschung waren 250 Millionen Schüler beteiligt. Sie kam u. a. zu diesem Ergebnis: Kleine Klassen und offener Unterricht bringen wenig. Entscheidend ist: Der Lehrer, die Lehrerin! Je nach Lehrerpersönlichkeit kann sich der Lernfortschritt von Schülern bis zu einer Klassenstufe unterscheiden. Dies belegte vor einigen Jahren ein Experiment aus Schweden. Hier übernahmen ausgewählte Lehrer die Klasse einer Brennpunktschule, deren Schüler sich weitgehend aufgegeben hatten. Nach einem Jahr gelang es ihnen, die Stimmung zu drehen und den Lernrückstand maßgeblich zu verringern.

John Hatties Studie hat heftige Diskussionen ausgelöst, einseitige Inanspruchnahme diverser Interessensgruppen ermöglicht, aber eines ist ihm vortrefflich gelungen: Die Person des Pädagogen wieder dorthin zu rücken, wo ihr Platz sein sollte: Im Zentrum des Lernens! Hatties Ideallehrer ist kein Superheld, sondern eine Persönlichkeit, die um den starken Einfluss ihrer Haltung auf das Lerngeschehen weiß.

Aber welche Haltung, welches Rollenverständnis ist im 21. Jahrhundert bedeutsam? Ein kurzer Blick in die Geschichte der Philosophie und Pädagogik kann uns helfen, Antworten zu finden.

Das Wort *Philosophie* bedeutet im griechischen Wortursprung *Liebe zur Weisheit*. Der Begriff *Pädagoge* leitet sich aus dem griechischen Wort *paidagogos* ab und bezeichnete die Sklaven, die die Schüler zu ihren Lehrern begleiteten. Sie führten den Schüler zum Lernort; sie machten sich mit ihm *auf den Weg*. Das erklärt den Wegcharakter der Pädagogik, den langen Entwicklungsweg, den es zu begleiten gilt.

So meinte der griechische Philosoph Sokrates (469–399 v. Chr.), dass sich Weisheit nur in der Begegnung von Suchenden entwickle. Von ihm stammt der berühmte Spruch „Ich weiß, dass ich nichts weiß!" Sokrates Lehrer ist nicht der Allwissende, der andere Unwissende belehren möchte, sondern im Gegenteil: Er wird von ihnen belehrt und versetzt so seine Schüler in die motivierende Position des Wissenden.

Ganz anders sah dies sein Schüler, der griechische Philosoph Platon (428–348 v. Chr.). Er ging davon aus, dass nur der Weise die Weisheit besäße und es seine Aufgabe sei, diese an weniger weise Menschen weiterzugeben. Sein Weisheitsbegriff ist also ein hierarchischer: Der wissende Lehrer gibt seinem unwissenden Schüler die Erkenntnis.

Letztendlich hat Platon den Disput mit Sokrates gewonnen, denn bis in die heutige Wissensgesellschaft hinein lehren und lernen wir nach dem platonischen Weisheitsbegriff.

Ein Blick in die aktuelle Didaktik für das Fach Französisch zeigt vier Bereiche, die vom Lehrer erwartet werden:
- savoir (Wissen)
- savoir faire (Methoden)
- savoir apprendre (Lernstrategien)
- savoir être (das Wissen zu „Sein", das Wissen um die Person)

Jahrzehntelang haben wir uns im Rollenverständnis des Pädagogen mit den ersten drei Kompetenzen beschäftigt. Der vierte Punkt, das *savoir être*, ist dabei viel zu kurz gekommen!

Aber wenn Sie sich an Ihre eigene Lernlaufbahn erinnern, so werden Sie feststellen, dass es Persönlichkeiten waren, die die entscheidenden Meilensteine auf Ihrem Bildungs- und Lebensweg setzten. So habe ich es einem faszinierenden Pädagogiklehrer in der gymnasialen Oberstufe zu verdanken, dass ich Erziehungswissenschaften studierte und mich bis heute für Pädagogik interessiere. Meist ist es ein Mensch, der uns für Etwas (Thema, Fach) begeistert hat oder aber die Abkehr von Etwas in uns auslöste.

Erinnern wir uns an den Appell des Hirnforschers Gerhard Roth[51] „Weniger Stoff besser vermittelt, wird wesentlich besser effektiver im Langzeitgedächtnis verankert als mehr Stoff der schlecht vermittelt wird."

Daher muss sich eine Ganzheitliche Bildung im 21. Jahrhundert diese Kernfragen stellen: Was macht eine Pädagogenpersönlichkeit aus? Welche Kompetenzen benötigt sie für das ganzheitliche Lernen? Diese Fragen gehen tief an die eigene Substanz. Für Persönlichkeit gibt es keine kopierbaren Vorlagen; stattdessen gilt es kontinuierlich die eigene pädagogische Haltung zu überprüfen und zu modifizieren. Schließlich formt die gegenwärtige Persönlichkeit – der Eltern, des Erziehers, des Lehrers und der weiteren Wegbegleiter – die

---

[51] Roth, G.: Bildung beginnt bei Null. Vorwort. In: Brockhaus perspektiv: Wahnsinn Bildung. Brauchen wir eine neue Lernkultur? Gütersloh/München 2012. S. 6

zukünftige Persönlichkeit des Kindes. Die Art ihres Interagierens, ihrer Bindung zueinander profiliert sie gegenseitig.

Die folgenden 11 Schlüsselkompetenzen helfen dieses *savoir être* – das persönliche Sein auszugestalten. Sie eignen sich auch als Auswahl- und Ausbildungskriterien für angehende Pädagogen.

1. authentisch

Nach wenigen Minuten bereits erkennen wir, ob unser Gegenüber authentisch ist, d. h. ob es nur seinen Standpunkt verbalisiert oder ihn wahrhaftig vertritt, ob Wesen und Erscheinung übereinstimmen.

Jede Aussage besteht aus dem gesprochenen Text und dem mimisch-gestischen Subtext (Begriff aus der Theaterpädagogik). Entscheidend für die Authentizität ist der Subtext. Rasch erkennen wir, ob das Gesagte durch äußere Einflüsse bestimmt wird oder in sich selbst begründet liegt. So sind wir sehr enttäuscht und empört, wenn wir bemerken, dass eine Authentizität vorgetäuscht wurde, wie z. B. bei dem playback-Effekt in der Musikbranche, wo eine technische Wiedergabe aus der *Konserve* die echte Stimme eines Sängers oder einer Musikband scheinbar ersetzt. Wir wirken also dann authentisch, wenn unser inneres Wollen für andere Menschen erkennbar ist und mit unserem äußeren Handeln wahrhaftig übereinstimmt. Authentizität ist vor allem in pädagogischen Berufen, wo es auf die Bindung ankommt, entscheidend. Dabei sollte die Freude und Hingabe weniger dem *partiellen Lernstoff* als vielmehr dem *ganzen Menschen* gelten. Der Hirnforscher Henning Scheich[52] hebt die Begeisterungsfähigkeit der Lehrperson für erfolgreiches Lernen hervor: „Vorbilder sind für das noch unfertige Gehirn als Orientierung enorm wichtig. Und auch Begeisterung wirkt disziplinierend – man will es dem Vorbild ja recht machen." Sicher kann nicht jedem und zu jeder Zeit das Meisterstück der *authentischen Raumaufladung* gelingen; aber eines steht fest: Wer brennt kann andere anzünden! Schließlich wirkt authentisches Verhalten als Selbstmotivator und hierfür sind nach Ansicht der Sozialpsychologen Michael Kernis und Brian Goldman[53] vier Kriterien maßgeblich:

---

[52] Scheich, Henning: Begeisterung diszipliniert. In: Der Spiegel. Nr. 27, 2002. S. 77.
[53] Kernis, Michael / Goldman, Brian: A multicomponent conceptualization of authenticity. In: Zanna, Mar (Hrsg.): Advances in Experimental Social Psychology. New York: Academic Press, 2006, S. 283-357

1. **Bewusstsein:** Ein authentischer Mensch kennt seine Stärken und Schwächen, seine Gefühle und Motive. Diese Selbstreflexion hilft ihm, sein Handeln bewusst zu erleben und zu steuern.
2. **Ehrlichkeit:** Er blickt der realen Umgebung ins Auge und akzeptiert auch unangenehme Rückmeldungen.
3. **Konsequenz:** Er handelt nach seinen Werten und Prioritäten selbst dann wenn sich Nachteile für ihn ergeben. Unechtheit, Verlogenheit und opportunes Verhalten sind ihm zuwider.
4. **Aufrichtigkeit:** Der authentische Mensch verleugnet seine negativen Seiten nicht.

Ein Pädagoge wirkt authentisch wenn er von seiner Zielgruppe als *echt,* als ungekünstelt und nicht klischeehaft wahrgenommen wird.
Ich bat ErzieherInnen, mir Vorteile einer authentischem Haltung im pädagogischen Alltag zu nennen:
- „Kinder und Eltern lassen sich besser begeistern."
- „Man wird ernst genommen."
- „Höhere Zufriedenheit entsteht."

2. bildhaft

Unser Gehirn verfügt über eine phänomenale Fähigkeit: Die *wahrnehmungsbasierte Wissensrepräsentation.* Das heißt es denkt und speichert in mentalen Bildern. Sie können als gedankliche Anker, als visualisierte Inhalte im Lerngeschehen sehr effektiv genutzt werden. Denn eine gelungene Kommunikation beruht darauf, dass sowohl Pädagoge und Lerner als auch die Lerner untereinander sich verstehen und die Erkenntnisse in gemeinsam erarbeiteten Bildern behalten. Dieses gegenseitige Verständnis basiert auf der Kompatibilität der mentalen Bilder, die wir miteinander austauschen. Das bedeutet für den Pädagogen, dass er die gespeicherten Bilder seiner Zielgruppe zu aktivieren und neue Bilder zu initiieren versteht. Dies kann ihm nur gelingen wenn er sich für seine Zielgruppe interessiert.
Erzieherinnen nennen folgende Vorteile von bildhafter Vermittlung im pädagogischen Alltag:
- „Kinder spüren bei anschaulicher Vermittlung unser Interesse an ihnen, unsere Wertschätzung für ihre derzeitige Lebenssicht, und unsere positive Grundhaltung ihnen gegenüber."

- „Wenn wir auf die Ebene des Kindes gehen, im ständigen Gespräch mit ihm sind, seinen Wissensstand erfragen, es im Spiel und Tun beobachten entwickeln wir altersgemäße mentale Bilder, die unsere Kommunikation verbessern."

3. humorvoll

Der kürzeste Weg zwischen zwei Menschen ist ein Lächeln. „Lächeln und Lachen sind sozialer Klebstoff. Wir lachen nicht nur, weil etwas lustig ist, sondern vor allem, um soziale Bindungen aufzubauen" sagt der Humanbiologe Carsten Niemitz[54]. Humor ist aus vielen Gründen ein idealer Lernpartner: Er löst eine positive Hormonlage und nachhaltige neuronale Verknüpfungen aus, erhöht die Freude am Lernen, schafft eine entspannte, angstfreie Lernatmosphäre, ermöglicht die sinnvolle Distanz zu Fehlern, eröffnet unerwartete Problemlösungen, erhöht die Aufmerksamkeit und die Konzentrationsbereitschaft, hilft den Lernstoff besser zu behalten, fördert die sprachliche Intelligenz und Kreativität, steigert das Selbstwertgefühl und die soziale Kompetenz. „Humorvolles Verhalten und Verständnis für Humor kann stressvolle Situationen im Schulalltag entschärfen, Aufmerksamkeit aktivieren und das Behalten von Unterrichtsinhalten fördern."[55] Lachen hat aber auch kommunikative Funktion, es verbindet und schafft ein starkes Wir-Gefühl.

Erzieherinnen nennen folgende Vorteile einer humorvollen Haltung im pädagogischen Alltag:

- „Humor lockert stressige Situationen auf, löst Blockaden."
- „Vertrauensbasis wächst durch Leichtigkeit."
- „Gemeinsames Lachen nimmt Ängste, befreit."
- „Eröffnet neue Kommunikationswege."
- „Das Kind fühlt sich angenommen und traut sich mehr zu."

Eine Erzieherin erzählte mir aus ihrem Alltag: „Die typische morgendliche Bringsituation, in der Mutter/Vater voller Sorgen das weinende Kind in die Kita bringen, war früher bei uns sehr nervig. Heute achten wir dann ganz besonders auf freundliche Mimik, entspannte Körpersprache, spaßige Bemerkungen und verabschieden spielerisch: *Wir zählen mal wie schnell Mama/Papa an der Tür ist. Komm, wir schieben sie gemeinsam raus. Hauruck, Hau-*

---

[54] Niemitz, Carsten: Alle Menschenaffen lachen. Interview Planet Wissen 4.11.2005

[55] Huber, Günter L.: Pädagogische Interaktion in der Schule. In: Krapp, A. (Hrsg.): Pädagogische Psychologie. Weinheim 2001

ruck! So ist das Kind abgelenkt, es kommt aus der passiven Trauersituation raus und wird selbst aktiv. So fällt die Trennung lächelnd leichter."

4. narrativ

„Erzähl mir von Deinem Wissen, wirf es mir nicht in Fakten an den Kopf!" würde das Gehirn sagen, wenn es von seinem Kummer erzählen könnte. Ganz gleich ob Lach- oder Sachgeschichten, das Gehirn lechzt nach Narration (Erzählung). Es speichert unsere Erfahrungen als autobiografische Erinnerungen, die unser Leben erzählt. Wobei wir emotional gefärbte Erlebnisse besser behalten als neutrale. Der Neurologe António Damásio nennt dies unser „autobiographisches Selbst". Gelebte Zeit wird so zu einer großen Erzählung verknüpft, die wiederum eine faszinierende Welt des Wissens im Kopf erschafft[56]. Das bedeutet für uns Pädagogen: Erzähle emotional von Deinem Wissen und gehe sparsam mit sachlichen Fakten um. Sie langweilen die Gehirne der Zielgruppe!

Erzieherinnen nennen folgende Vorteile einer erzählerischen Vermittlung im pädagogischen Alltag:

• „Es berührt persönlich, löst emotionale Betroffenheit, Empathie, und Nachdenken aus."
• „Das Kind blüht emotional auf, es fühlt sich gewertschätzt, da man seine Verständnisebene einnimmt."
• „Im Elterngespräch besteht die Kunst darin, fachlich korrekt und zugleich empathisch zu erzählen."

5. emotional

Lange waren Gefühle beim Denken und Lernen verpönt. Sie seien zu subjektiv, verschwommen und stünden im absoluten Gegensatz zur Vernunft. Heute betont der Hirn- und Emotionsforscher Antonio R. Damasio[57]: „Meine Forschungsergebnisse haben mich überzeugt, dass die Emotion ein integraler Bestandteil des Denkprozesses ist". Seiner Meinung nach leide „die Menschheit nicht an einem Defekt ihrer logischen Kompetenz, sondern vielmehr an einem Defekt ihrer Emotionen, die wichtige Informationen für den logischen Prozess

---

[56] Mentzer, Alf/Sonnenschein,Ulrich: 22 Arten, eine Welt zu schaffen: Erzählen als Universalkompetenz. Frankfurt a. M. 2008

[57] Damasio, Antonio R.: Descartes Error and the Future of Human Life. In: Scientific American, Okt. 1994, S.144

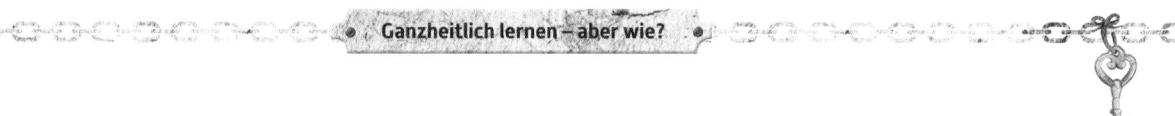

bereitstellen." Für den Computerwissenschaftler David Gelernter[58] sind „Emotionen nicht eine besondere Form von Gedanken, kein zusätzlicher Weg des Denkens, kein spezieller kognitiver Prozess, Emotionen sind vielmehr grundlegend mit dem Denken verwoben." Erst die Gefühle machen unser Denken flexibel. Auch der neuseeländische Erziehungswissenschaftler John Hattie betont, dass ohne Respekt und Wertschätzung, Fürsorge und Vertrauen kein Unterricht gelingen könne. Emotions- und Hirnforscher fordern daher von Pädagogen: Hört auf zu unterrichten, ihr müsst aufrichten! Vermeidet beim Lernen negative Gefühle und gebt den positiven viel Raum! Die emotionale Bindung ist der Schlüssel zur kognitiven Leistung und zum Lernerfolg. Es gilt die Herzen zu bewegen, denn ohne Herzensbildung keine Bildung!

6. stärkenorientiert

Sie passieren uns oft, vermutlich täglich und am liebsten würden wir sie verbergen oder erst gar nicht gemacht haben. Dabei können wir an Fehlern und mit ihnen viel über uns selbst lernen. Fehler sind die Schlüssel für neue Lernperspektiven. Bei vielen Pädagogen steht jedoch das fehlerfreie Gelingen hoch im Kurs; das Scheitern ist unerwünscht und wird sanktioniert. Gerne und nicht selten genüsslich entlarven wir die Fehler im Lernprozess und zerpflücken die Mängel im kindlichen Verhalten. Der Fehler wird dann als Störfaktor und Rückschritt missverstanden. Dieses defizitäre Menschenbild verhindert positive Bindung und beschämt Kinder. Viel wirksamer im Lerngeschehen ist ein stärkenorientierter Blick auf das Kind mit respektvoller Einsicht, humorvoller Nachsicht und vor allem optimistischer Aussicht. Denn Fehler sind im Wesen des Lernens begründet; sie sind die Perlen auf unserem Entwicklungsweg. Gelingen und Scheitern gehören zum Lernen und zum Leben! Ohne Fehler kein Lernen, ohne Optimismus kein Gelingen!
Erzieherinnen nennen folgende Vorteile einer stärkenorientierten Haltung im pädagogischen Alltag:

- „Kind, Eltern und Team begegnen sich auf positiver Ebene, greifen auf Stärken des Einzelnen zurück, trauen sich selbst und anderen mehr zu."
- „Lob und Anerkennung motiviert, voneinander zu lernen und offen für Neues zu sein."
- „Individuelle Interessen, Fähigkeiten und Neigungen sind die Stärken einer Lerngruppe."

---

[58] Gelernter, David: The Muse in the Machine. Computerizing Poetry of Human Thought. New York 1994. S. 46 – 47

• „Vorsicht, bei übertriebener und unechter Stärkenorientierung fühlt sich der Lernende nicht ernst genommen!"

7. reflektiv

Um die authentische und stärkenorientierte Haltung zu festigen und weiterzuentwickeln ist eine stetige Reflexion des Lerngeschehens unerlässlich. Denn schließlich ist jeder Rückblick auch ein Ausblick für die Zukunft, und jeder Rückschritt birgt die Chance zum Fortschritt. Nur wenn Pädagogen ihr gegenwärtiges Verhalten unter die Lupe nehmen werden sie zukünftige Erkenntnisse für das Lerngeschehen gewinnen können. Eine selbst reflektive Pädagogenpersönlichkeit schreibt die mangelnden Lernfortschritte nicht ausschließlich den Schwächen ihrer Kinder/Schüler zu also dem Mangel an Fleiß, der falschen Eignung oder der fehlenden Unterstützung des Elternhauses. Stattdessen fragt sie sich was sie falsch gemacht haben und somit verbessern könnte. Eine Pädagogik der permanenten Reflexion ist nur im Schulterschluss mit der Zielgruppe möglich, denn sie ist das Spiegelbild des Lernfort- oder -rückschritts. So meint John Hattie: „Gutes feedback meldet dem Schüler zurück, wie er die Aufgabe bearbeitet hat, wo er richtige, wo falsche Wege gegangen ist und wie er noch anspruchsvollere Ziele erreichen kann. Der Lehrer muss stets wissen, wo seine Schüler gerade stehen, was sie verstanden haben, welchen Irrtümern sie gerade nachgehen. Ein guter Lehrer muss seinen eigenen Unterricht durch die Augen der Lernenden sehen, sich also ständig selbst evaluieren." Aber noch ist die Evaluation von Kindern/Schülern in der pädagogischen Praxis nicht selbstverständlich. Warum bloß fragen wir so selten die Zielgruppe wie es ihr im Lerngeschehen geht? Wer soll dies besser wissen als sie? Eine selbstbewusste Pädagogenpersönlichkeit scheut nicht die Meinung der Kinder/Schüler. Sie weiß vielmehr, wie lernwirksam eine Kultur des Feedbacks ist, die auf gemeinsam entwickelte Kriterien für gelungenes Lernen basiert.

‚In den Pausen reden Lehrer viel über Schüler, ebenso über Lehrinhalte, Prüfungen und andere Dinge wie Fußball. Nur über das eigene Lehrerhandeln im Unterricht reden sie kaum. Dabei ist die wichtigste Voraussetzung für den Lehrerberuf die Flexibilität, zugeben zu können, dass der eigene Unterricht zu wenig erreicht, und die Offenheit, Neues zu lernen.' (J. Hattie) Denn das Selbstkonzept einer Person entsteht sukzessiv: Neurowissenschaftler gehen davon aus, dass sich bereits in den ersten Lebensjahren emotionale und soziale Einflüsse in die neuronale Matrix brennen als sogenanntes implizites Ich bzw. impli-

ziertes Selbstwertgefühl oder affektives Selbstkonzept. Es ist kognitiv im Nachhinein nicht zugänglich und im Alltag nicht bewusst – aber es ist potenziell jederzeit für unsere Umwelt erfahrbar. Dagegen entwickelt sich das explizite Ich also das kognitive Selbstkonzept aufgrund des langsamen Wachstums des Neocortex später. Hierzu bedarf es der ständigen Reflexion mit und durch Mitmenschen. Nur so kann z.B. eine Selbstüberschätzung (explizites Selbst) zum tatsächlichen Auftreten (implizites Selbst) als konträr und paradox erkannt werden."

8. partizipativ

Die Zeit des *lonesome hero* (einsamer Held) – der den Lern*stoff* besitzt und es als seine vornehmliche Aufgabe sieht, diesen den vermeintlich unwissenden Kindern/Schülern zu vermitteln – ist zum Glück vorbei! Im 21. Jahrhundert rückt auch in der Pädagogik die Partizipation, die Beteiligung der Zielgruppe in den Vordergrund. Auf der Basis einer Bindungs- und Kompetenzpädagogik werden selbstorganisierte Lernformen bedeutsam. Wenn die Beteiligung von Kindern gelingen soll, dann beginnt sie in den Köpfen von uns Erwachsenen: Welche Rolle gestehe ich dem Kind im Lerngeschehen zu? Ist es konsumierendes Objekt oder gestaltendes Subjekt? Habe ich eine dialogische Haltung zum Kind? Wo und wie kann ich Kinder (Eltern, Kollegen) beteiligen? Wie integriere ich die vielfältigen Individuen? Bildung ist vor allem Selbstbildung, daher müssen wir Pädagogen die eigenständigen Bildungswege von Kindern fördern, von ihrer individuellen Sicht der Welt und von ihren Fragen lernen. Jeder Lernende wünscht sich im Lernprozess eine souveräne Rolle: Nimm mich ernst, beziehe mich ein, beteilige mich, lass mich teilhaben und mitwirken! Ob beim Kinderparlament oder der gemeinsamen Planung und Erarbeitung von Regeln und Inhalten immer werden wir mit und durch das Kind etwas Neues und Spannendes entdecken.

Erzieherinnen nennen folgende Vorteile einer partizipativen Haltung im pädagogischen Alltag:

- „Kinder haben Rechte!"
- „Sie lernen, eigenständig zu denken und flexibel zu reagieren."
- „Sie erfahren demokratisches Verhalten."
- „Der Pädagoge lernt, Macht und Verantwortung abzugeben und seiner Zielgruppe etwas zuzutrauen."
- „Er fördert die Mitverantwortung und ein positives Lernklima."

9. kooperativ

Um ein Kind zu erziehen, braucht man ein ganzes Dorf! Dieses afrikanische Sprichwort macht deutlich, dass Erziehung und Bildung nur gemeinsam gelingen kann. Oft haben wir den Wunsch der Bildungspartner (z. B. der Eltern) nach Mitgestaltung als Einmischung und als Gefahr der unerwünschten Transparenz missverstanden. Stattdessen bedeutet das Zusammenwirken und der Austausch mit Anderen vor allem Bereicherung. Eine Bindungspädagogik ist immer auch integrativ-kooperativ. Dabei sollte der Austausch mit- und untereinander vielfältig sein: Unter den Pädagogen, mit den Eltern, mit Bildungspartnern, persönlich und inhaltlich, regional- und überregional ... ganz nach dem Motto: Gemeinsam sind wir stark!

ErzieherInnen nennen folgende Vorteile einer kooperativen Haltung im pädagogischen Alltag:

- „Sich für Bildungspartner interessieren, sie aktiv im Erziehungsprozess einbeziehen, sie sind für Bildung bedeutsam."
- „Das Lernpotential des Umfelds nutzen. Es bereichert das Team, stärkt die Zusammenarbeit."
- „Offene Haltung: Ich kann von jedem etwas lernen!"
- „Öffentlichkeit herstellen, Ziele transparent machen."
- „Über den Tellerrand schauen, Bildung ist ein Gemeinschaftsprojekt!"

10. werteorientiert

Erziehen und Lernen bedeutet Standpunkte und Einstellungen vermitteln, Position beziehen: Welche Werte vertrete ich? Auf welches Menschenbild hin erziehe und lehre ich? Die wichtigste Aufgabe von Eltern, Pädagogen und Bildungseinrichtungen im 21. Jahrhundert ist es, ein Wertepofil zu entwickeln, das ein respektvolles Zusammenleben von Menschen unterschiedlicher kultureller Herkunft und religiöser Prägung fördert. Denn vor allem Kinder brauchen eine zuverlässige Werteorientierung. Sie müssen lernen, zwischen Gut und Böse zu unterscheiden; sie müssen erkennen, was für sie selbst und für andere Menschen gut oder schlecht ist. Dafür eignet sich der Alltag mit seinen vielfältigen Erfahrungs- und Handlungsebenen. „Moral zeigt sich vor allen Dingen im Tun, im alltäglichen Handeln", meint der Entwicklungspsychologe Prof. Tobias Krettenauer[59] (Wilfrid Laurier University

---

[59] Krettenauer, W.: Gerechtigkeit als Solidarität: Entwicklungsbedingungen sozialen Engagements im

in Ontario/ Kanada). Eine gelungene Werteerziehung kommt ohne erhobenen Zeigefinger aus. Kinder brauchen *wertvolle* Erfahrungen: Verlässliche Beziehungen, Fairness und Gerechtigkeit bei Erwachsenen erfahren. Im alltäglichen Zusammenleben lernen sie, dass es allen besser geht, wenn Regeln und Grenzen eingehalten werden. Unsere Werte müssen wir nicht explizit besprechen, sie offenbaren sich in unseren alltäglichen Reaktionen. Unsere persönliche Haltung ist Vorbild und damit der wichtigste Erzieher: Wofür brenne ich als Pädagoge? Wofür setze ich mich im Leben ein? Welche Haltung möchte ich der neuen Generation mitgeben?

Erzieherinnen nennen folgende Vorteile einer werteorientierten Haltung im pädagogischen Alltag:

- „Ein gemeinsames Werteprofil gibt Kindern Orientierung und Halt.“
- „Werte mit Kindern reflektieren und weiter entwickeln.“
- „Sensible Gratwanderung: Werte anderer Kulturen tolerieren und wertschätzen.“

11. inklusiv - interkulturell

Inklusion ist im 21. Jahrhundert ein wichtiges Ziel: Alle Menschen selbstbestimmt am gesellschaftlichen Leben teilhaben zu lassen und zwar unabhängig von ihren Kompetenzen, Haltungen, Vorlieben oder Einschränkungen. Auch die interkulturelle Vielfalt sollte als bereichernde Chance verstanden werden, d. h. Kenntnisse für den sensiblen Umgang mit anderen Kulturen zu erwerben, eine gelungene Kommunikation zwischen den Kulturen zu fördern sowie die kulturelle Prägung in der Selbst- und Fremdwahrnehmung zu reflektieren.

Sicher sind auch Ihnen diese 11 Schlüsselkompetenzen wichtig, aber was verlangt man von Ihnen als Pädagoge nicht alles! Oft sind Sie der Prellbock, der mit wenigen Mitarbeitern, großen Gruppen/Klassen, mit leeren Kassen so Vieles leisten soll. Sie verdienen unseren Respekt! Man verlangt von Ihnen stetig hohe Qualität, Flexibilität und Effektivität.

Der folgende Praxisteil liefert zwar keine Patentrezepte für Ihre gestresste Pädagogenseele. Aber er ist eine Fundgrube an anregenden Ideen und Tipps, an effektiven Übungen und Spielen, die Sie in Ihrem pädagogischen Alltag sofort umsetzen können.

Jugendalter. Weinheim 1998

KAPITEL 5

DER GROSSE PRAXISTEIL

Theoretisch gibt es keinen Unterschied zwischen Theorie und Praxis. Praktisch schon!

Charles Faulkner

Bausteine und Spiele
zum ganzheitlichen Lernen

- Bewegung
- Wahrnehmung
- Konzentration
- Entspannung
- Rhythmus
- Rituale

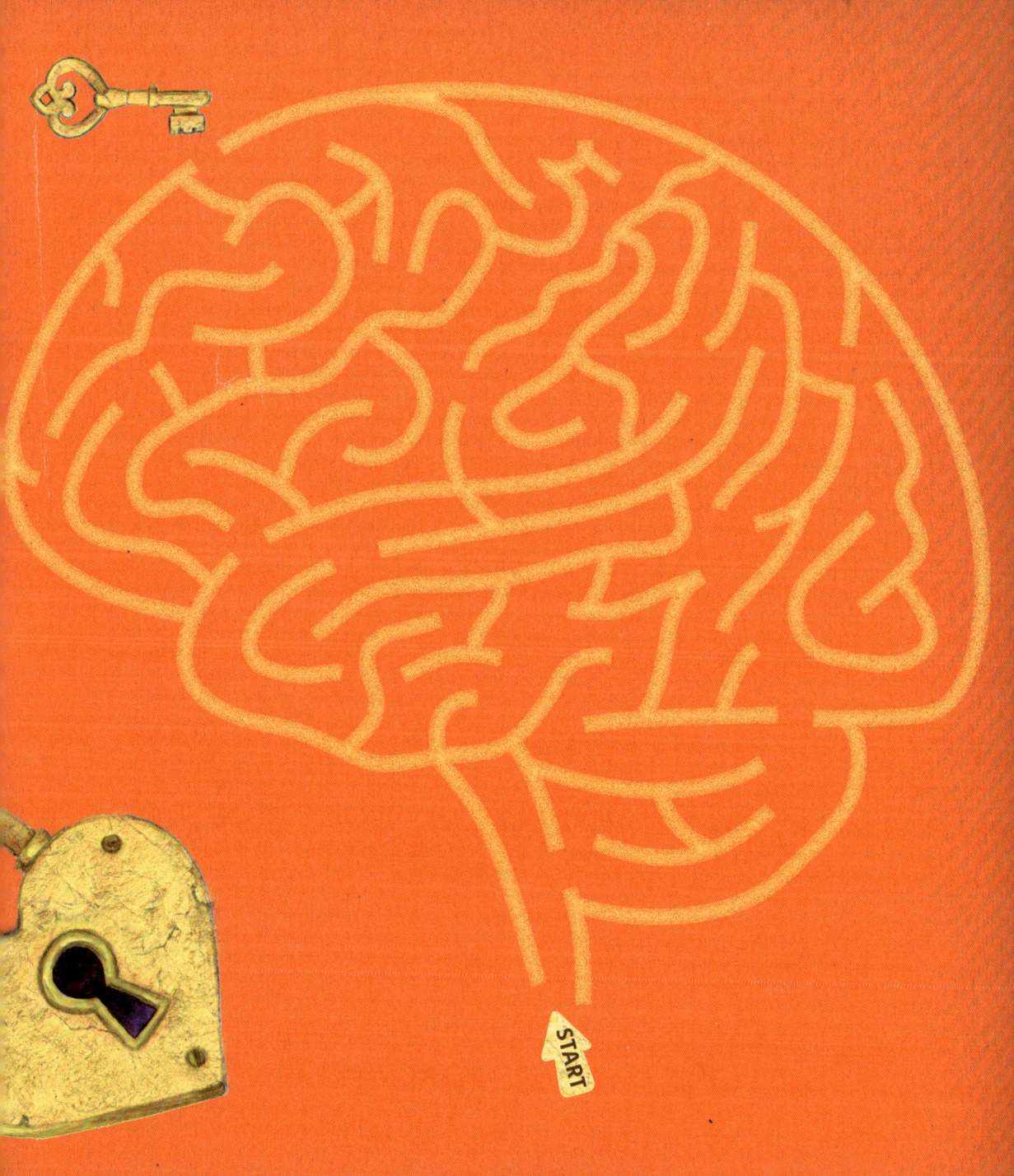

START

BAUSTEIN: BEWEGUNG

> Das Leben ist wie ein Fahrrad,
> man muss sich vorwärts bewegen,
> um nicht das Gleichgewicht zu verlieren.

Albert Einstein

Bewegung bedeutet
- Fallen lernen
- überschüssige Energie abbauen
- Sauerstoff tanken
- ins Gleichgewicht kommen
- Raum und Lage erfahren
- Aggressionen abbauen
- besser behalten
- sich auf Menschen zubewegen

Wie ist der Lebensraum unserer Kinder?

Ob wir unseren Körper in Body-Building-Studios schinden oder uns bemühen, dem Anspruch am Arbeitsplatz nach mehr Flexibilität gerecht zu werden, allgegenwärtig ist die Zauberformel „Sei in Bewegung!" Man könnte annehmen, dass wir im Zeitalter der Mobilität unsere Kinder adäquat erziehen. Doch weit gefehlt: Unsere Kinder bewegen sich heute so wenig wie nie zuvor. In der Kindheit ist der natürliche Bewegungsdrang zwar am stärksten ausgeprägt, aber unsere Umwelt bietet den Kindern wenig Bewegungsraum. Wo können sie heute noch ungestört nach Herzenslust toben und matschen, ihre Kräfte messen, ihre Grenzen spüren, ihre Fein- und Grobmotorik entwickeln und sich spontan auf neue Menschen zubewegen?

In Großstädten ist der Lebens-, Erfahrungs- und Bewegungsraum von Kindern Mangelware geworden. Es fehlen freie Grundstücke und Hinterhöfe, wo Kinder noch etwas entdecken und erkunden können. In den Innenstädten sind Büro- und Konsumflächen vorherrschend und an den Stadträndern sprießen Gewerbegebiete.

Die verbliebenen Spielplätze können Großstadtkinder nur unter großen Gefahren allein aufsuchen. Sie zählen zu den schwächeren und deshalb besonders gefährdeten Verkehrsteilnehmern. Als Fußgänger kommen 25 % der Kinder bis zu sechs Jahren zu Schaden, etwa 9 % bei Unfällen mit dem Fahrrad (www.deutsche-verkehrswacht.de) Viele Kinder ratschen sich beim Fallen nicht mehr nur die Knie auf, sondern brechen sich zunehmend die Knochen. Sie haben nicht gelernt, ‚richtig' zu fallen, ihre Bewegungen der Gefahr gemäß zu koordinieren und ihren Körper richtig abzufangen. Frühe Bewegungsförderung im Elternhaus und Kindergarten könne, so meinen die deutschen Unfallversicherer, die Unfälle von Kindern um 50 % senken. Fallen will gelernt sein! Wir fallen nicht automatisch richtig. Wir erproben und trainieren unseren Körper nur durch Bewegung. Unser Hirn speichert die erworbenen Bewegungserfahrungen und ruft sie im Notfall ab.

Also, bitte lieber Leser, packen Sie die Kinder nicht in Watte, schützen Sie sie nicht vor jeder kleinen Sturzgefahr. Kinder müssen auf Bäume und Zäune klettern können und auch das Herunterfallen ist eine hilfreiche Erfahrung. Nehmen Sie die kleinen Risiken in Form von

Schürfwunden und blauen Flecken in Kauf. Nur so können Sie Ihr Kind vor dem großen Risiko schützen!

Großstadtkinder sind auf Erwachsene angewiesen, um Spielplätze sicher zu erreichen und dort geschützt zu spielen. Wann sie ihren Spiel- und Bewegungsdrang ausleben können, hängt vom Zeitplan der Eltern ab. Dann sollen sie spontan ganz toll spielen, nach dem Motto: „Nun sind wir endlich hier, jetzt spielt auch schön!" Doch auf kleiner Fläche stehen wohlgeordnet diverse Geräte, die wenig zum kreativen Spiel einladen. Wer tausendmal die Rutsche, das Klettergerüst, den Sandkasten und das Wipptier benutzt hat, dem bleibt nur noch die Langeweile oder gar die Zerstörungslust. Dann wird's wenigstens spannend!

Wer keine Zeit oder Lust hat, sich auf dem Spielplatz mit dreckigem Sand bewerfen zu lassen, bleibt zu Hause. Immer mehr Kinder werden zum „Spiel-doch-was-in-deinem-Zimmer" verdonnert. Aber wie sieht es drinnen aus? Große Wohnungen sind teuer, kleine Wohnungen oft ungünstig geschnitten und wenig kindergerecht eingerichtet. Das Kinderzimmer ist eng und vollgestellt, das Elternschlafzimmer dagegen hell und geräumig. Und wenn das Kind im Zimmer mal freudig mit dem Seilchen hüpft oder den Ball kickt, hagelt es Ermahnungen: „Mach nichts kaputt" oder „Denk an die Nachbarn!" In den Großstädten überwiegen kleine Mietwohnungen mit nur einem Kinderzimmer[60]. Wer drinnen spielt macht keine spontanen Bekanntschaften, schließt keine neuen Freundschaften. Stattdessen müssen die Spielkameraden herbestellt werden. Auch Geschwister, mit denen man spontan spielen könnte, werden immer seltener. In ungefähr 35% der deutschen Haushalte wachsen noch Kinder auf! In über der Hälfte dieser Haushalte lebt nur ein Kind, in 36% leben zwei Kinder, nur in gut 10% drei und mehr Kinder. Betrachtet man die Bevölkerungsstatistik des 20. Jahrhunderts im Überblick, so wird der Trend zur kleinen Familie noch deutlich[61].

Nicht nur im Elternhaus, auch in Kindergärten und Schulen ist wenig Platz für Bewegung. Die Außenflächen sind klein, oftmals zubetoniert, die Gruppen- und Klassenräume beengt. Dem natürlichen Bewegungsdrang begegnen viele Pädagogen mit Disziplinregeln. Nach wie vor ist Stillsitzen in der Schule ein Sollzustand. Aber dies kann nicht die Lösung sein, denn Bewegungsmangel ist folgenreich!

---

[60] Peuckert, R.: Familienformen im sozialen Wandel, Wiesbaden 2008
[61] Kasten, H.: Einzelkinder, Göttingen 2007

Wie reagieren unsere Kinder darauf?

Die körperlichen Folgen des zunehmenden Bewegungsmangels sind erschreckend. Unsere Kinder leiden unter:

- **Haltungsschwäche:** Neben motorischen Defiziten sind Haltungsschwächen die häufigsten Schwächen, die im Kindes- und Jugendalter vorkommen. Diverse Studien[62] stimmen in der Zahl der Haltungsdefizite überein: 50 bis 65 % der acht bis sechzehnjährigen Schüler! Als Ursache führt die medizinische Literatur zu schwache oder schlecht dehnbare Muskeln an. Sitzt ein Kind täglich sehr viel, so ist der Hüftbeugemuskel ständig in einem sehr kurzen Ausdehnungszustand und verkürzt sich. Sie erkennen diese Kinder an herunterhängenden und nach vorne gebeugten Schultern.

- **Übergewicht, Adipositas:** Derzeit bringt in Deutschland jedes sechste Kind zu viel auf die Waage. 7 bis 8% der Kinder sind adipös (stark übergewichtig). Aber es gibt auch Erfreuliches zu melden: Ärzte der Universitätskinderklinik Ulm zeigen im Fachblatt European Journal of Pediatrics (online) auf, dass die Grundschüler in Deutschland wieder schlanker werden. Das Ulmer Team wertete die Daten von mehr als 600.000 Schulanfängern aus allen 16 Bundesländern aus. Im Vergleich zum Jahr 2004 war der Anteil der Übergewichtigen um 3% zurückgegangen. Dies war in 14 Bundesländern zu beobachten, lediglich in Baden-Württemberg und Rheinland-Pfalz war ein minimaler Anstieg zu verzeichnen. „Diese Entwicklung bedeutet keinesfalls, dass wir unsere Bemühungen zur Prävention einstellen können. Trotz des Rückgangs bleiben die Raten übergewichtiger und adipöser Grundschüler in Deutschland auf einem hohen Level" sagt der an der Studie beteiligte Ulmer Kinderarzt Martin Wabitsch[63].

- **Organleistungsschwächen:** bezeichnen Schwächen des Herz-Kreislauf-Systems, der Atemorgane und der Muskulatur. Die Zahl der ausdauerschwachen Kinder nimmt zu; ihre Organe sind durch Bewegungsmangel unterfordert und durch fettreiche Ernährung überfordert. So berichtete mir ein Lehrer von einem 10 Jahre alten Jungen, der nach einem 100

---

[62] Buskies, W. & Demski, N.: Rückenfitness, Wiebelsheim 2003
[63] Deutsche Gesellschaft für Kinder- und Jugendmedizin e.V.

m-Lauf einen Pulsschlag von 190 und eine Stunde danach immer noch einen Pulsschlag von 160 hatte. Immer mehr Sportlehrer klagen über die Attest-Welle, die den Anpfiff zum Dauerlauf inzwischen zur wohlüberlegten Maßnahme werden lässt.

Sowohl die Bundeswehr als auch die Tanz- und Ballettschulen beklagen: „Seit Jahren fällt bei Aufnahmeprüfungen auf, dass immer mehr Jugendliche und Kinder unter Zivilisationsschäden wie schlechten Füßen, Übergewicht, Rückenproblemen und Hüftschäden leiden. Ein richtiger Tanzkörper ist eine Seltenheit geworden!" Einverstanden, wir wollen keine Generation von Spitzentänzern ausbilden, aber rückwärts oder auf einer Linie laufen, das sollten unsere Kinder schon noch können! Warum? Weil dies Ausdruck eines gut entwickelten Gleichgewichtssinns ist. Ohne ihn wären wir nicht in der Lage, aufrecht zu gehen, uns im Raum zu orientieren und unsere innere Balance zu finden. Wir gerieten aus dem Lot!

Bewegungsmangel schürt auch Aggressionen. Gewalttätigkeiten nehmen unter Kindern stetig zu. Kein Wunder, in engen Kinderzimmern und Klassenräumen staut sich die natürliche Bewegungslust und -energie. Geballt und unkontrolliert bricht sie auf Spielplätzen und Schulhöfen aus. Bei Konflikten wird nicht mehr lange gefackelt; man schlägt einfach zu! Aus nervösen Zappelphilippen werden kleine Rambos, die um jeden Preis ihre angestauten Kräfte messen wollen.

Was brauchen unsere Kinder?

Die Bewegung ist ein unerlässlicher Baustein für eine ganzheitliche Persönlichkeitsentwicklung. Kinder brauchen daher eine bewegte Kindheit. Sie brauchen ausreichend Lebens- und Bewegungsraum, um vielfältige Primärerfahrungen zu sammeln. Ihre gesunde körperliche Entwicklung hängt davon ab, wie viel Ganzkörpererfahrungen sie machen. Der Schweizer Kinderarzt und Entwicklungsforscher Remo Largo weist darauf hin, dass die motorische Aktivität in den ersten Lebensjahren sehr stark zunimmt. Wobei die aktivsten, vor allem die Jungen, sich dreimal mehr als die anderen bewegen: „Am höchsten ist der Bewegungsdrang zwischen dem sechsten und zwölften Lebensjahr. In dieser Zeit zwingen wir die Kinder, die sich aus verhaltensbiologischen Gründen bewegen müssen, dazu 45 Minuten am Stück still zu sitzen!"

Warum also nicht dem Beispiel einer Grundschule folgen, von der ich erfuhr, dass die Kinder jeden Montagmorgen die Möglichkeit erhalten, sich vor Unterrichtsbeginn für zehn Minuten draußen oder in der Turnhalle auszutoben. Diese allwöchentliche Bewegungszeit wird mit zwei Klassen gemeinsam durchgeführt und endet mit einer Ruhe- und Entspannungsphase. Das Kollegium hat mit diesen selbstbestimmten Freispielen sehr gute Erfahrungen gemacht.

Schließlich trainiert Bewegung nicht nur die Muskulatur, sondern auch Geist und Psyche! Sie vermittelt Raum- und Zeiterfahrungen, die für die intellektuelle Entwicklung des Kindes bedeutsam sind. In der Bewegung lernen Kinder, ihren Körper im Raum und innerhalb der Gruppe zu koordinieren, sich selbst und andere einzuschätzen. Nur in Bewegung entdecken sie neuen Entfaltungsraum und lernen Grenzen kennen.

Kinder brauchen also zu Hause, im Kindergarten und in der Schule während des Unterrichts Platz und Zeit für viel Bewegung! Denn sie müssen:

- **überschüssige Energie abbauen:** Vor allen Dingen die Montagskinder sehnen sich nach Energieabbau. Sie haben ein medienüberreiztes, bewegungsarmes Wochenende mit viel Müßiggang hinter sich. Zappelphilippe und kleine Rambos brauchen weniger Ermahnung als vielmehr Bewegung. Ein Kind ist ausgeglichen und gesteigert aufnahmefähig, wenn es seine körperliche Befindlichkeit ausdrücken kann. Wer von uns Erwachsenen schafft es denn, vier Stunden brav auf einem Stuhl zu sitzen und aufmerksam zuzuhören? Selbst ein spannender Vortrag vermag unseren Bewegungsdrang nicht zu fesseln – nervös rutschen wir auf dem Stuhl, spielen mit dem Kuli oder reiben unsere Füße aneinander.

- **Sauerstoff tanken:** Das Hirn macht nur 2 % unserer Körpermasse aus, aber es benötigt 25 % des Sauerstoffs und 50 % der Glukose. Bewegung im Freien oder bei offenem Fenster pumpt Sauerstoff ins Hirn und verwandelt müde Geister in aufnahmefähige Kinder. Mit gezielten Bewegungsübungen erreichen Sie auch bei unausgeschlafenen Montagskindern die gewünschte, volle Wachheit.

- **den Gleichgewichtssinn schulen:** Seine Entwicklung ist bis zur Pubertät abgeschlossen. Er sollte daher so oft wie möglich spielerisch geschult werden – Schaukeln, Balancieren auf einer Mauer, Ablaufen eines auf dem Boden liegenden Seils, Hüpfekästchen oder Gummitwist. In der Bewegung erwerben Kinder spielerisch ein Verständnis für Raum und Lage. Ist dieses unzureichend entwickelt, können Rechtschreib- und Leseprobleme oder Rechenschwächen folgen. Denn wer mit sich und seinem Körper nicht im Gleichgewicht ist, wer über wenig Erfahrungen im konkreten Raum verfügt, kann auf dem Papier nur schwer die Lage von abstrakten Körpern, Buchstaben oder Zahlen korrekt organisieren.

- **die Behaltensfähigkeit steigern:** Die neurolinguistische Forschung hat nachgewiesen, dass Bewegen und Memorisieren eine fruchtbare Einheit bilden können. So rief beispielsweise der Sportmediziner Prof. Hollmann in einem kleinen Test seinen Studenten sinnarme Silben (z. B. tra, fro, mi) zu. Die Studenten konnten das Gehörte später nicht wiedergeben. Sie behielten die Silben nicht, da ihr Hirn über keinerlei Erfahrungsmuster verfügte, an denen es die Silben hätte ‚andocken‘ können. Daraufhin setzte der Sportmediziner eine Vergleichsgruppe auf Hometrainer und ließ sie in die Pedalen treten. Bei mittlerer Bewegungsleistung rief er ihnen dieselben Silben zu. Diese zweite Gruppe behielt das Gehörte besser, denn durch die Bewegungen hatte sie Erfahrungsmuster gesammelt, die sie mit den gehörten Silben verbinden konnte. Körpererfahrung und Lerninhalt vernetzten sich und wurden vom Hirn effektiver gespeichert.

Bewegung ist Leben, Bewegung ist Entwicklung! Alle Kinder machen durch Bewegung ihre ersten Erfahrungen mit sich und ihrem Lebensraum. Mit lebhaften Augen entdecken sie ihre Umgebung, bewegen die Lippen zum ersten Lächeln, heben den Kopf an, um noch mehr zu erfahren. Sie greifen nach ihren Fingern und Füßen und nach den ersten Gegenständen, krabbeln vor- und rückwärts, bis sie gehen, hüpfen und laufen können. Schritt für Schritt erschließen sie sich Raum und Zeit, Chancen und Grenzen, die verlockende Welt des Neuen, des Lernens. Bewegung ist das Tor zum Lernen. Öffnen Sie es in Ihrer Erziehung und in Ihrem Unterricht!

SPIELE, SPIELE, SPIELE

Das fliegende Zimmer

Jedes Kind wählt sein Lieblings-Fluggerät (z. B. Hubschrauber, Düsenjet, Segelflieger, Zeppelin), das es nachahmen möchte. Alle Kinder legen sich nebeneinander auf die Erde (das ist die Startbahn) und zählen durch. Wird ihre Zahl ausgerufen, ‚starten' sie und ‚heben' ab. Mit ausgebreiteten Armen fliegen sie durch den Raum und imitieren ihre Flugmaschine mit ihren typischen Bewegungen und Geräuschen. Nacheinander werden die Zahlen aufgerufen, bis schließlich alle Kinder durch den Gruppen- oder Klassenraum fliegen. Beim Kommando „Vorsicht Landung!" gleiten alle wieder auf ihren Platz.

Die Kinder können auch von ihrem Stuhl aus in die Luft starten. Dann benötigen sie weniger Platz.

Die Kinder spielen „Springteufelchen". Sie machen sich auf ihrem Stuhl ganz klein, so als säßen sie in einem Spielkästchen. Das heißt, sie ziehen die Beine an, runden den Rücken ab, beugen den Kopf nach unten. Sobald sie das vereinbarte Signal — Buchstabe, Zahl, Wort oder Geräusch — hören, schnellen sie mit erhobenen Armen hoch und nehmen wieder ihre Ausgangsposition ein.

Fallen lernen	
überschüssige Energie abbauen	✔
Sauerstoff tanken	✔
ins Gleichgewicht kommen	✔
Raum und Lage erfahren	✔
Aggressionen abbauen	✔
besser behalten	
sich auf Menschen zubewegen	✔

Alter	ab 3 Jahre bis 2. Schuljahr
Zeit	3–5 Minuten
Ort	drinnen oder draußen
Sozialform	Einzelspiel
Material	Stühle

Der Detektiv im Sprachwald

Welches Kind spielt nicht gerne Detektiv? Und im Sprachwald macht die Sucharbeit so richtig Spaß! Ein Kind wird als „Detektiv" vor die Tür geschickt. Unterdessen bilden die anderen Kinder Paare. Jedes der Paare vereinbart ein zusammengesetztes Hauptwort z. B. „Blumentopf". Jedes Kind behält einen Teil des Wortes im Kopf d. h. eines wählt das Wort „Blumen" und das andere das Wort „Topf". Dann trennen sich die Paare und verteilen sich einzeln stehend im Raum. Nun wird der Detektiv hereingerufen und erfährt vom Spielleiter: „Aus unseren Büchern sind Worte, die zusammengehören, herausgefallen. Hilf uns, lieber Detektiv, die im Raum stehenden Wortpaare wieder zusammen zu bringen! Sie alle sind stumm und traurig, weil sie sich verloren haben. Aber wenn du die Kinder mit dem Finger antippst, nennen sie dir ihr Geheimwort. Bitte bring die Pärchen ganz schnell wieder zusammen!"

TIPP **Sollten z.B. kleinere Kinder Schwierigkeiten haben, die vereinbarten Worte zu behalten, so können sie sich Bild- oder Wortkarten um den Hals hängen. Tippt der Dektektiv sie an, so drehen sie ihre Karten schnell um, damit er sie kurz sehen kann.**
Solange die Paare schweigend im Raum stehen, kann sich der Detektiv am Standort orientieren. Lustiger und schwieriger wird es, wenn sich die Kinder im Raum bewegen. Denn jetzt kann der Detektiv die gesuchte Information nur mit einer Person in Verbindung bringen. Dies erfordert mehr Konzentration.

VARIANTE Der Detektiv kann in vielen „Wäldern" Paare suchen, z. B. im „Wald der Gegensätze" (z. B. kalt-warm, hell-dunkel) oder im „Wald der Leckereien" (z. B. Quark-Speise, Kartoffel-Salat).

Fallen lernen	
überschüssige Energie abbauen	✔
Sauerstoff tanken	
ins Gleichgewicht kommen	
Raum und Lage erfahren	
Aggressionen abbauen	
besser behalten	✔
sich auf Menschen zubewegen	✔

Alter	ab 4 Jahre bis 4. Schuljahr je nach Aufgabenstellung
Zeit	5–10 Minuten
Ort	drinnen oder draußen
Sozialform	Gruppen- oder Partnerspiel
Material	evtl. Bild- oder Wortkarten

Das Dschungelbuch

„Heute gehen wir auf Afrikaexpedition! Wählt die Menschen und Tiere, die ihr am liebsten spielt. Es gibt einige Lastenträger und viele Dschungeltiere. Die Lastenträger erklimmen langsam mit ihrer schweren Last einen Hügel, bis sie erschöpft zu Boden sinken." Wenn das „Dschungelbuch" draußen aufgeführt wird, so ist vielleicht ein echter Hügel vorhanden. Drinnen hilft die Fantasie — beim Erklimmen sind Schritte und Atmung schwer, dann laufen die Lastenträger auf der anderen Seite schnell wieder herunter. Als Last eignet sich der Schulranzen. „Plötzlich steht ihr vor einem reißenden Fluss, den ihr nur auf Seilen überqueren könnt!" Die Kinder balancieren auf Seilen, die auf der Erde liegen. Jetzt begegnen sie den anderen Mitspielern: schwerfälligen Elefanten, leichtfüßigen Gazellen, pfeilschnellen Raubkatzen, spielenden Löwenkindern, räkelnden Schlangen (mehrere Kinder liegen auf dem Boden), auf einem Bein stehenden Flamingos. Wenn die Kinder eine Figur aus diesem Afrika-Panorama gewählt haben, erproben sie die typischen Bewegungsabläufe und entwerfen eine eigene Choreografie. Afrikanische Musik bringt die Bilder des Dschungelbuchs ans Laufen. Wie in einem Film stimmen die Kinder ihre Bewegungen aufeinander ab.

Eignet sich hervorragend für Aufführungen im Kindergarten oder in der Schule. Die Kinder entwerfen und basteln die Dekoration, komponieren und spielen die Filmmusik. Die Zuschauer werden mit afrikanischen Köstlichkeiten — Hirsegericht, exotische Früchte, Bananenmilch — verwöhnt.

TIPP

Fallen lernen	
überschüssige Energie abbauen	✔
Sauerstoff tanken	✔
ins Gleichgewicht kommen	✔
Raum und Lage erfahren	✔
Aggressionen abbauen	
besser behalten	
sich auf Menschen zubewegen	✔

Alter	ab 3 Jahre bis 2. Schuljahr
Zeit	10–30 Minuten je nach Drehbuch
Ort	drinnen oder draußen
Sozialform	Einzelspiel
Material	evtl. afrikanische Musik, Seile, Schulranzen

Eine Nacht im Spielwarengeschäft

„Wäre es nicht toll, eine Nacht in einem Spielwarengeschäft zu erleben? Dies geht nur, wenn ihr euch in euer Lieblingsspielzeug verwandelt. Bei Ladenschluss liegt ihr schlafend im Regal." Die Kinder entspannen sich auf dem Stuhl sitzend oder auf der Erde liegend. Die Augen sind geschlossen. „Es ist soweit, es ist Mitternacht (12 Schläge auf Gong oder Klangschale), ihr erwacht zum Leben und zeigt die typischen Bewegungen und Geräusche eures Lieblingsspielzeugs." Achten Sie darauf, dass die Kinder verschiedenartiges Spielzeug wählen: schnelles Polizeiauto, tanzende Ballerina, träger Schlafbär, lachender Clown usw. „Feiert, tanzt und dreht euch nach Herzenslust. Doch was ist das? Die Nacht ist vorbei, der Ladenbesitzer öffnet die Tür!" Auf ein verabredetes Türsignal (Glockenton oder Schlüsselrasseln) eilen alle ins Regal – auf ihre Plätze – zurück und schlafen endlich ein.

TIPP **Hier kann das bekannte „Puppendrehen" eingesetzt werden: Ein Kind dreht ein anderes am Arm durch den Raum und lässt es plötzlich los. Sofort verharrt die „Puppe" in der zuletzt ausgeführten Bewegung wie eine Wachsfigur. Sie kann durch Berührung wieder zum Leben erweckt werden.**

Fallen lernen	✔
überschüssige Energie abbauen	✔
Sauerstoff tanken	✔
ins Gleichgewicht kommen	✔
Raum und Lage erfahren	✔
Aggressionen abbauen	
besser behalten	
sich auf Menschen zubewegen	✔

Alter	ab 3 Jahre bis 2. Schuljahr
Zeit	5 Minuten
Ort	drinnen
Sozialform	Einzelspiel
Material	Glocke oder Schlüssel, Gong oder Klangschale

Bewegtes Zählen

Die Kinder stehen im Raum. Zwei große, verschiedenfarbige Würfel werden nacheinander eingesetzt. Der erste Würfel bestimmt die Anzahl der Körperteile, mit denen jedes Kind den Boden berühren darf. Fällt etwa die Drei, dann berühren beispielsweise beide Füße und eine Hand oder zwei Knie und der Kopf den Boden. Wenn jedes Kind diese Einzelübung beherrscht, dann geht's weiter — aber diesmal als Gruppenspiel. Der zweite Würfel bestimmt nun die Anzahl der Kinder, die sich zu einer Gruppe zusammenfinden. Sind die Gruppen gebildet, wird der erste Würfel, der die Anzahl der Körperteile festlegt, geworfen. In Teamarbeit entsteht unter viel Gelächter eine ‚Gruppenskulptur‘, die standfest sein sollte. Alle Verrenkungen sind erlaubt!

Beispiel: Erster Würfel zeigt eine 3, zweiter Würfel eine 4: **Vier Personen** berühren **zusammen** mit **insgesamt drei Körperteilen** den Boden!

Sie werden staunen: Die Kinder zählen unaufgefordert und voller Freude. Die Gruppen bilden sich spontan, denn die gewürfelte Zahl ist ausschlaggebend, nicht Symphatie oder Antipathie.

TIPP

Fallen lernen	✔
überschüssige Energie abbauen	✔
Sauerstoff tanken	✔
ins Gleichgewicht kommen	✔
Raum und Lage erfahren	✔
Aggressionen abbauen	
besser behalten	✔
sich auf Menschen zubewegen	✔

Alter	ab 5 Jahre bis 2. Schuljahr
Zeit	5–10 Minuten
Ort	drinnen oder draußen
Sozialform	Einzel- und Gruppenspiel
Material	große, farbige Würfel

Der verrückte Quirl

Wenn Ihre Kinder so richtig quirlig und zappelig sind, dann ist es Zeit für den Quirl. Die Kinder stehen auf und werden auf das Spiel eingestimmt: „Stellt euch vor, ihr seid ein Quirl, der Hefeteig anrührt. Der Teig ist zäh und schwer". Die Kinder beugen sich mit herunterhängenden Armen nach vorne zur Erde (Rumpfbeuge). Beide Arme machen große, starke Kreisbewegungen. „Ihr zieht den zähen Teig mit den Armen des Quirls nach oben." Der Oberkörper der Kinder richtet sich langsam auf, während die Arme immer schneller bis über dem Kopf kreisen. Am Ende der Bewegungsabfolge stehen die Kinder auf Zehenspitzen mit gestrecktem Oberkörper und Armen. Nun beginnt alles wieder von vorn, bis die Kinder erschöpft sind.

TIPP **Der ‚Quirl' kommt bei fetziger Musik noch besser in Fahrt! Zur Kreisbewegung von Körper und Armen passt besonders gut Rock'n'Roll Musik. Je nach Zeit können die Kinder den Teig verarbeiten und sich dabei entspannen.**

VARIANTE Backen Sie mit überdrehten und wilden Kindern keinen Hefeteig! Er animiert sowohl beim Quirl als auch bei der anschließenden Entspannungsübung zu aggressiven Bewegungen. Besser wäre dann ein leichter Baiserteig. Er ist empfindlich und wird daher vorsichtig zu sanfter Musik angerührt.

Fallen lernen	
überschüssige Energie abbauen	✓
Sauerstoff tanken	✓
ins Gleichgewicht kommen	✓
Raum und Lage erfahren	
Aggressionen abbauen	✓
besser behalten	
sich auf Menschen zubewegen	

Alter	2 –99 Jahre
Zeit	3 Minuten, mit Entspannungsübung 10 Minuten
Ort	drinnen oder draußen
Sozialform	Einzelspiel
Material	Rock'n'Roll oder Entspannungsmusik

Lebende Figuren, Buchstaben oder Zahlen

Die Kinder gehen oder hüpfen im Kreis, bis ein vereinbartes Signal (z. B. Klangschale) ertönt. Der Spielleiter hält ein großes Papier- oder Kartonblatt in die Höhe. Darauf ist eine geometrische Form (z. B. gleichseitiges oder gleichschenkliges Dreieck) oder eine Fantasiefigur (Stern, Kreuz) gezeichnet. Die Kinder bilden mit ihrem Körper stehend, sitzend oder liegend die Figur nach. Komplexe Figuren erfordern mehrere Kinder, z. B. das Rechteck braucht zwei gleich kleine Kinder und zwei gleich große Kinder. Durch häufiges Ausprobieren finden die Kinder selbst die beste Lösung der Körperdarstellung heraus. Es gibt viele Wege!

Sie können die Formen auch groß an die Tafel zeichnen. Sie werden staunen, wie aufmerksam Ihre Kinder die vorgegebene Form, ihren eigenen Körper und den der Mitspieler betrachten. Die Gruppen entstehen nach körperlichen Merkmalen — mal ist ein kleines, dickes und mal ein großes, dünnes Kind gefragt. Seien Sie bei der Ergebniskontrolle streng: Dann betrachten die Kinder die nächste Figur noch genauer!

TIPP

Je nach Altersstufe können auf diese Weise nicht nur Formen, sondern auch Buchstaben, Zahlen, ja sogar Wörter zum Leben erweckt werden. Rechtschreib- und leseschwache Kinder erleben Buchstaben nicht mehr als angsteinflößende, abstrakte Gebilde. Sie erwachen vielmehr zu lebendigen Körpern. Und Ganzkörpererfahrungen steigern die Behaltensfähigkeit!

VARIANTE

Fallen lernen	
überschüssige Energie abbauen	✓
Sauerstoff tanken	✓
ins Gleichgewicht kommen	✓
Raum und Lage erfahren	✓
Aggressionen abbauen	
besser behalten	✓
sich auf Menschen zubewegen	✓

Alter	ab 3 Jahre bis 4. Schuljahr, je nach Aufgabenstellung
Zeit	3–10 Minuten, je nach Aufgabenstellung
Ort	drinnen oder draußen
Sozialform	Gruppenspiel
Material	Klangschale oder anderes Signal, Formen, Buchstaben oder Zahlen auf Karton

Die Bewegungskette

Alle Kinder stehen im Kreis. Das erste Kind beginnt mit einer Bewegung, z. B. Kopfnicken. Das nächste wiederholt dieses Kopfnicken und zeigt eine neue Bewegung, z. B. Arme hoch. Jedes Kind ahmt alle vorangehenden Bewegungen nach und fügt eine neue hinzu. So entsteht eine lustige Bewegungskette. Wer eine Bewegung vergisst, scheidet aus.

TIPP **Je öfter die Bewegungskette gespielt wird, um so besser behalten die Kinder die Reihenfolge der vorgeführten Bewegungen. Durch Themenvorgabe können Sie die Fantasie der Kinder anregen und gewünschte Bewegungen hervorrufen, z. B. die „Bewegte Tierkette". Der Elefant stampft, der Vogel steht auf einem Bein, der Frosch hüpft ...**

VARIANTE In diesem Buch finden Sie zwei weitere Spielvariationen:
„Die Konzentrationskette" (S. 124) und „Die Geräuschkette" (S. 173).

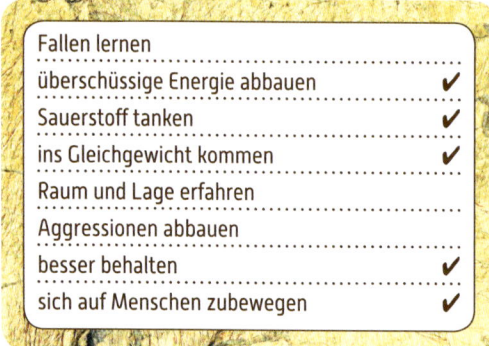

Fallen lernen	
überschüssige Energie abbauen	✔
Sauerstoff tanken	✔
ins Gleichgewicht kommen	✔
Raum und Lage erfahren	
Aggressionen abbauen	
besser behalten	✔
sich auf Menschen zubewegen	✔

Alter	ab 3–7 Jahre
Zeit	5–10 Minuten
Ort	drinnen oder draußen
Sozialform	Gruppenspiel
Material	–

Bewegter Satzbau

Die Kinder sitzen auf ihren Plätzen. Das erste Kind beginnt mit einem Wort, z. B. „Ich". Sein Nachbar setzt den Satz fort und wiederholt das erste Wort „Ich bin". Jeder ergänzt den Satz durch ein weiteres Wort. Will ein Kind den Satz beenden, steht es auf und legt einen großen, runden Punkt oder ein Fragezeichen (aus Pappe oder Papier) auf seinen Tisch. Schritt für Schritt erzählen die Kinder eine kleine Geschichte.

Jedes Kind wird sich bemühen, auch mal einen Punkt auf seinen Tisch zu legen. Alle entwickeln den Ehrgeiz, vollständige Sätze zu bilden. Dies ist bei der heute leider üblichen Comic-Sprache sehr wichtig. Die Kinder erfinden eigene Geschichten. Dies erhöht ihre Fantasie, ihren Sprachschatz und ihre Flexibilität! TIPP

Nehmen Sie das Wort „Satzbau" einmal wörtlich, und schon bauen Sie mit den Kindern tatsächlich Sätze. Üben Sie mit ihnen die Satzstellung beim Frage- oder Aussagesatz in Bewegung: Jedes Kind repräsentiert ein Satzglied, das an die richtige Stelle gestellt werden muss. Schon stehen in der Klasse ganze Sätze im Raum. Auch die Groß- und Kleinschreibung wird durch Aufstehen oder Sitzenbleiben der Kinder zur spaßigen Aktion. Schüler, die am Satzanfang oder bei einem Hauptwort aufstehen mussten, werden dies besser behalten. Selbst die Interpunktion macht bewegt mehr Spaß: Gerne spielen Kinder z. B. Kommas, die sich in der Satzreihe — stehende Mitschüler — an der richtigen Stelle einfügen. Also nur Mut und viel Spaß — die neue Rechtschreibung ist beweglich! VARIANTE

Fallen lernen	
überschüssige Energie abbauen	
Sauerstoff tanken	
ins Gleichgewicht kommen	
Raum und Lage erfahren	✔
Aggressionen abbauen	
besser behalten	✔
sich auf Menschen zubewegen	✔

Alter	1.–6. Schuljahr, je nach Aufgabenstellung
Zeit	10–15 Minuten
Ort	drinnen
Sozialform	Gruppenspiel
Material	Satzzeichen aus Pappe oder Papier

Die Raum-Roboter kommen!

Jeweils drei Kinder bilden eine Gruppe. Zwei Kinder, die zu Robotern erklärt werden, stellen sich Rücken an Rücken. Aufgabe des dritten Kindes ist es, die beiden Roboter durch den Raum zu dirigieren, indem es die Schultern der Roboter antippt. Berührt es die rechte Schulter eines Roboters so bewegt er sich rechts gehend durch den Raum und zwar solange bis er ein weiteres Tastsignal erhält. Wird er an der linken Schulter berührt, so geht er links herum durch den Raum. Werden beide Schultern gleichzeitig angetippt, so geht der Roboter geradeaus. Ein leichtes Antippen des Kopfes bedeutet: Stopp, bitte stehenbleiben! Ziel des Spieles ist es, das beide Roboter so durch den Raum gesteuert werden, dass sie sich irgendwann gegenüber stehen und sich freundlich mit Handschlag begrüßen. Nun kann ein Rollentausch erfolgen.

TIPP **Nutzen Sie die Freude der Kinder, Roboter nachzuahmen. Denn bei diesem Spiel sammeln sie wertvolle Raum-Zeit-Erfahrungen.**

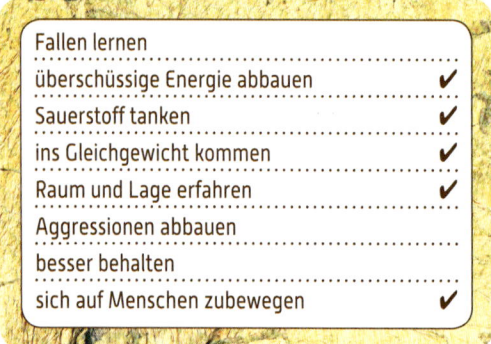

Fallen lernen	
überschüssige Energie abbauen	✔
Sauerstoff tanken	✔
ins Gleichgewicht kommen	✔
Raum und Lage erfahren	✔
Aggressionen abbauen	
besser behalten	
sich auf Menschen zubewegen	✔

Alter	ab 5 bis 10 Jahre
Zeit	5–10 Minuten
Ort	draußen
Sozialform	Gruppenspiel
Material	–

BAUSTEIN: WAHRNEHMUNG

All unser Wissen gründet
sich auf Wahrnehmung.
Die fünf Sinne sind die
Sachverwalter der Seele.

Leonardo da Vinci

Wahrnehmung bedeutet
- Primärerfahrungen aus der Umwelt sammeln
- sich und andere bewusst wahrnehmen
- mit Freude neue Sinnesreize aufnehmen
- Sinne schulen
- Körperkontakt fördern
- Gespräche auslösen
- besser behalten

Wie ist der Lebensraum unserer Kinder?

Die Informationsgesellschaft stellt neue Anforderungen an die sensorische und motorische Kompetenz unserer Kinder. Sie nehmen ihre Umwelt völlig anders wahr als alle Generationen vorher. Heute beziehen die Kinder ihr Wahrnehmungsrepertoire weniger aus dem eigenen, sinnlichen Erleben als vielmehr aus Bildern und Informationen der virtuellen Welt. Ihre sensible, sich entwickelnde Identität wird von der Medienwelt stark beeinflusst.

Die sozialen Netzwerke bieten ihnen viele Chancen und Gefahren. Sie machen raschen Meinungsaustausch und weltweite Kontaktaufnahme möglich – meist allerdings auf oberflächlichen Niveau.

Die Diskussion über die Frage wie viel Technik verkraften Kinder und ab welchem Alter sollten sie mit welchen Medien in Kontakt kommen wird sehr kontrovers geführt? Die einen sagen zu viel früher Medienkonsum gefährde die kindliche Entwicklung. Der Leiter der Psychiatrischen Universitätsklinik Ulm Manfred Spitzer[64] warnt gar vor „digitaler Demenz“. Wie ein Muskel werde das Gehirn nur trainiert wenn es aktiv tätig lerne und nicht nur Informationen der elektronischen Medien konsumiere.

Die Befürworter betonen, dass Tablets und Co. besseres Lernen ermöglichen. Bedenklich sind vor allem jene Bilder, die Liebe, Glück und sexuelle Erfüllung festlegen – noch lange bevor die Kinder diese Erfahrungen selbst machen konnten. Wenn ein junger Mensch seiner ersten Liebe begegnet, hat er schon hunderte virtuelle Bilder im Kopf, die ihm vorgaukeln, wie Liebe auszusehen hat. Und bevor ein Kind seine ersten eigenen Erfahrungen mit Gewalt machen konnte, hat es bis zu seinem zwölften Lebensjahr 14.000 Morde im Fernsehen beobachtet! Ein von Fausthieben niedergestreckter Superman rennt im nächsten Moment quietschvergnügt hinter ‚dem Bösen' her, um ihm eine Ladung Fußtritte zu verpassen. Diese Steh-auf-Männchen geben keinen Aufschluss darüber, ob Schläge schmerzen und Fußtritte tödlich sein können.

Gewalt scheint ohne Folgen, ohne Opfer und ohne Leid abzulaufen. Die virtuelle Bilderwelt rennt einfach am realen Leben vorbei.

Kinder sind zunehmend der Gefahr ausgesetzt, sich die Realität über Zerr- und Trugbilder der Medien anzueignen. Wer kennt sie nicht die ‚blaue Milka-Kuh', die schon in Kinderhirnen spukt, noch lange bevor sie eine echte Kuh gesehen haben. Wo blaue Kühe brav

---

64 Spitzer, Manfred: Digitale Demenz. Wie wir uns und unsere Kinder um den Verstand bringen, München 2012

weiden, wo schöne Menschen glücklich leben, wo Kraftmeier alle Probleme mit Geld und Gewalt lösen, da bleibt wenig Platz für die kontrastreiche Realität. Ein erfahrener Erwachsener vermag solche Glücks- oder Gewaltsszenarien zu verarbeiten; Kindern und Jugendlichen fehlt jedoch der Vergleich mit eigenen Erlebnissen. Die virtuelle Welt präsentiert sich ihnen so echt und ‚easy'; komplexe Zusammenhänge sind selten zu erschließen. Diese Fast-Food-Wahrnehmung fördert das eigene Urteils- und Erlebnisvermögen wenig. Ganz nach dem Motto: „Das habe ich in youtube gesehen, also wird es stimmen!"

Schon im Jahre 1921 kämpfte Kurt Tucholsky gegen eine Presse, die nach heutigen Maßstäben ein Hort der Seriosität war: „Der Nachrichtendienst ist das komplizierteste Lügengewebe, dass je erfunden worden ist. Wer sich darauf einlässt, weiß selten, was er liest, und verwechselt das Arrangement mit der Schwere der Ereignisse".

Das war mehr als sechs Jahrzehnte, bevor Neil Postman die Gefahren des Fernsehens beschrieb: „Die Technologie brachte eine neue Welt hervor — eine Guckguckwelt —, in der es kaum Zusammenhänge, kaum Bedeutung gibt, sie fordert uns nicht auf, etwas zu tun, ja sie lässt es gar nicht zu; wie das Guckguck-Spiel der Kinder ruht sie abgeschlossen in sich".[65]

> **Ikomanie**
> Der Begriff setzt sich zusammen aus ‚eikon' gleich Bild und ‚mania' gleich Berauschtsein.

Die Ikomanie[66], das Berauschtsein durch Bilder ist ein historisch neuer Tatbestand unserer Informationsgesellschaft. Die virtuelle Bilderkost ist allgegenwärtig und ambivalent. Sie kann in Maßen genossen bereichernd wirken aber grenzenlos konsumiert auch krank und süchtig machen.

---

[65] Postmann, N.: Wir amüsieren uns zu Tode. Urteilsbilder im Zeitalter der Unterhaltungsindustrie. Frankfurt a. M. 1985, S. 99

[66] Rolff, H-G.: Kindheit heute — Leben aus zweiter Hand, in: Faust-Siehl, Schmitt, Valtin, (Hrsg.): Kinder heute — Herausforderung für die Schule, Frankfurt a.M. 1990, S. 61–71

Wie reagieren unsere Kinder darauf?

Viele Kinderärzte klagen über die Folgen von zu viel Medienkonsum, die sie regelmäßig in der Sprechstunde erleben: Motorische Unruhe, Konzentrations- und Schlafstörungen.

So kann der achtjährige Max noch immer keinen Jogurtbecher öffnen, er fällt ständig hin, auf Wanderungen verliert er meist die Gruppe, er kann noch nicht lesen und bei den einfachsten Rechenaufgaben ist er überfordert. Max hat Wahrnehmungsprobleme, deren Ursachen in gestörten organischen Funktionen liegen können oder in seinen veränderten Lebens- und Umweltbedingungen.

Zu den organischen Ursachen zählen Hirnfunktionsstörungen, die während der Schwangerschaft (z. B. Infektionen der Mutter, Einnahme von toxischen Stoffen), bei der Geburt (z. B. mangelhafte Sauer-stoffversorgung) oder in der frühen Kindheit (z. B. schwere, entzündliche Erkrankungen) entstanden sind. Hier können nur der Arzt und ein erfahrener Therapeut helfen.

Die meisten Wahrnehmungsstörungen sind jedoch umweltbedingt. Viele Kinder leiden unter einem Mangel an Entwicklungsreizen in ihrer Umwelt, die ihnen zu wenig sinnliche Erfahrungen, Körperkontakt und Bewegungsfreiraum bietet. Mit der Unterversorgung an konkreten Sinnesreizen geht oft eine Überversorgung an visuellen und akustischen Reizen einher. Augen und Ohren sind überstimuliert, während die Tast-, Riech-, Schmeck- und Gleichgewichtssinne unterversorgt sind. Viele Studien belegen, dass eine gewisse Menge an Umweltreizen vorhanden sein muss, um ein erfolgreiches Wechselspiel aus äußeren und inneren Impulsen, d. h. eine gesunde Gehirnentwicklung zu gewährleisten. Welche Bedeutung spielen eigentlich hierbei die Sinne?

Sie sind lebenswichtige, hochsensible Schlüssel zur Umwelt. Das Kind begegnet den Lebewesen und Gegenständen zunächst durch seine Sinne. Es kann das Neue sehen, hören, schmecken, riechen, fühlen und ertasten. Über diese sensorischen Wege sammelt das Kind wichtige Eindrücke und Kenntnisse über seine Umwelt, über seine Person in Zusammenhang mit anderen Menschen und Dingen. Es begibt sich lustvoll auf eine spannende Lernreise, bei der das Begreifen mit dem Greifen beginnt.

Das Kind erwirbt, bevor es sich sprachlich mitteilt, ein sinnliches Wissen. Allmählich wächst sein Erfahrungs- und Erkenntnisschatz, auf den es in Zukunft zurückgreifen kann. Es hat gespürt, wie sich ein Regentropfen oder ein Mückenstich auf der Haut anfühlen, und kann blitzschnell adäquat darauf reagieren. Nur das Selbsterfahrene — erworben aus dem praktischen Handeln mit ‚richtigen' Menschen und mit ‚echten' Dingen — setzt sich nachhaltig und ganzheitlich, d. h. mit allen Sinnen, im Gedächtnis fest. Es entstehen neue geistige Strukturen, mentale Bilder und Denkwerkzeuge, die Orientierung und Sicherheit für weitere Lernschritte geben.

Unsere Sinne funktionieren also wie Schwämme, die unzählige Reize und Empfindungen aufsaugen. Sie sind Datenautobahnen, die lebenswichtige Informationen zum Hirn transportieren. Zuständig für die biochemische Speicherung der einlaufenden Sinnesinformationen ist unser Gedächtnis. Je nach Dauer der Speicherung sprechen wir vom Ultrakurzzeitgedächtnis (UZG) oder vom Kurzzeitgedächtnis (KZG). Die zunächst im UZG ankommenden Wahrnehmungen klingen nach 10 bis 20 Sekunden wieder ab, wenn sie nicht mit bereits im Gehirn kreisenden Gedanken verknüpft werden. Ist dies der Fall, so gelangen sie ins KZG. Dort werden sie 20 Minuten lang gespeichert, bevor sie entweder vergessen oder im Langzeitgedächtnis fest verankert werden.

Je mehr Sinne am Informationstransport beteiligt sind, um so nachhaltiger speichert unser Gehirn. Dies birgt für den menschlichen Reifungs- und Lernprozess ungeheure Chancen, aber auch große Gefahren.

Die Gefahren lauern vor allen Dingen in einer Informationsgesellschaft, die glaubt, alles Wissen medial übermitteln zu können. Viele Kinder werden heute der einseitigen Wahrnehmungsflut an Bildern und Informationen aus den Medien allein ausgesetzt. Viele Eltern scheuen die Auseinandersetzung mit ihren Kindern, geben zu schnell dem Konsum- und Mediendruck nach. Ein klares „Nein!" wäre hier öfter wünschenswert. Beliebt macht man sich bei den Kleinen damit nicht — aber dies ist auch nicht die Aufgabe von Erziehung!

Ein exzessiver Medienkonsum ist folgenschwer: Die Seh- und Hörsinne der Kinder werden überreizt, andere wichtige Sinne (Tastsinn, Gleichgewichtssinn) dagegen drohen zu verkümmern. Einige Kinder geraten durch diese einseitige „Wahrnehmungskost" aus dem Gleichgewicht. Sie sind überfordert, werden nervös, unkonzentriert, leiden unter Schlaf-, Konzentrations- und Wahrnehmungsstörungen.

Wer viel in der virtuellen Welt postet hat weniger Zeit für echte Kontakte. Wenn die konkre-
te Begegnung und das Gespräch mit echten Menschen nur selten vorkommt, dann sind wir
auf virtuelle Kommunikation im social web angewiesen. Aber das Greifen, das allem Begreifen unabdingbar vorausgeht, kann weder durch Videoclips, noch Skypebilder oder Twitter-
infos ersetzt werden. Der Regenwurm fühlt sich nur in der Hand feucht und geschmeidig an
und nicht in der virtuellen Animation!

Wenn künstliche Bilder ein Leben aus zweiter Hand vermitteln, dann leidet auch die Fantasie unserer Kinder. Ist der Bildschirm mal aus, dann heißt es rasch „Ich langweile mich!" und
damit indirekt „Unterhalte mich!"

Bei Kindern mit Wahrnehmungsstörungen bzw. schlechter sensorischer Integration ist
selten nur ein Wahrnehmungsbereich oder ein isoliertes Sinnesorgan gestört. Die Kinder
leiden meist an kombinierten Ausfällen des Sinnessystems. Ihr Gehirn hat die für die Verarbeitung der Sinneseindrücke erforderlichen Strukturen nicht oder unzureichend entwickelt. Sie tun sich schwer, unter der Vielzahl der Reize die wichtigen von den unwichtigen zu
unterscheiden, die Informationen richtig einzuordnen und mit Erfahrungen zu verknüpfen.
Sie können die räumliche und zeitliche Abfolge von Reizen nur schwer einschätzen, somit
auch nicht behalten und darauf adäquat reagieren. Kurzum: Die Integration der Sinnesreize
ins Zentralnervensystem ist gestört.

Hier nur einige Beispiele: Kinder mit auditiven Wahrnehmungsstörungen nehmen einen
akustischen Reiz, einen Laut, zwar korrekt auf, aber sie erkennen seine Bedeutung nicht
oder falsch. Sie vermögen aus Einzellauten kein Wort zu bilden. Kinder mit taktilen Wahrnehmungsstörungen sind entweder schmerzunempfindlich, überschreiten gerne Körper-
grenzen und suchen ständig massive Berührungsreize. Oder aber sie sind überempfindlich,
fliehen vor Zärtlichkeiten, berühren ungern z. B. Matsch oder Fingerfarben und bauen eine
‚taktile Abwehr' auf.

Mit solchen und anderen Wahrnehmungsstörungen gehen oft Lernstörungen einher: Konzentrationsschwäche, beeinträchtigte Auffassungs- und Gedächtnisleistung, hohe Ablen-
kungs- und Störbereitschaft. All dies löst psychischen Stress aus. Wahrnehmungsgestörte

Kinder können sich nur unter großen Anstrengungen situationsgerecht, ausgeglichen und mit innerer Gelassenheit in ihre Umgebung einfügen. Sie fallen oft hin, rempeln andere an, lassen Gegenstände fallen oder stoßen sie um. Dieses häufige Anecken und Auffallen erhöht ihre Unsicherheit und senkt ihre psychische Belastbarkeit. Sie leiden unter der Angst, den Anforderungen nicht gerecht zu werden.

Die Probleme der Kinder unserer Informationsgesellschaft erfordern – ebenso wie die der Kinder vorangegangener Generationen – maßgeschneiderte Lösungen.

Was brauchen unsere Kinder?

Unsere Kinder brauchen Hilfe durch pädagogische Prävention, nicht erst wenn die Therapie erforderlich wird! Sie brauchen ein verständiges Erziehungsumfeld, das der Reizüberflutung mit Sachverstand zu begegnen weiß. So klären zahlreiche Initiativen in Deutschland über den Medienkonsum bei Kindern und Jugendlichen auf. Zum Beispiel empfiehlt das Projekt „Schau hin!" (http://schau-hin.info/) Kinder unter zwei Jahren gar nicht erst vor einen Bildschirm zu setzen. Bis zum Grundschulalter sei maximal eine halbe Stunde vor dem Fernseher, Smartphone oder Computer vertretbar. Für Zehnjährige liegt der Grenzwert bei einer Stunde, ab 11 Jahren bei 75 Minuten am Tag.

Kinder brauchen Erwachsene, die sie so oft wie möglich mit Herzenslust im Freien toben und matschen lassen, die ihnen den Spaß am Entdecken und Erkunden erhalten. Um die Sensibilität ihrer Sinne zu erhalten und ihre Leistungsfähigkeit zu schulen, sollten Kinder so oft wie möglich Primärerfahrungen sammeln. Und Kinder brennen darauf, viele unterschiedliche Dinge ihrer Umwelt mit allen Sinnen zu erleben, Erfahrungen mit sich und ihren Spielkameraden zu machen. Sie wollen ihre Fragen und Interessen durch eigenes Entdecken, Erforschen und Untersuchen vertiefen und anderen mitteilen. Aber sie brauchen Gelegenheiten und Orte dazu.

Suchen Sie daher, liebe Leser, mit ihren Kindern das Leben dort auf, wo es sich konkret zeigt: am Bach und auf der Wiese, auf der Straße und im Supermarkt, beim Bäcker und im

Bahnhof. Je häufiger und öfter ihre Kinder solche Primärerfahrungen machen, also mit Menschen und Dingen persönlich und konkret umgehen, desto besser erschließen sie sich die Welt in ihrer wahren Gestalt. Nur dann können sie eigene, innere Bilder und eine echte Kompetenz erwerben, die sie zu Problemlösungen befähigt. Fernsehen, Computer und Lernen am Modell vermitteln dagegen Sekundärerfahrungen, bei denen die Kinder oft nur eine Scheinkompetenz erwerben.

Zugegeben, es ist zu Hause oder im Schulalltag nicht immer einfach, das reale Leben als sinnliche Lernerfahrung einzubeziehen. Aber bitte, liebe Eltern, achten Sie darauf, wer als drittes Elternteil in Ihrer Erziehung mitredet: Das reale Leben oder die virtuell Welt. Schließlich erlauben Sie sonst auch nicht jedem, sich in Ihre Erziehung einzumischen. Je länger Ihr Kind vor Bildschirmen sitzt, desto weniger kann es fröhlich mit Freunden spielen, matschen und toben. Medien und Fast-Food haben eines gemeinsam: Sie machen Appetit auf mehr, aber sie ernähren nicht! Sicher, Grenzen und Beschränkungen lösen heftige Proteste bei Kindern aus aber sie gehören zu unserem Erziehungsauftrag. Und bedenken Sie: Diskussionen über Medienkonsum sind allemal einfacher zu meistern als Wahrnehmungsstörungen! Lehnen Sie bei aufkommender Langeweile den scheinbar rettenden Knopfdruck ab. Sie werden staunen, welch kreative Spiele Ihr Kind erfinden wird. Jedes Kind lässt sich vom Bildschirm weglocken, wenn Sie mit ihm draußen z. B. ein kleines Feuer machen. Appelle und Verbote reichen nicht aus, attraktive Angebote mit Spielkameraden und das Engagement der Eltern sind hier gefragt!

Maßvoller Medienkonsum, vielfältige Primärerfahrungen, entdeckendes Lernen mit allen Sinnen, persönlicher und sinnlicher Kontakt mit Menschen und Dingen sollten im Erziehungs- und Lernalltag selbstverständlich sein. Denn wenn vorbereitete Kunstwelten sich breitmachen und reale Erlebniswelten verdrängen, wenn nur noch Bilder ‚sprechen' und die persönliche Kommunikation erlahmt, wenn langweilige Perfektion herrscht und die Fantasie stirbt, dann ist der Störfall in der Entwicklung Ihres Kindes vorprogrammiert.

Sicher, es gibt keine Patentrezepte; jedes Kind hat eine andere Familien- und Lerngeschichte. Aber eines ist gewiss: Es gibt sie in zunehmendem Maße, die wahrnehmungsgestörten Kinder, und sie benötigen unsere Hilfe! Sie brauchen einen Kindergarten- und Schulalltag, der sie nicht zusätzlich bedrückt, hindert oder gar diskriminiert. Oft empfindet der tradi-

tionelle Schulunterricht mit seinen Regeln der Gleichzeitigkeit und Gleichmäßigkeit ein wahrnehmungsgestörtes Kind als Bedrohung. Es bedroht den reibungslosen Ablauf der Unterrichtsroutine und den Schulfrieden. Kinder mit sensorischen und motorischen Auffälligkeiten werden oft als Störer und Zappelphilippe gebrandmarkt. So geraten sie rasch ins schulische und später ins gesellschaftliche Abseits.

Je intensiver, liebevoller und kompetenter die pädagogische Prävention im Elternhaus, Kindergarten und Schule greift, umso besser können die Kinder der Informationsgesellschaft den neuen Anforderungen an ihre sensomotorische Kompetenz gerecht werden.

Je früher wahrnehmungs- und bewegungsgestörte Kinder therapeutische Hilfe erhalten, desto nachhaltiger kann ihnen im Sinne einer echten Nachreifung geholfen werden. Kinder mit Störungen im sensomotorischen Bereich benötigen mehr Bewegung drinnen und draußen, mehr sinnliche Erfahrungen durch Toben und Matschen. Und sie brauchen mehr Zeit, Geduld, Geborgenheit, große Zuversicht und neue Lernwege. Ihre auditiven und visuellen Sinne sind von den vielfältigen Medieneindrücken überlastet, sie gleichen verstopften Autobahnen. Werden nun diese Sinneskanäle zum ausschließlichen Transport von Informationen genutzt, so darf sich keiner wundern, wenn der Lernstoff im Stau stecken bleibt und den ‚Zielhafen Hirn‘ nicht erreicht! Die Umleitung über andere Sinne wird erforderlich. Denken Sie immer daran: Unsere Kinder können mehr als nur hören und sehen! Sie können sich Informationen in Bewegung abholen, Dinge ertasten, schmecken und riechen. Aber hierfür reicht das Schulbuch nicht aus. Lernen mit allen Sinnen erfordert flexible Lernmethoden, kreative Lernmaterialien und bewegte Spiele. Keine Sorge: Die Vermittlung von Lernstoff leidet darunter nicht, sie wird vielmehr interessanter und kindgerechter!

SPIELE, SPIELE, SPIELE

Der Tanz der magnetischen Hände

Jedes Kind streckt beide Arme nach vorne aus, erhebt die Handflächen und geht auf einen Spielpartner zu. Wenn ihre erhobenen Handflächen sich beinahe berühren, bleiben die Kinder stehen. „Nun stellt euch vor, zwischen euren Handflächen ist ein Magnet, der euch anzieht. Ihr müsst also jede Handbewegung des Partners nachmachen. Wählt einen Bestimmer, der als erster die Handbewegungen macht, die seinen Partner magnetisch anziehen. Auf meinen Zuruf hin wechseln die Paare den Bestimmer. Tanzt zur Musik durch den ganzen Raum, so als wäret ihr unsichtbar miteinander verbunden. Ahmt dabei genau die Bewegungen eures Tanzpartners nach."

 **Wählen Sie langsame, beschauliche Musik, denn die Kinder müssen sich tänzerisch behutsam aufeinander abstimmen. Achten Sie darauf, dass die Kinder nicht an einem Ort stehen bleiben, sondern den ganzen Raum nutzen. Auch sollten sie die Handbewegungen mit dem ganzen Körper nachvollziehen. Recht bald entsteht ein wunderschöner Tanz, bei dem die Kinder aufmerksam ihre Bewegungen koordinieren und Erfahrungen mit ihrem Körper im Raum sammeln. Dabei werden sie von Mal zu Mal besser!**

VARIANTE Erst ab dem vierten Lebensjahr vermag ein Kind den magnetischen Tanz umzusetzen. Für Dreijährige ist dies noch zu abstrakt. Sie können allerdings freudig mittanzen, wenn man ihnen gestattet, ihre Handflächen zu berühren. Der dann eingeschaltete Tastsinn hilft ihnen, dem Tanzpartner unbeschwert zu folgen.

Primärerfahrungen aus der Umwelt sammeln	
sich und andere bewusst wahrnehmen	✔
mit Freude neue Sinnesreize aufnehmen	
Sinne schulen: Sehen	✔
Körperkontakt fördern	✔
Gespräche auslösen	
besser behalten	

Alter	ab 4 Jahre bis 3. Schuljahr
Zeit	5–10 Minuten
Ort	drinnen
Sozialform	Einzelspiel
Material	ruhige Musik

Die Vermisstenanzeige

Wissen Sie noch, welches Hemd ihr Mann oder welche Hose ihr Kind beim Verlassen der Wohnung trug? Könnten Sie heute eine eindeutige Vermisstenanzeige aufgeben? Gar nicht so einfach, oder? Selbst Menschen, die wir sehr lieben, beobachten wir wenig. Ihr Erscheinungsbild geht rasch im Alltagstrott unter. „Die Vermisstenanzeige" hilft Ihren Kindern, sich aufmerksam zu beobachten: Zwei Kinder sitzen sich gegenüber und schauen sich intensiv an. Nach kurzer Zeit drehen sie ihre Stühle um, so dass sie Rücken an Rücken sitzen und sich nicht sehen können. Erst jetzt erfahren sie, dass sie abwechselnd eine mündliche Vermisstenanzeige ihres Partners erstatten sollen und zwar so detailliert wie möglich: Augen- und Haarfarbe, Kleidung, Schmuck, körperliche Merkmale usw.

TIPP

Mit ‚Vermisstenplakaten' können Sie das aufmerksame Wahrnehmen der Kinder verstärken: Jedes Kind erhält einen Bogen Packpapier. Abwechselnd legt sich ein Spielpartner darauf, während der andere mit einem dicken Stift die Konturen entlang des Körpers nachzeichnet. Dann wird der Gestaltumriss mit persönlicher Augen- und Haarfarbe, Kleidung usw. ausgemalt. Die fertigen Vermisstenplakate bilden einen schönen Wandschmuck. Das Spiel eignet sich besonders für die Kennenlernphase neuer Gruppen.

Primärerfahrungen aus der Umwelt sammeln	
sich und andere bewusst wahrnehmen	✔
mit Freude neue Sinnesreize aufnehmen	✔
Sinne schulen: Sehen	✔
Körperkontakt fördern	✔
Gespräche auslösen	✔
besser behalten	✔

Alter	ab 3 Jahre bis 2. Schuljahr
Zeit	10–30 Minuten
Ort	drinnen
Sozialform	Paarspiel
Material	evtl. Packpapier, Filzstifte

Hier stimmt was nicht!

Hier ein lustiges Wahrnehmungsspiel für die ganze Gruppe oder Klasse! Alle Kinder haben fünf Minuten Zeit, um sich aufmerksam anzuschauen. Danach bitten Sie zwei oder mehrere Kinder, den Raum zu verlassen. Draußen nehmen sie kleine Veränderungen an ihrer äußeren Erscheinung vor, z. B. Frisur verändern, Schuhe, Kleidungstücke oder Schmuck tauschen. Beim Ruf „Irgend etwas stimmt hier nicht!" treten die verwandelten Kinder vor die Gruppe, die nun so schnell wie möglich die Veränderungen beschreiben soll.

Es geht auch umgekehrt: Die herausgeschickten Kinder erraten, wer oder was sich während ihrer Abwesenheit im Gruppen- oder Klassenraum verändert hat. Besonders großen Spaß macht es, wenn sich der Erzieher oder Lehrer verwandelt! Übrigens, nicht nur die äußere Erscheinung ist wandelbar. Auch neue Gestik und Mimik schärfen die Beobachtungsgabe der Kinder. Betreten Sie den Raum oder begrüßen Sie die Kinder mal ganz ungewohnt und fragen Sie: „Was ist denn heute anders an mir?"

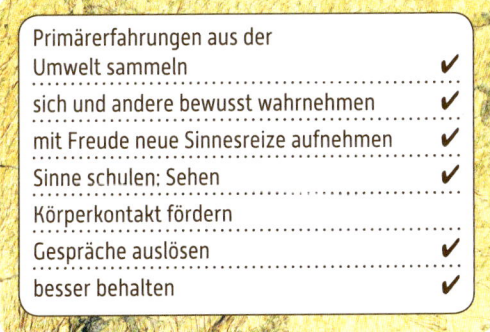

Primärerfahrungen aus der Umwelt sammeln	✔
sich und andere bewusst wahrnehmen	✔
mit Freude neue Sinnesreize aufnehmen	✔
Sinne schulen: Sehen	✔
Körperkontakt fördern	
Gespräche auslösen	✔
besser behalten	✔

Alter	ab 3 Jahre bis 2. Schuljahr
Zeit	10 Minuten
Ort	drinnen oder draußen
Sozialform	Gruppenspiel
Material	–

Aus der Hand lesen

„Habt ihr schon mal von Wahrsagern gehört, die aus der Hand lesen? Sie behaupten, an den Linien der inneren Handfläche die Zukunft des Menschen voraussehen zu können. Nun, das geht sicher zu weit! Aber eines ist gewiss: Wenn wir unsere Hände aufmerksam berühren, können wir viel Neues entdecken! Begebt euch auf diese spannende Tastreise: Reicht euch zu zweit die Hände, ertastet und befühlt sie gegenseitig. Sind sie warm oder kalt, rauh oder weich? Hat euer Spielpartner kurze oder lange Finger, trägt er Ringe, gibt es besondere Merkmale, z. B. kleine Narben oder gar einen Pickel?- Vergesst nicht, dabei eure Augen zu schließen und still zu sein. Nur so kommt ihr den Feinheiten der Hände auf die Spur, die ihr uns gleich beschreiben sollt!"

TIPP **Dieses Tastspiel eignet sich hervorragend, um kleine Kampfhähne zu besänftigen. Das gegenseitige Ertasten der Hände beruhigt sie und erhöht ihre Sensibilität füreinander. Sie spüren sich und den anderen wieder! Spielen Sie „Aus der Hand lesen" vielleicht jeden Montagmorgen, wenn die Kinder aus dem medienüberreizten Wochenende kommen und recht unsensibel und egozentrisch miteinander umgehen!**

VARIANTE Das Händelesen kann zur Massageübung umfunktioniert werden. Nach einer längeren, für die kindliche Motorik anstrengenden Schreibphase ist es ratsam, dass sich die Kinder ihre eigenen Händchen oder die des Nachbarn massieren.

Primärerfahrungen aus der Umwelt sammeln	
sich und andere bewusst wahrnehmen	✔
mit Freude neue Sinnesreize aufnehmen	✔
Sinne schulen: Tasten	✔
Körperkontakt fördern	✔
Gespräche auslösen	✔
besser behalten	

Alter	ab 3 Jahre bis 2. Schuljahr
Zeit	2–5 Minuten
Ort	drinnen
Sozialform	Paarspiel
Material	–

Ein ungewöhnlicher Liebesbrief

„Wisst ihr, dass man Briefe nicht nur lesen, sondern auch fühlen kann, vor allen Dingen wenn darin liebe Worte stehen? Versucht es mal: Benutzt als Schreibunterlage den Rücken eures Tischnachbarn und schreibt mit eurem Finger langsam und in großen Buchstaben eine liebe Botschaft. Habt ihr erraten, was in dem Liebesbrief steht? Wenn nicht, dann versucht es nochmals, aber diesmal deutlicher!"

Auf diese Weise können nicht nur Buchstaben und Worte eingeübt werden. Auch kleine Rechenaufgaben oder geometrische Formen lassen sich so spannend vermitteln.

 VARIANTE

Primärerfahrungen aus der Umwelt sammeln	
sich und andere bewusst wahrnehmen	✔
mit Freude neue Sinnesreize aufnehmen	✔
Sinne schulen: Tasten	✔
Körperkontakt fördern	✔
Gespräche auslösen	
besser behalten	✔

Alter	1. bis 4. Schuljahr
Zeit	5–10 Minuten
Ort	drinnen
Sozialform	Paarspiel
Material	–

Verborgene Schätze entdecken

Ihre Kinder haben sicher schon viele Gegenstände in ihrem Gruppen- oder Klassenraum betrachtet. Aber haben sie sie auch schon ertastet? Wenn nicht, dann verstecken Sie mal die vielen kleinen Dinge des Alltags, z. B. Würfel, Buchstaben aus Holz, Lineal, Schere oder Radiergummi, in kleine Leinensäckchen. „Wie fühlt sich der verborgene Schatz an und wie heißt er?" Nun ist der Tastsinn gefragt und so manch visuell bekanntes Stück wird plötzlich zum unbekannten Tastobjekt.

TIPP **Achten Sie darauf, dass Sie möglichst verschiedene Materialien einsetzen, z. B. Holz, Plastik, Stoff oder Metall. So vergrößern Sie die Vielfalt der Tasterfahrungen: hart, weich, kalt, warm, eckig, rund, glatt oder klebrig. Bitten Sie die Kinder, den ertasteten Schatz auch zu beschreiben, dann bereichern sie ihren Wortschatz vor allen Dingen an Adjektiven.**

VARIANTE Selbstverständlich können auch Schätze versteckt werden, die unmittelbar mit dem Lern-stoff in Verbindung stehen, wie z. B. verschiedene Blattformen, Früchte aus der Natur, Buch-staben oder Zahlen.

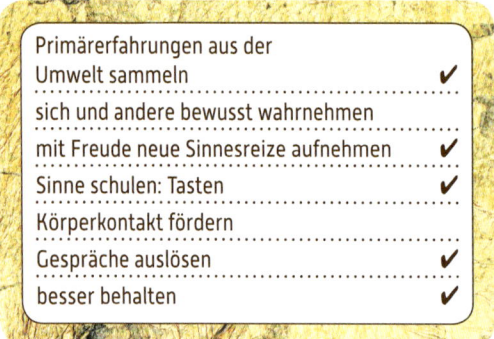

Primärerfahrungen aus der Umwelt sammeln	✔
sich und andere bewusst wahrnehmen	
mit Freude neue Sinnesreize aufnehmen	✔
Sinne schulen: Tasten	✔
Körperkontakt fördern	
Gespräche auslösen	✔
besser behalten	✔

Alter	ab 3 Jahre bis 4. Schuljahr
Zeit	5–10 Minuten
Ort	drinnen
Sozialform	Einzelspiel
Material	gefüllte Leinen-säckchen

Wer suchet, der findet!

Immer wenn Sie das Gefühl haben, Ihre Kinder könnten etwas Abwechslung, Bewegung und Sinnesschulung gebrauchen, dann geben Sie ihnen interessante Suchaufträge, die sie im Freien erledigen sollen. Dabei ist es wichtig, dass Sie das zu Findende nicht benennen, sondern mit einem Adjektiv umschreiben, also: „Suche etwas Flauschiges, Kaltes, Hartes, Rundes, Eckiges, Duftendes, Warmes, Natürliches, Süßes, Saures, Grünes, zwei gleich kleine Dinge usw." Aus den einzelnen Fundstücken kann eine Gemeinschaftscollage oder ein Objekt gestaltet werden.

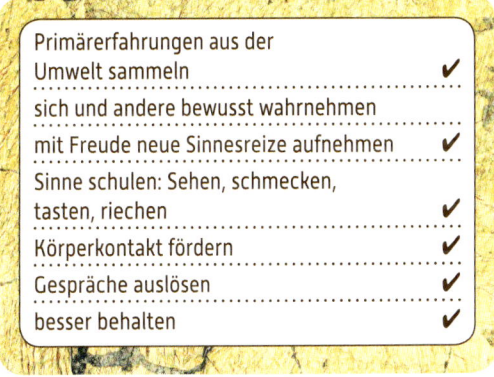

Primärerfahrungen aus der Umwelt sammeln	✔
sich und andere bewusst wahrnehmen	
mit Freude neue Sinnesreize aufnehmen	✔
Sinne schulen: Sehen, schmecken, tasten, riechen	✔
Körperkontakt fördern	✔
Gespräche auslösen	✔
besser behalten	✔

Alter	ab 3 Jahre bis 2. Schuljahr
Zeit	10–20 Minuten
Ort	drinnen oder draußen
Sozialform	Einzelspiel
Material	–

Das Konzert der Alltagsgeräusche

„Dreht euch alle mit dem Rücken zu mir, so dass ihr mich nicht sehen könnt. Bitte seid ganz leise und hört aufmerksam zu." Lassen Sie nacheinander verschiedene Alltagsgeräusche erklingen: ein Papierblatt raschelt, ein Buch schlägt zu, ein Wecker klingelt, ein Kugelschreiber klickt, die Hände klatschen, die Finger schnippen, die Schultasche wird geöffnet usw. „Welche Alltagsgegenstände habt ihr herausgehört. Wisst ihr noch die Reihenfolge?"

TIPP **Gehen Sie auch mal mit den Kindern raus auf den Schulhof, auf die Strasse oder in die Natur. Mit geschlossenen Augen lassen sich viele verschiedene Geräusche ausmachen.**

VARIANTE Dieses Spiel kann auch mit Stimmen durchgeführt werden. Wählen Sie einige Kinder aus, die je einen Satz sprechen. „Wer hat da gesprochen und wie würdet ihr die Stimme beschreiben, war sie hell, dunkel, warm, kühl, witzig oder traurig?"

Primärerfahrungen aus der Umwelt sammeln	✔
sich und andere bewusst wahrnehmen	✔
mit Freude neue Sinnesreize aufnehmen	✔
Sinne schulen: Hören	✔
Körperkontakt fördern	
Gespräche auslösen	✔
besser behalten	✔

Alter	ab 4 Jahre bis 2. Schuljahr
Zeit	5–10 Minuten
Ort	drinnen oder draußen
Sozialform	Einzelspiel
Material	geräuschvolle Alltagsgegenstände

Die Schnüffelbande

Jedes der Kinder hat drei riechende Dinge mitgebracht, z. B. Obst, Gewürze, Marmelade, Cornflakes, Parfüm, Seife, Blumen oder Kaffee. Von allen Mitbringseln werden Proben entnommen, die in der Mitte des Raums auf Tische gelegt werden. „Bitte verbindet eure Augen, ich führe euch zu einem Tisch. Nun ratet mal, was es hier zu riechen gibt. Versucht die Gerüche zu gruppieren, riecht ihr Süßes, Blumiges oder stinkt es gar? Besprecht eure Eindrücke mit den anderen Kinder am Tisch."

Überlegen Sie, ob Ihr derzeitiger Lernstoff nicht auch erschnüffelt werden kann. Wenn ihre Kinder wenig geruchssensibel sind, sollten Sie ihnen helfen. Bereiten sie verschiedene Themen-Tische vor, z. B. mit Frühstücksgegenständen, Natur- und Marktprodukten oder Kunststoffen, und sagen sie den Kindern, an welchem Tisch sie stehen. Steigern Sie allmählich den Schwierigkeitsgrad der Duftaufgaben. Besonders schwer ist es, wenn zunächst alle Riechobjekte auf einem Tisch stehen und dann auf andere Tische zu Themen- oder Dufteinheiten gruppiert werden.
Übrigens: Auf dem Schulhof, auf der Straße oder in die Natur gibt es so manche Gerüche zu entdecken! Ein Duftspaziergang ist anregend und entspannend zugleich.

TIPP

Primärerfahrungen aus der Umwelt sammeln	✔
sich und andere bewusst wahrnehmen	
mit Freude neue Sinnesreize aufnehmen	✔
Sinne schulen: Riechen	✔
Körperkontakt fördern	
Gespräche auslösen	✔
besser behalten	✔

Alter	ab 3 Jahre bis 4. Schuljahr
Zeit	10–20 Minuten
Ort	drinnen oder draußen
Sozialform	Einzelspiel
Material	'geruchvolle Dinge' Augenbinden

Das Probierstübchen

Für das Probierstübchen brauchen Sie wahrhaft ‚geschmackvolle' Dinge, z. B. diverse Nüsse, Gewürze, Käse- und Wurstsorten, Früchte oder Gemüse. All dies wurde vorher von Ihnen oder von den Kindern zu Hause zerkleinert und in Tütchen gefüllt. Servieren Sie die Geschmacksproben auf Papierteller und mit Plastiklöffeln. Mit verbundenen Augen beginnt nun die lustige Raterunde nach dem Motto „Was schmeckt ihr?" Steigern Sie die Geschmacksaufgaben ähnlich wie in dem Spiel „Die Schnüffelbande", hier ist die Geschmacksbande am Werk.

TIPP **Überlegen Sie, ob Ihr derzeitiger Lernstoff nicht auch erschmeckt werden kann. Reden Sie mit den Kindern über Geschmäcker: Bevorzugt ihr süß oder sauer und warum? Gibt es kulturelle Unterschiede in punkto Geschmacksrichtung? In welchen Kulturen isst man gerne scharf? Wie schmeckt es beim Chinesen? Sind türkische Süßigkeiten süßer als deutsche?**
Setzen Sie das nächste Kindergarten- oder Schulfest unter ein kulinarisches Motto z. B. „Süßes und Saures aus aller Welt" oder „Chinatown" oder „Mediterrane Speisekammer".

Primärerfahrungen aus der Umwelt sammeln	✔
sich und andere bewusst wahrnehmen	
mit Freude neue Sinnesreize aufnehmen	✔
Sinne schulen: Schmecken	✔
Körperkontakt fördern	
Gespräche auslösen	✔
besser behalten	✔

Alter	ab 3 Jahre bis 4. Schuljahr
Zeit	10–20 Minuten
Ort	drinnen
Sozialform	Einzelspiel
Material	‚geschmackvolle' Dinge, Augenbinden, Papierteller, Plastiklöffel

BAUSTEIN: KONZENTRATION

> Das höchste Gebot
> der guten Pädagogik ist es,
> gegen alle Zerstreuung zu arbeiten.

Johann Wolfgang von Goethe

Konzentration bedeutet
- Aufnahmebereitschaft auslösen
- Aufmerksamkeit steigern
- Sinne schärfen
- Gedanken und Gefühle ordnen
- mehrkanalig lernen
- Kreativität und vernetztes Denken fördern
- Informationen nachhaltig speichern
- Energiereserven aufladen

Wie ist der Lebensraum unserer Kinder?

„Dieses Kind kann keine fünf Minuten sitzen bleiben und sich mit einer Sache beschäftigen!" Wer kennt dieses Problem nicht? Kaum hat sich das Kind für ein Spiel oder ein Buch entschieden, ertönt schon der Satz: „Ich bin fertig!" Dann hampelt es ziellos im Raum herum, wird unzufrieden und beginnt zu nerven. Immer wieder stellen Sie sich die Frage „Wie kommt es, dass dieses Kind so unkonzentriert ist?"

Zunächst einmal zu Ihrer Beruhigung: Es müssen nicht immer Konzentrationsstörungen vorliegen. Vielleicht erwarten Sie nur zu viel. Für ein Vorschulkind ist es schon eine beachtliche Leistung, 20 Minuten lang einer Beschäftigung nachzugehen. Und von einem Schüler, der abgeschlafft nach Hause kommt, können Sie nicht erwarten, dass er sich sofort konzentriert an die Hausaufgaben setzt. Ständige Ermahnungen im Unterricht und Familienkräche helfen da wenig. Hier ist vielmehr Ihre Beobachtungsgabe gefragt: Wann und wo kann sich dieses Kind am besten konzentrieren, wie kann ich ihm dabei helfen?

Im übrigen sind Sie mit diesen Problemen nicht allein. In den pädagogischen Beratungsdiensten gehören Abgelenktsein und mangelnde Konzentration zu den am häufigsten genannten Erziehungs- und Schulproblemen. Wen wundert's? Schließlich zwingt uns das moderne Leben immer mehr, unsere Aufmerksamkeit gleichzeitig auf verschiedene Dinge zu lenken. Beim Spazierengehen müssen wir auf den Straßenverkehr achten, beim Kochen das Handy bedienen, beim Fernsehen noch schnell die Nägel lackieren, unter der Dusche den Einkaufszettel fürs Wochenende entwerfen und beim Einkauf auf die Preise, die Handtasche, die quengelnden Kinder achten und auch noch an das Geburtstagsgeschenk für den Opa denken.

Tagtäglich vollführen genervte Berufstätige den Seiltanz zwischen Arbeit und Familie. Sicher, dieser stressigen Alltagsakrobatik können sich nur wenige entziehen. Aber muss sie sich wirklich so massiv auf die Erziehung unserer Kinder auswirken? Haben Sie sich schon mal gefragt, welches Vorbild Sie hinsichtlich Konzentrationsfähigkeit abgeben? Vielleicht neigen auch Sie dazu, wenn Sie abends Ihrem Kind ein Buch vorlesen, sich vom Smartphone ablenken zu lassen oder beim Abendessen fernzusehen? Oder während ein Kind Ihnen etwas erzählt, ungeduldig durch den Gruppen- oder Klassenraum zu laufen. Aber von Kindern

fordern wir, sie sollten sich Mühe geben, sich konzentrieren, sich nicht ablenken lassen, sich ein für allemal merken, was gesagt oder gezeigt wurde. Aber sind wir Erwachsene denn selbst in der Lage dazu?

„Eben hab ich's noch gewusst!" Tja, Konzentration stellt sich nun mal nicht per Knopfdruck ein! Vielleicht haben auch Sie schon die Erfahrung gemacht, dass Sie sich auf einem Fest mit einem interessanten Menschen angeregt unterhielten. Zu Hause angekommen wissen Sie plötzlich nicht zu sagen, ob derjenige eine Brille trug oder welche Haarfarbe er hatte. Und doch, beim nächsten Zusammentreffen, Monate später, erkennen Sie diesen Menschen sofort wieder. In diesem Fall braucht Sie die Frage „Leidest du schon an Alzheimer?" nicht zu beunruhigen. Denn unser Gedächtnis ist kein Koffer, den wir auf Kommando — z. B. bei Prüfungen — öffnen können. Wir merken uns Einzelheiten nicht wie Vorräte im Kopf, son- dern vielmehr als Netzwerk von Eindrücken, die bei bestimmten Anlässen wieder aufleben.

Konzentration und Entspannung haben nur dann eine Chance, wenn wir einen Wahr- nehmungsfilter entwickelt haben, der uns hilft, das Wichtige vom Unwichtigen, das Sinn- volle vom Nutzlosen, das Informative vom Ablenkenden zu trennen. Wenn diese mentale Selektionsfähigkeit schon bei uns Erwachsenen nicht immer funktioniert, wie mag es dann erst Kindern gehen, bei denen sie noch unzureichend entwickelt ist?

Wie reagieren unsere Kinder darauf?

Kinder sind der Reiz- und Informationsflut hilflos ausgesetzt. Die zahlreichen Umwelt- und Medieneinflüsse sind allgegenwärtig. Und ihr Preis ist hoch: Nervosität und Überreiztheit, psychische Überforderung und Unausgeglichenheit. So manche Kinder entwickeln sich zu „Zappelphilippen", die überall ein Bündel an überschüssiger Energie mit sich herumtragen. Vor allem aggressive Kinder leiden unter ständiger physischer und psychischer Anspan- nung, die motorische Unruhe und Konzentrationsprobleme auslöst. Andere Kinder wieder- um ziehen sich in eine Welt der inneren Bilder und Gedanken zurück, träumen still vor sich hin in den Tag hinein und werden zu kleinen „Hans-guck in-die-Luft".

Konzentrationsschwäche macht sich meist in Form von störenden Nebengedanken oder ablenkenden Gefühlen bemerkbar.

Sie treten vor allem dann auf, wenn Kinder:

- von äußeren Einflüssen abgelenkt werden (Hitze, Unordnung, Lärm …)
- physisch anspannt sind (Bewegungsmangel, Müdigkeit, Hunger, Schmerzen …)
- psychisch angespannt sind (Konflikte mit Eltern, Freunden, Lehrern …)

In seltenen Fällen können schwerwiegende Symptome auftreten, wie z. B. die Abkehr von der realen Außenwelt, Desorientierung oder schwere Gedächtnisstörungen. Stark konzentrationsgestörte Kinder fassen einen Inhalt oder eine Situation unzureichend, falsch oder gar nicht auf. Bei schweren Krankheitsbildern treten auch Störungen des Selektionsvermögens auf. Die Kinder sind dann in ihren Gedanken, Wahrnehmungen und Reaktionen zeitweise blockiert, verstärkt empfindlich und gestresst. Depressive Kinder neigen dazu, ihre Gedanken ständig kreisen zu lassen und ins Grübeln zu fallen. Dann leiden auch sie unter Denkblockaden. Solche schweren Konzentrationsstörungen und Unruhezustände können mit Übungen und Spielen nicht behoben werden. Hier ist eine fachliche Beratung und Behandlung unbedingt erforderlich.

Auf die ständige Ermahnung, sich jetzt endlich zu konzentrieren, reagieren Kinder meist mit Hilflosigkeit. Denn dieselben Erwachsenen, die gerade noch das vielseitige Interesse des Kindes gelobt haben, erwarten plötzlich unter dem Drohruf „Konzentration!" die volle Wachheit für eine Sache oder einen Inhalt. Also, wie soll man es ihnen recht machen und vor allen Dingen, was bedeutet dieses alles entscheidende Wort? Ich jedenfalls habe als Schülerin bei dem Spruch „Jetzt konzentriere dich doch mal!" die Stirn kraus gezogen, den Kopf auf die Handflächen gestützt, den Lehrer in Denkerhaltung interessiert angeschaut und trotzdem an meine Ritterburg zu Hause gedacht. Und nicht viel anders scheinen es noch heute die meisten Kinder zu handhaben.

Wir benutzen das Wort Konzentration zu Hause und in der Schule ganz selbstverständlich. Nur welches Kind vermag es schon zu verstehen? Fragen Sie mal im Freundeskreis herum und Sie werden die verschiedensten Antworten hören: „Nachdenken", „sich intensiv beschäftigen", „sich etwas merken", „nicht ablenken lassen", „Gehirn trainieren" … Mal ehrlich, wissen Sie, wie vielschichtig dieser Begriff ist und was er uns alles abverlangt?

Was brauchen unsere Kinder?

Die Frage nach der Bedeutung des lateinischen Wortes ,concentrare' wird von Wissenschaftlern unterschiedlich beantwortet:

Die **Psychologen** legen bei Konzentration großen Wert auf die Aufmerksamkeit, d. h. die aktive Hinwendung auf einen bestimmten Bewusstseinsinhalt unter gleichzeitiger Ablenkung anderer. Es geht um die Klarheit des Erlebens, also um die Selektion der Reizangebote aus der Umwelt, um die Ausblendung aller momentan unwichtigen Wahrnehmungsstimuli, um eine Einengung des Gesichtskreises bei gleichzeitiger Wahrnehmungssteigerung. Erst dann können die benötigten Reize gebündelt, verstärkt und die Konzentrationsaufgabe erfolgreich durchgeführt werden. Dabei spielt die richtige Dosis an Motivation eine entscheidende Rolle. Denn erzwungene Anspannung oder geballte Willensanstrengung können das Wahrnehmungs- und Konzentrationsvermögen blockieren.

Die **Hirnforscher** definieren Konzentration als individuell unterschiedlich ausgebildete Fähigkeit, Sinneswahrnehmungen und Bewusstseinsinhalte zu registrieren, über längere oder kürzere Zeit zu speichern und bei geeignetem Anlass wieder hervorzuholen. Das Gedächtnis spielt eine fundamentale Rolle beim Verstehen, Beurteilen und Lernen, bei der Organisation unserer Handlungen, Gedanken und Sprache. Jede Sekunde unseres bewussten Denkens und Handelns wird von dieser Kommandozentrale koordiniert. Neuropsychologen identifizierten eine groschengroße Region im Gehirn, die das ,innere Sprechen' steuert. Dieser innere Monolog ist ein wichtiges Arbeitsprinzip unseres Gedächtnisses. Mit seiner Hilfe merken wir uns z. B. Pinnummern oder besondere Erlebnisse als ,innere Worte und Bilder'. Wie stark die geistigen Leistungen vom Gedächtnis abhängen, zeigen Kinder zwischen dem fünften und achten Lebensmonat. Dann können sie sich erstmals an den Platz eines Spielzeugs erinnern, nachdem sie kurzfristig abgelenkt wurden. Je älter Kinder werden, desto mehr Informationen können sie speichern. Und die Speicherung ist um so nachhaltiger, je mehr Sinne dabei beteiligt sind und für eine optimale neuronale Vernetzung sorgen.

Die **Pädagogen** legen Wert auf effektives Lernen: Für sie bedeutet Konzentration die bewusste Hinwendung der Wahrnehmungs- und Denktätigkeit auf einen Lerninhalt. Aber

bloße Wissensvermittlung reicht nicht aus! Sowohl in der Familie als auch in allen Bildungs-einrichtungen (Kita, Schule, Universität ...) sollte das ‚Lernen lernen' gelehrt werden. Nur so entwickeln Kinder und Jugendliche effektive Lerntechniken und werden in ihrer Lernlauf-bahn zunehmend selbstständig. Die meisten Leistungsunterschiede resultieren nicht etwa auf mangelnde Begabung, sondern auf ihr Lern- und Arbeitsverhalten. Konzentration als Spitzenleistung unseres Gehirns stellt sich nicht auf Knopfdruck ein; es bedarf einer hohen Motivation, die wir Pädagogen zu fördern haben.

> **Was Sie wissen sollten**
> Das Bildungsziel „Das Lernen lernen" postulierte Humboldt bereits 1809 im Königs-berger Schulplan. Es wurde in den zwanziger Jahren zwar von den Reformpädagogen Gaudig, Kerschensteiner und Petersen in der Schulpraxis erprobt. In der curricularen Pädagogik der siebziger Jahre geriet es jedoch in Vergessenheit.

Fassen wir diese Definitionen zusammen, dann ergeben sich folgende Bedingungen für op-timale Konzentration: gesteigerte Aufmerksamkeit, Selektion und Fokussierung der Sinne, Gedanken und Gefühle auf einen Inhalt, auf ein Objekt oder eine Handlung und ihre nach-haltige Speicherung im Gedächtnis. Die bloße Ermahnung „Konzentration bitte!" vermag diese Spannbreite an mentalen Leistungen nicht auszulösen. Konzentration kann und muss trainiert werden. Aber Vorsicht: „Üben, üben, üben" hilft nur begrenzt! Das Training sollte über Konzentrationsübungen hinaus ganzheitlich angegangen werden. Es geht darum, Mo-tivation und Aufmerksamkeit mit Kopf, Herz, Hand und Humor auszulösen. Ein Konzentra-tionstraining sollte daher auf diesen sieben Säulen stehen:

1. Verhalten beobachten
Konzentrationsschwächen können durch individuelle Probleme ausgelöst werden. Sie re-sultieren aus dem:

- Energiebereich: Müdigkeit, Abgeschlagenheit, Nervosität, Bewegungs- und Sauerstoff-mangel
- Lernbereich: Mangelhafte Motivation und Arbeitshaltung, fehlende Vorkenntnisse

- Gefühlsbereich: Akute emotionale Sorgen oder Ängste
- Sozialbereich: Konflikte in der Gruppe oder Klasse

2. Umgebung vorbereiten

In so manchen Kinderzimmern, Gruppen- oder Klassenräumen gibt es zu viele Ablenkungen. An den Wänden hängen unzählige Zeichnungen und Plakate, die Regale sind mit diversen Bastelarbeiten voll gestopft und von der Decke baumeln bunte Mobiles. Wo sollen Augen und Hirn die nötige Ruhe zur Konzentration finden? Bitte sorgen Sie für klare Flächen und Farben, für Ordnung und Übersichtlichkeit, für räumliche Ruhe und Ausgewogenheit.

3. Motivieren und mental einstimmen

Mit der Ermahnung „Jetzt konzentriert euch mal!" ist es nicht getan. Aktivieren Sie mit mentalen Bildern die Neugier, die Faszination und die Vorstellungskraft der Kinder. Auch Kleinkinder interessieren sich für die Funktionsweise des Gehirns. Gerne hören sie die Geschichte vom *wundervollen Werkzeugkasten* (s. S. 201) im Kopf, der nie voll wird. Konzentration lässt sich rasch mit wiederkehrenden Liedern, Ritualen (z. B. der aufmerksame Panther auf dem Pult) oder Symbolen (z. B. Bild eines Werkzeugkasten) auslösen nach dem Motto: „Achtung, es ist Zeit, die Glühbirne im Kopf einzuschalten und den Werkzeugkasten weit zu öffnen!" Auch Stille hat eine große Signalfunktion. Setzen Sie bei großer Unruhe eine Stille-Regel ein, z. B. wenn mehr als einer redet, halten alle Kinder inne und sie schweigen solange, bis geklärt ist, wer nun sprechen darf.

4. Wahrnehmungsreize und Gedanken ordnen

Nur in einer klaren Umgebung haben klare Gedanken eine Chance. Richten Sie Ihr Augenmerk auf den Arbeitsplatz der Kinder. Erklären Sie ihnen, welches Material für die Konzentrationsaufgabe erforderlich ist. Alles Unnötige und Ablenkende wird vom Tisch geräumt. Denn die Kleinen sind noch keine großen Genies, die selbst im Chaos strukturiert denken. Nun wird das Gehirn von ablenkendem Ballast mit Hilfe eines kleinen ‚Denkzettels' befreit: „Wenn in eurem Kopf störende Gedanken sind, dann schreibt oder malt sie kurz auf." Der Denkzettel verschwindet dann im Schulranzen und wird später wieder hervor geholt. Um die Gedanken der Kinder auf den Konzentrationsinhalt zu lenken kann auch ein ‚Denknetz' hilfreich sein. Aus ihm können die Kinder das Lernziel, die erforderlichen Konzentrations-

schritte und ihre Vernetzung entnehmen. So wird der Lernprozess transparent und die Kinder arbeiten motiviert, da sie das Denknetz mitentwickelt haben. Diese Mind Map Methode (s. S. 130) hilft, komplexe Aufgaben und Themen gehirngerecht zu bearbeiten und zu behalten.

5. Informationen verarbeiten

Jetzt gilt es, die neuen Informationen zu verarbeiten und zu speichern, d. h. sie ins Kurz- oder Langzeitgedächtnis zu leiten. Es ist die Phase der geistigen Durchdringung und Vernetzung: Lassen sich die neuen Erkenntnisse mit altem Lernstoff verbinden? Wie passt alles zusammen? Hier einige Tipps zur effektiven Informationsverarbeitung:

- **Mehrkanaliges Lernen fördern:** Erarbeiten Sie mit den Kindern den Lernstoff nicht nur lesend und betrachtend. Nutzen Sie auch andere Lernkanäle wie Sprechen, Malen und praktisches Umsetzen. Aktivieren Sie beide Gehirnhälften, verbinden Sie z. B. Mathematik mit Rhythmus und Sprache mit Bewegung. Je mehr Sinne und Wahrnehmungsfelder im Gehirn aktiviert werden, umso nachhaltiger ist das Verstehen und Behalten.

- **Lernschritte kontrollieren und festigen:** Geben Sie Kindern so oft wie möglich die Gelegenheit, Wichtiges in Stichworten wiederzugeben, Fragen zu stellen und zu beantworten, sich gegenseitig abzuhören und zu erklären. Schließen Sie Wissenslücken z. B. nach Klassenarbeiten durch gezieltes Wiederholen und Auffrischen der Inhalte. Lernen auch Sie aus den Fehlern!

- **Gedächtnishilfen geben:** Wir brauchen sie alle im Alltag, die berühmten Eselsbrücken. Also warum sie nicht gleich bei schwierigem, abstraktem Lernstoff herstellen? Weitere effektive Gedächtnishilfen sind Grafiken, Reime und Lieder. So kommen auch visuell oder rhythmisch veranlagte Lerntypen zum Zuge. Und ist der Lernstoff sehr komplex, so hilft eine gemeinsam erstellte Lernkartei.

- **Vokabeln erleben:** Wer kennt es nicht, das sture Vokabeln aufsagen, das von kurzfristigem Erfolg gekrönt ist. Langfristiger und nachhaltiger sind Vokabeln memorisierbar, wenn Bewegung und möglichst viele Sinne mitspielen: Zunächst still lesen, dann gehend

und laut wiedergeben, möglichst den Lerngegenstand (z. B. door = Tür) berühren. Komplizierte Vokabeln werden auf große Plakatkartons geschrieben und gut sichtbar aufgehängt. Übrigens: Unser Gedächtnis vermag nicht mehr als 30 bis 40 Vokabeln pro Tag zu speichern!

- **Tipps für Mathematikverständnis:** So manche Matheaufgabe ist einprägsamer, wenn sie in einem übersichtlich gestalteten Heft mit getrennten Haupt- und Nebenrechnungen und mit bunt hervorgehobenen Merksätzen steht. Übrigens: Mathe-Hausaufgaben sollten möglichst am selben Tag gemacht werden, an dem sie gegeben wurden.

- **Tipps für Textverständnis:** Texte lassen sich in kleinen Teilschritten effektiver erarbeiten und memorisieren: Kurz überfliegen – Gründlich lesen – Wichtiges unterstreichen, herausschreiben – Inhalt in eigene Worte fassen, Fragen stellen – Zweites Mal lesen – Vertiefen durch Gesprächsaustausch.

6. Energiereserven berücksichtigen

Hohe Konzentrationsleistungen erfordern hohen Energieverbrauch. Hierin unterscheidet sich das Gehirn nicht von einer Batterie oder einem Akku. Wenn die Energiereserven aufgebraucht sind, geht nichts mehr. Hier einige Tipps, um dies zu verhindern:

- **Sauerstoff zuführen:** In so manchen Kinder- und Klassenzimmern ist die Luft zum Durchschneiden. Bitte bedenken Sie: Das Hirn macht zwar nur 2 % unserer Körpermasse aus, aber es benötigt 50 % der Glukose und 25 % des Sauerstoffes. Volle Wachheit kann in den Köpfen der Kinder nur herrschen, wenn sie durch Bewegung im Freien oder regelmäßiges Lüften der Räume genügend Sauerstoff einatmen. Sonst schalten ihre „Glühbirnen" auf Notstrom und die Konzentrationsfähigkeit erlahmt.

- **Ausgewogene Ernährung:** Für den erfolgreichen Start in den Tag sorgt ein gesundes Frühstück (Obst, rohes Gemüse, Joghurt, Vollkornbrot ...). Aber so manche Butterbrotdose lässt zu wünschen: Schokoriegel, Weißbrot oder gähnende Leere! Die bei Kindern zweifellos sehr beliebten Süßigkeiten mindern die Leistungsfähigkeit erheblich. Der zunächst rasch erhöhte Blutzuckerspiegel fällt drastisch ab, es folgt eine Unterzuckerung, die zu

Konzentrationsschwäche und Abgeschlagenheit führt. Also: Vorsicht vor Zuckerwerk, denn es bringt zwar, wie die Werbung für Schokoriegel behauptet, „verbrauchte Energie rasch zurück", aber der Leistungsabfall kommt um so schneller. Kleiner Tipp: Küren Sie monatlich den „Frühstückskönig". Sie werden staunen, wie schnell die Kinder auf gesunde Ernährung achten und ihre Eltern erziehen werden.

- **Lernpausen einrichten:** Das Hirn braucht wie ein Akku die Gelegenheit zum Aufladen. Dieser Zeiteinsatz ist kein Verlust, sondern vielmehr Garant für erfolgreiches Konzentrieren. Jeder Mensch hat seinen individuellen Rhythmus von Leistungsfähigkeit und Ruhebedürfnis. Der amerikanische Wissenschaftler Ernest Rossi[67] fand heraus, dass dieser Rhythmus mit den Aktivitäten der einzelnen Körperzellen zusammenhängt. Während der Körper Erholung sucht, befinden sich die Zellen im Regenerationsstadium. Erst nach ca. 20–30 Minuten leiten sie dem Gehirn die Information weiter, dass dieser Prozess nun abgeschlossen ist. Erst dann können wir unsere Aufmerksamkeit nach außen lenken. Dieser Zeitraum ist zwar für den Unterricht zu lang, aber die Leistung steigt bereits um 30 %, wenn folgender Rhythmus eingehalten wird: Je nach Alter 10–30 Minuten konzentrierte Anspannung, dann drei Minuten Entspannung.

7. Lob aussprechen

Nach erfolgreicher Konzentration sollten Sie die Kinder unbedingt loben. Denn das Gehirn verfügt über ein ‚Belohnungszentrum'. Es schüttet nach der Anerkennung einer gelungenen Aufgabe Dopamin aus. Dieser Neurotransmitter bzw. Botenstoff des Zentralnervensystems ruft Glücksempfindungen hervor. Die Neuronen speichern das positive Erlebnis und verlangen nach mehr. Hohe Motivation und großer Lernerfolg sind auch das Resultat vieler Dopaminausschüttungen und wiederkehrender Glücksgefühle.

Wenn Sie, liebe Leser, noch einige kleine Ratschläge beherzigen, dann rückt das Wunschziel nach konzentrierten Kindern immer näher:

---

[67] Rossi,E.: 20 Minuten Pause, Paderborn 1993

- **Hausaufgaben:** Möglichst zu festen Zeiten und nicht gleich nach dem Mittagessen machen, denn ein voller Bauch studiert nicht gern. Mit leichten Aufgaben beginnen und langsam steigern. Eventuell kleinen Tagesplan anfertigen, Erledigtes abhaken, kurzes zusammenfassendes Gespräch und Lob aussprechen.

- **Bewegung:** Wenn das Kind im Kindergarten oder in der Schule viel gesessen hat, dann braucht es zu Hause dringend Bewegung. Ein kleiner Spaziergang oder Dauerlauf vor den Hausaufgaben bringt Sauerstoff ins Hirn und beruhigt die Nerven.

- **Ruhe:** Hat das Kind im Kindergarten und in der Schule kaum Gelegenheit gehabt, eine Sache in Ruhe zu Ende zu führen, weil es ständig von den anderen gestört wurde? Dann sollte es wenigstens am Nachmittag eine Atmosphäre vorfinden, in der es konzentriert und ungestört spielen kann. Es braucht Raum und Zeit, um seine Interessen herauszufinden und auszuprägen, um sich ungestört auf eine Sache oder einen Menschen einzulassen.

- **Vorbild:** Wer andere zur Konzentration anleiten möchte, sollte sein eigenes Verhalten in dieser Hinsicht kritisch beobachten. Machen Sie nicht alles gleichzeitig. Zeigen Sie Ihrem Kind deutlich, wofür Sie sich jetzt entschieden haben. Und sagen Sie ihm ruhig, dass Sie bei Arbeiten, die Konzentration erfordern, nicht gestört werden wollen.

- **Gemeinsame Projekte:** Sie werden sich wundern, wie konzentriert und freudig Ihr Kind an einer Ritterburg aus Karton baut, an einer Seilbahn durchs Kinderzimmer oder an einer Hütte im Wald. Wichtig ist nur, dass Sie mitmachen und es in den einzelnen Phasen des Vorhabens begleiten und loben. Später werden Sie feststellen, dass es nur noch zu Projektbeginn Ihre Anwesenheit benötigt.

SPIELE, SPIELE, SPIELE

Hallo wach!

Wenn Sie vor einer Gruppe von Kindern sitzen, die abgeschlafft sind, sich nicht mehr spüren und in deren Köpfen nichts mehr hineinzugehen scheint, dann ist es höchste Zeit für „Hallo wach". Gehen Sie mit den Kindern an die frische Luft oder öffnen Sie zumindest alle Fenster. „Bitte steht alle auf und streckt beide Arme seitwärts nach außen. Jetzt schlagt ihr mit der rechten Hand auf den ausgestreckten linken Arm. Beginnt am unteren Ende des Arms und schlagt langsam bis oben zum Brustkorb. Dort wechselt ihr die Hand. Nun schlagt mit der linken Hand auf den rechten Arm. Damit alle Körperteile so richtig wach werden, schlagen beide Hände die vorderen Körperteile über Brust, Bauch, Oberschenkel bis hin zu den Füßen ab. Wenn ihr dort angelangt seid, geht's von unten wieder hoch. Aber jetzt bearbeitet ihr eure rückseitige Körperpartie, d. h. die hinteren Unter- und Oberschenkel bis hin zum Po."

TIPP **Diese Übung sollten Sie unbedingt selbst mitmachen. Denn Nachahmen ist für die Kinder einfacher als komplizierte Beschreibungen. Fragen Sie die Kinder, ob ihre Haut nach der Übung so richtig kribbelt. Wenn nicht, dann sollten Sie beim nächsten Mal ihren Körper fester abschlagen. Denn das Wachrütteln unseres größten Sinnesorgans, der Haut, löst den Appell an das Gehirn aus: „Hallo wach, irgendwas ist los!"**

Aufnahmebereitschaft auslösen	✔
Aufmerksamkeit steigern	✔
Sinne schärfen	✔
Gedanken und Gefühle ordnen	✔
mehrkanalig lernen	✔
Kreativität und vernetztes Denken fördern	✔
Informationen nachhaltig speichern	✔
Energiereserven aufladen	✔

Alter	4–99 Jahre
Zeit	3–5 Minuten
Ort	drinnen oder draußen
Sozialform	Einzelspiel
Material	—

Bedienung bitte!

Wie wär's, wenn Sie den Klassenraum für kurze Zeit in ein Café verwandelten? Ein Kind erklärt sich bereit, den Oberkellner zu spielen. Es werden Gruppen mit jeweils drei oder vier Kindern gebildet. Nun sitzen alle wie in einem Café an mehreren Tischen. Zunächst beraten die Kinder, was sie aus dem sichtbaren Angebot des Klassen- oder Gruppenraums bestellen möchten. Dann ruft eines: „Bedienung bitte". Der Oberkellner eilt herbei und nimmt die Bestellung der einzelnen Kinder am Tisch auf, z. B. „Ich hätte gerne ein Blatt, einen roten Buntstift und zwei Kreidestücke." Natürlich darf der Oberkellner die Bestellung nicht notieren, er muss sie im Gedächtnis behalten. Nach jeder Bestellung bringt er die gewünschten Bestellteile zur Spielgruppe.

In jeder Gruppe notiert ein Kind die Bestellung seines Tisches stillschweigend und verdeckt, damit der Oberkellner keine ungewollte Hilfestellung erhält. So müssen Sie als Spielleiter nicht alle Bestellungen behalten. Bei Vorschulkindern sollte die Gruppengröße auf zwei Kinder pro Tisch reduziert werden. Die Gruppenstärke kann allmählich mit steigendem Alter und häufigem Training anwachsen.

TIPP

Die Übung wird wesentlich schwieriger, wenn das Bestellte wie im wahren Leben wieder rückgängig gemacht wird, z. B. „Ich möchte doch lieber kein weißes Blatt sondern etwas Blaues."

VARIANTE

Aufnahmebereitschaft auslösen	✔
Aufmerksamkeit steigern	✔
Sinne schärfen	
Gedanken und Gefühle ordnen	✔
mehrkanalig lernen	
Kreativität und vernetztes Denken fördern	
Informationen nachhaltig speichern	✔
Energiereserven aufladen	

Alter	von 4–99 Jahren
Zeit	10–15 Minuten
Ort	drinnen
Sozialform	Gruppenspiel
Material	—

Die Konzentrationskette

Alle Kinder stehen im Kreis. Das erste Kind führt eine Bewegung, z. B. Kopfnicken verbunden mit einem Geräusch, z. B. Händeklatschen, vor. Das nächste wiederholt das Kopfnicken und Händeklatschen und fügt eine neue Kombination von Bewegung und Geräusch (z. B. auf einem Bein stehend pfeifen) hinzu. Jedes weitere Kind im Kreis ahmt alle vorangehenden Kombinationen nach und fügt immer eine neue hinzu. So entsteht allmählich eine lustige Konzentrationskette. Wer eine Kombination vergisst, der scheidet aus!

TIPP **Übrigens, die Tierwelt gibt viele Vorbilder für solche Kombinationsleistungen: Der Elefant stampft und trompetet lauthals, der Vogel pfeift auf einem Bein stehend ein Lied und der hüpfende Frosch quakt.**

VARIANTE Diese Übung verlangt ein hohes Maß an Konzentration. Es ist daher ratsam, mit zwei vorbereitenden Spielvariationen zu beginnen: „Die Geräuschkette" (s. S. 173) und „Die Bewegungskette" (s. S. 88). Erst wenn diese beherrscht werden, kann man sich an die kombinierte „Konzentrationskette" wagen.

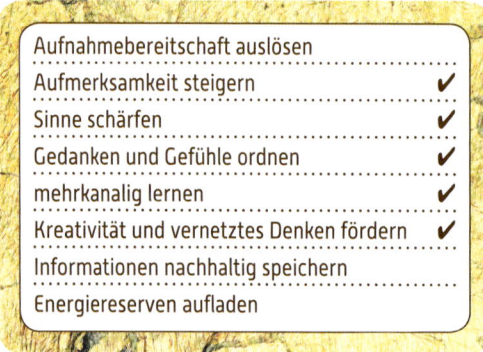

Aufnahmebereitschaft auslösen	
Aufmerksamkeit steigern	✔
Sinne schärfen	✔
Gedanken und Gefühle ordnen	✔
mehrkanalig lernen	✔
Kreativität und vernetztes Denken fördern	✔
Informationen nachhaltig speichern	
Energiereserven aufladen	

Alter	ab 3 Jahre
Zeit	10–15 Minuten
Ort	drinnen oder draußen
Sozialform	Gruppenspiel
Material	—

Die bewegte Geheimsprache

Alle Kinder stehen im Kreis und lernen zunächst das bewegte ABC:

A: beide Arme in die Luft strecken
B: ein Bein heben
C: aus beiden Armen formen
D: der Körper duckt sich
E: essen, Kaubewegungen
F: Finger bewegen
G: gähnen
H: hüpfen
I: kleinen Finger heben
J: jucken
K: Hand küssen

L: lachen
M: an den Mund fassen
N: an die Nase fassen
O: an beide Ohren fassen
P: den Po vorstrecken
Q: wie ein Frosch quaken
R: den Rücken zudrehen
S: Hände als Fernglas formen
T: auf die Schenkel trommeln
U: umarmen

V: Vogelflug mit Armen nachahmen
W: Wange streicheln
X: Beine stehend überkreuzen
Y: beide Arme nach oben strecken und auf einem Bein stehen
Z: zappeln

Erst wenn die Kinder dieses Bewegungsalphabet beherrschen, können sie einzeln in die Kreismitte treten und zunächst ein kurzes Wort als bewegte Geheimsprache vorführen. Wer es entschlüsselt, darf ein weiteres vorführen.

Die Kinder müssen jeden Buchstaben einzeln und nacheinander als Bewegung vorführen. Wenn sie mehrere Bewegungen gleichzeitig zeigen, dann ist die Reihenfolge der Buchstaben unklar und das Wort nicht entschlüsselbar. TIPP

Aufnahmebereitschaft auslösen	
Aufmerksamkeit steigern	✔
Sinne schärfen	✔
Gedanken und Gefühle ordnen	✔
mehrkanalig lernen	✔
Kreativität und vernetztes Denken fördern	✔
Informationen nachhaltig speichern	✔
Energiereserven aufladen	

Alter	2.–4. Schuljahr
Zeit	10–15 Minuten
Ort	drinnen oder draußen
Sozialform	Gruppenspiel
Material	—

Eine Geschichte für Detektive

Erzählen Sie den Kindern eine Geschichte oder lesen Sie eine aus ihrem Sprachbuch vor. Der Text sollte möglichst viele Einzelheiten schildern. Stellen Sie zum Schluss Fragen wie z. B. „Welche Farben, Gegenstände, Tiere oder Menschen kamen in der Geschichte vor? Wer weiß noch, wo das Haus stand oder wann der Junge nach Hause kam?" Ganz besonders spannend wird es, wenn Sie einen logischen Fehler einbauen wie z. B. „Der Bauer kam um 18 Uhr morgens nach Hause." Wer den Denkfehler entdeckt, darf am nächsten Tag eine selbst ausgedachte Detektivgeschichte erzählen.

TIPP

Desto öfter Sie diese kleine Konzentrationsübung zum besseren Textverständnis durchführen, desto aufmerksamer werden die Kinder zuhören, vor allen Dingen, wenn Sie vorher ankündigen: „Heute weiß ich gar nicht, ob in meiner Geschichte ein Fehler ist oder nicht."

VARIANTE

Die Kinder können den Inhalt der Geschichte auch als Zeichnung wiedergeben.

Aufnahmebereitschaft auslösen	✔
Aufmerksamkeit steigern	✔
Sinne schärfen	
Gedanken und Gefühle ordnen	✔
mehrkanalig lernen	
Kreativität und vernetztes Denken fördern	✔
Informationen nachhaltig speichern	✔
Energiereserven aufladen	

Alter	ab 5 Jahre bis 4. Schuljahr
Zeit	5–10 Minuten
Ort	drinnen
Sozialform	Einzelspiel
Material	—

Der Steckbrief

Zunächst nennt ein Kind seine steckbrieflichen Angaben über einen Mitspieler seiner Wahl, z. B.: „Der Gesuchte wohnt in der Waldgasse 20 und besitzt ein rotes Fahrrad." Der Gesuchte schweigt solange, bis einige Kinder seinen Namen rufen. Der Erkannte entwirft nun einen neuen Steckbrief. Je geübter die Kinder sind, um so komplizierter können die steckbrieflichen Angaben werden.

Oft sitzen Kinder jahrelang zusammen in einer Gruppe oder Klasse und wissen wenig voneinander. Diese kleine Konzentrationsübung eignet sich vor allem für die Phase des Kennenlernens.

Steckbrieflich können nicht nur Personen, sondern auch Gegenstände oder Themen des aktuellen Lernstoffs gesucht werden. Die Aufmerksamkeit und Wahrnehmung der Schüler wird durch die kleine Ratespielaufgabe erhöht.

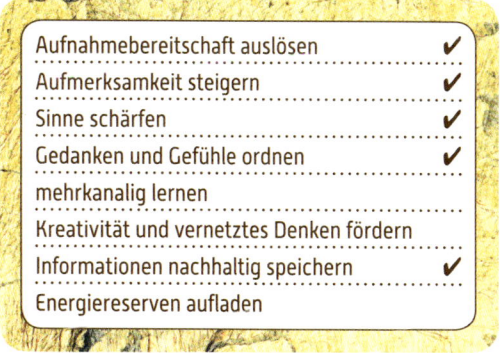

Aufnahmebereitschaft auslösen	✔
Aufmerksamkeit steigern	✔
Sinne schärfen	✔
Gedanken und Gefühle ordnen	✔
mehrkanalig lernen	
Kreativität und vernetztes Denken fördern	
Informationen nachhaltig speichern	✔
Energiereserven aufladen	

Alter	ab 4 Jahre bis 4. Schuljahr
Zeit	5–10 Minuten
Ort	drinnen
Sozialform	Gruppenspiel
Material	—

Das Streichholz-Duell

Es spielen je zwei Kinder zusammen. Sie stehen sich zunächst gegenüber. Jedes von ihnen hat auf dem rechten Handrücken eine Streichholzschachtel liegen. Die linke Hand wird in diesem Spiel nicht benötigt und verschwindet deshalb hinter dem Rücken. Ziel der Übung ist es, den Mitspieler so geschickt zu ,attackieren', dass seine Streichholzschachtel herunterfällt. Der Angriff darf allerdings nur mit der rechten Hand erfolgen. Da dort aber die eigene Streichholzschachtel liegt, kann das ,Duellieren' nur mit äußerster Vorsicht erfolgen, sonst verliert man seine Streichholzschachtel. Das Duell erfordert also hohe Körperkonzentration und Geschicklichkeit. Es gilt, im richtigen Augenblick gezielt anzugreifen und dabei gleichzeitig die eigene Streichholzschachtel durch geschicktes Balancieren zu verteidigen. Fällt eine der Streichholzschachteln herunter, bekommt der Gegenspieler einen Punkt.

TIPP **Wenn die Fingerspitzen ein wenig nach oben gerichtet werden, liegt die Streichholzschachtel in der entstandenen kleinen Kuhle des Handrückens und kann nicht so leicht herunterrutschen.**

Aufnahmebereitschaft auslösen	
Aufmerksamkeit steigern	✔
Sinne schärfen	✔
Gedanken und Gefühle ordnen	✔
mehrkanalig lernen	
Kreativität und vernetztes Denken fördern	
Informationen nachhaltig speichern	
Energiereserven aufladen	✔

Alter	ab 4 Jahre
Zeit	5 Minuten
Ort	drinnen oder draußen
Sozialform	Paarspiel
Material	pro Kind eine Streichholzschachtel

Wir drehen einen Stummfilm

Erzählen Sie den Kindern von der guten alten Stummfilmzeit, in der die Schauspieler durch Gestik, Mimik und stumme Lippenbewegungen agierten. Die Eigenproduktion eines kleinen Stummfilms ist eine ausgesprochen lustige Konzentrationsübung. Zunächst werden Gruppen von je drei bis fünf Kindern gebildet. Gemeinsam denken sie sich einen kleinen Werbespot oder eine kurze Filmsequenz aus, die sie später allen vorführen. In jeder Gruppe werden mehrere Rollen verteilt: die stummen Schauspieler, der Sprecher und der Geräuschemacher. Aufgabe der Schauspieler ist es, ihre Filmrollen mit viel Mimik, Gestik und stummen Lippenbewegungen darzustellen. Um ihre stummen Aktionen zu beleben, sind Worte erforderlich. Dies ist Aufgabe des Sprechers, der synchron zu den Lippenbewegungen der Schauspieler den Text spricht. Aber die Schauspieler sind nicht nur stumm, sie bewegen sich auch geräuschlos, z. B. leise Schrittabfolge, lautloses Räuspern oder Händeklatschen. Nun ist es Aufgabe des Geräuschemachers, dieses Schauspiel zum richtigen Zeitpunkt mit den passenden Geräuschen zu unterlegen. Wenn z. B. die Schauspieler lautlos lachen, muss er lautstark lachen. Es bedarf also einer intensiven Absprache in der Gruppe über Text, Geräusche, Bewegungen und Timing. Und damit alles perfekt wirkt, ist ein hohes Maß an Aufmerksamkeit und genauer Abstimmung erforderlich. Die abschließende Kurzfilm-Vorführung wird für die Zuschauer garantiert ein Riesenspaß!

So mancher Lernstoff kann als Stummfilm-Vorlage dienen! Die eingeübten Stummfilme eignen sich übrigens ausgezeichnet zur Vorführung auf dem nächsten Schulfest.   TIPP

Aufnahmebereitschaft auslösen	
Aufmerksamkeit steigern	✓
Sinne schärfen	✓
Gedanken und Gefühle ordnen	✓
mehrkanalig lernen	✓
Kreativität und vernetztes Denken fördern	✓
Informationen nachhaltig speichern	✓
Energiereserven aufladen	

Alter	5 Jahre bis 4. Schuljahr
Zeit	20–40 Minuten
Ort	drinnen
Sozialform	Gruppenspiel
Material	—

Die Mind Map Methode

Unser Gehirn entwickelt tagtäglich geistige Landkarten und Denknetze, um die Flut an Eindrücken und Informationen aus der Umwelt zu strukturieren und zu verarbeiten. Die Engländer Tony Buzan[68] und Peter Russell[69] entwickelten eine effektive Lern- und Arbeitstechnik, die der ganzheitlichen und vernetzten Arbeitsweise unseres Gehirns gerecht wird: Die Mind Map Methode. Ob zum Vorbereiten von Referaten, zum Aufsatzscheiben, aber auch um z. B. den Inhalt eines Buches wiederzugeben: Mind Mapping ist eine hevorragende Vorbereitung. Und wie geht das? Ganz einfach, hier die wichtigsten Regeln:

- Setzen Sie das zentrale **Thema als Kreis** oder Ellipse in die Blattmitte!
- Zweigen Sie vom zentralen Thema die wichtigsten **Hauptgedanken wie Äste** ab!
- Organisieren Sie von den jeweiligen Hauptästen die **weiterführenden Gedanken wie Zweige**!
- Verwenden Sie zu Beginn **Substantive**, dies spart Zeit und Platz. Schreiben Sie die Kernaus-sagen an die jeweiligen Äste und Zweige!
- Schreiben Sie in **Druckschrift**, denn durch das oft schwierige Entziffern der Schreibschrift -verlieren Sie leicht den Überblick!
- Verdeutlichen Sie Abhängigkeiten und Verbindungen mittels **Strichen**. Heben Sie Wichtiges mit **Farbe** hervor!
- Spontane **Ideen festhalten**. Notieren Sie Gedanken und Eingebungen, die Sie nicht sofort -einordnen können, am Ast „Sonstiges"!
- Benutzen Sie **Symbole und Zeichen**, um Bestimmtes hervorzuheben, z. B. ein Ausrufezeichen für Vorsicht oder ein Fragezeichen für Unklarheiten. Entwickeln Sie eigene Symbole!

Benutzen Sie diese Methode so oft wie möglich in Ihrem Unterricht, denn sie fördert das vernetzte Denkvermögen der Kinder und hilft ihnen komplexe Lerninhalte geistig zu durchdringen. Das Mind Mapping kann gemeinsam in der Gruppe oder bei geübten Kindern auch eigenständig erarbeitet werden.

---

[68] Buzan, T.: Nichts vergessen! Kopftraining für ein Supergedächtnis, München 1994
[69] Russell, P.: Der menschliche Computer, München 1991

Aufnahmebereitschaft auslösen	✔
Aufmerksamkeit steigern	✔
Sinne schärfen	
Gedanken und Gefühle ordnen	✔
mehrkanalig lernen	
Kreativität und vernetztes Denken fördern	✔
Informationen nachhaltig speichern	
Energiereserven aufladen	

Alter	ab 3. Schuljahr
Zeit	5–10 Minuten
Ort	drinnen
Sozialform	Einzel- oder Gruppen-spiel
Material	—

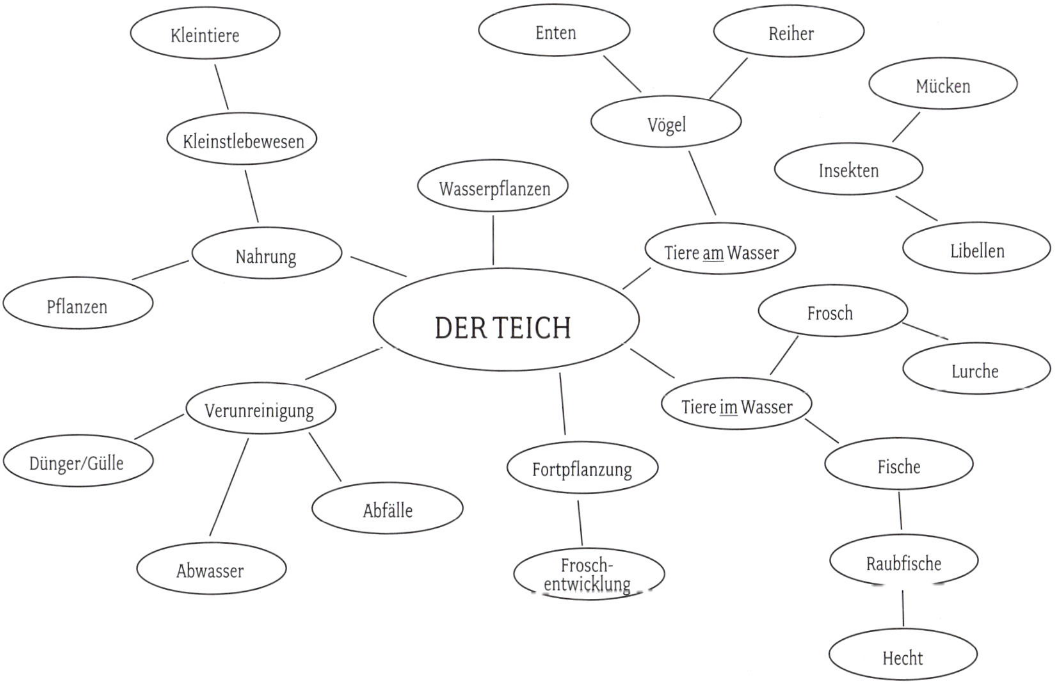

Kleintiere — Kleinstlebewesen — Nahrung — Pflanzen

Enten — Reiher — Vögel

Mücken — Insekten — Libellen

Wasserpflanzen

Tiere am Wasser

DER TEICH

Frosch — Lurche

Verunreinigung — Dünger/Gülle — Abwasser — Abfälle

Fortpflanzung — Frosch-entwicklung

Tiere im Wasser — Fische — Raubfische — Hecht

Blinde Kassierer

Zunächst werden Gruppen von je sechs bis acht Kindern gebildet. Sie sitzen in Stuhlkreisen. Bitte rufen Sie aus jeder Gruppe ein Kind zu sich nach vorne. Jedes Kind erhält verschiedene Geldstücke (z. B.: 1 €, 2 €, eine Fünfzig-Cent-Münze, 1 Zehn-Cent-Münze und zwei Ein-Cent-Münzen) in die Hand gedrückt und speichert die Gesamtsumme im Kopf (hier also z. B. 3,62 €). Diese Übergabe erfolgt leise und verdeckt, damit die anderen Gruppenmitglieder keine Details erfahren. Die ‚eingeweihten' Kinder setzen sich mit der in der verschlossenen Hand liegenden Geldsumme wieder in ihre Gruppen. Nun legen alle Kinder ihre Hände hinter den Rücken. Das ‚eingeweihte' Kind reicht seinem rechten Nachbarn hinter dem Rücken eine Münze weiter. Er ertastet diese sorgfältig, identifiziert den Münzwert und speichert ihn im Kopf ab. Wenn er fertig ist, reicht er die Münze wiederum an seinen Nachbarn weiter und erhält sofort die nächste Münze. Jede neu erhaltene wird zu den vorangegangenen Münzen addiert. Schritt für Schritt erhöht sich die ertastete Summe im Kopf der Spieler. So wechseln alle Münzen reihum den Besitzer, bis sie wieder beim ersten Kind angelangt sind. Während des Spielablaufs ist absolute Ruhe angesagt. Erst wenn alle Münzen wieder beim ‚eingeweihte' Kind angelangt sind, nennen die einzelnen Gruppenmitglieder die von ihnen errechnete Summe und erfahren dann das korrekte Ergebnis.

TIPP **Bei den ersten Versuchen werden Sie feststellen, dass die Summe selten richtig ertastet wird. Übrigens, die Übung wird wesentlich komplizierter, wenn mehrere gleiche Münzen weitergereicht werden. Dann setzen Zweifel ein.**

Aufnahmebereitschaft auslösen	✔
Aufmerksamkeit steigern	✔
Sinne schärfen	✔
Gedanken und Gefühle ordnen	✔
mehrkanalig lernen	✔
Kreativität und vernetztes Denken fördern	
Informationen nachhaltig speichern	✔
Energiereserven aufladen	

Alter	ab 2. Schuljahr
Zeit	5–10 Minuten
Ort	drinnen
Sozialform	Gruppenspiel
Material	verschiedene Geldmünzen

BAUSTEIN: ENTSPANNUNG

> Die zur Produktion so nötige Muße fehlt immer mehr.

Johann Wolfgang von Goethe

Entspannung bedeutet

- äußere Reize ausschalten, Augen schließen
- Stille genießen
- Spannungen, Stress und Ängste positiv abbauen
- Selbstvertrauen und Kreativität entwickeln
- Gruppenatmosphäre harmonisieren
- Durchblutung fördern, Muskeln kräftigen
- Energiereserven auftanken, effektiv lernen

133

Wie ist der Lebensraum unserer Kinder?

Viele Menschen leiden heute unter chronischen Spannungszuständen, Schlafstörungen, Abgeschlagenheit, Herz- und Magenproblemen. Diese psychosomatischen Erkrankungen sind der Preis einer modernen Gesellschaft, die ‚Zeit ist Geld' zum Leitspruch gewählt hat. Sie lässt nur unentwegten Tatendrang, quirlige Dynamik und ständige Präsenz als Erfolgsgaranten gelten. Ruhe und Muße dagegen werden mit drohendem Stillstand und Misserfolg verwechselt.

Und so jagen wir eiligen Schrittes von einem Termin zum nächsten, spielen mehrere Rollen parallel auf vielen Berufs- und Alltagsbühnen, hetzen voller Ehrgeiz zum Freizeitsport, um dann erschöpft und ausgebrannt ins Bett zu fallen. Und beim Aufwachen plagen uns wieder die Fragen „Was muss ich heute alles schaffen, und wie erledige ich alles am schnellsten?" Wir leben in ständiger Zeitnot und mit hektischer Nervosität, leiden unter körperlicher und psychischer Daueranspannung. Bis irgendwann der innere Schnellkochtopf explodiert! Dann entladen wir unseren Stress meist am falschen Ort, zum falschen Zeitpunkt und an unschuldigen Opfern.

Wir sind oftmals unfähig, zur Besinnung und Ruhe zu kommen, die Kraft der Muße zu entwickeln und unsere Energiereserven aufzutanken. Denn mit der Entspannung verhält es sich genau umgekehrt: Hier hilft kein noch so verbissenes Wollen, sondern nur Innehalten, Los- und Geschehenlassen. Stattdessen treiben uns Pflichtbewusstsein, verbissener Ehrgeiz, Macht- und Erfolgssucht bis zur äußersten Belastungsgrenze. Wir sagen solange „Für Entspannung habe ich keine Zeit!", bis die typischen Stresskrankheiten unserem hektischen Lebensrhythmus ein jähes Ende bereiten. Erst wenn wir mit Magengeschwüren, Depressionen oder Herzrhythmusstörungen im Krankenhaus liegen besinnen wir uns wieder auf das grundlegende Lebensprinzip von Aktivität und Passivität. In diesen besinnlichen Augenblicken müssen wir uns eingestehen, dass beharrlicher Wille und unermüdliches Schaffen vielleicht zum kurzfristigen Erfolg führen aber langfristig zum Verbrauch der letzten Energiereserven, zum Raubbau an unserer Gesundheit.

Wie reagieren unsere Kinder darauf?

Auch an unseren Kindern geht der rastlose Zeitgeist nicht spurlos vorbei. Immer mehr Kinder sind dem stetig anwachsenden Erfolgsdruck hilflos ausgesetzt und leiden unter verbissenem Ehrgeiz. In vielen Studien über Verhaltensauffälligkeiten äußern Eltern, dass ihre Kinder glauben, perfekt sein zu müssen. Die daraus resultierende Einstellung „Ich muss immer besser sein als die anderen und alle müssen mich beachten!" bringt viele Kinder aus dem inneren Gleichgewicht und verstärkt ihre Verhaltensauffälligkeiten: Motorische Unruhe, psychische Unausgeglichenheit und Konzentrationsstörungen. Diese Kinder stehen ständig unter Strom, sind nervös und reizbar. Ihr Alltag wird von der Angst überschattet, den äußeren Ansprüchen und inneren Erwartungen nicht gerecht zu werden. Sie erleben nur selten entspannte Momente, obwohl es entscheidend für ihre geistige und körperliche Gesundheit wäre, mal innezuhalten, um die eigenen Kräfte aufzuspüren und zu mobilisieren. Viele Pädagogen klagen über die Unfähigkeit der Kinder, sich zu entspannen und die Augen über einen kurzen Zeitraum geschlossen zu halten. Stattdessen blinzeln sie kichernd durch die Augenlider, als hätten sie die Sorge, etwas zu verpassen. Kein Wunder: Entspannung will gelernt sein!

All denjenigen, die glauben, Entspannung und Schule wären ein Widerspruch, in der Schule ginge es um Anstrengung und Konzentration, entspannen könne man sich zu Hause und solche Übungen raubten wertvolle Lernzeit, sei in Kürze erläutert, warum gezielte Entspannung für eine gesunde, kindliche Entwicklung so wichtig ist.

Entspannung fördert die Persönlichkeitsentwicklung

Entspannungsübungen bringen Körper, Geist und Seele wieder ins Gleichgewicht, bewirken ein In-sich-hinein-hören, sensibilisieren die Wahrnehmung für die eigene Person und helfen psychosomatische Beschwerden zu verringern. Kinder sollten so oft wie möglich erleben, dass sie mit gezielten Übungen etwas für ihr eigenes Wohlbefinden tun und eine Balance zwischen Körper und Geist, zwischen Konzentration und Entspannung selbst herstellen können. Denn Entspannung hat auch eine emanzipatorische Wirkung. Wer sich die Zeit nimmt, seine inneren Werte zu mobilisieren, gerät nicht so leicht in den Strudel der Manipulation. Er entwickelt einen eigenen Standpunkt und Selbstsicherheit.

Entspannung fördert das positive Miteinander

Inzwischen gibt es in jeder Gruppe/Klasse motorisch unruhige Kinder, die ruhiges und zielgerichtetes Arbeiten erschweren. Oft entladen sie ihre angestauten Muskelspannungen durch Gewalttätigkeit. In Entspannungsübungen finden diese aggressiven Kinder wieder den Zugang zu ihren inneren Selbstregulierungskräften. Sie erfahren, dass sie ihre Spannungen positiv abbauen können und nicht auf aggressives Zuschlagen angewiesen sind. Entspannung wirkt harmonisierend auf die Gemeinschaft und ist ein wichtiger Mosaikstein zum Gruppenfrieden.

Entspannung fördert effektives Lernen

Unser Körper produziert unter Stress die Hormone Adrenalin, Noradrenalin und Kortisol, die über den Blutkreislauf zu den Synapsen gelangen. Diese Enden der Gehirnnerven schließen sich daraufhin, d. h. die Informationsaufnahme und -weiterleitung ist blockiert. Eine Überdosis Stress ruft Ängste und Beklommenheit hervor, reißt Denk- und Konzentrationslücken. Da helfen fortwährende Wiederholungen des Lernstoffs oder ständige Ermahnungen wenig. Stattdessen muss die Ursache der Blockade durch gezielte Entspannungsübungen behoben werden. Konzentration und Entspannung stehen also nicht im Gegensatz sondern in einer fruchtbaren Wechselbeziehung zueinander. Volle Aufnahmefähigkeit und Wachheit erreichen wir nur, wenn wir das fundamentale Lebensprinzip von An- und Entspannung berücksichtigen. In den Lernprozess eingeflochtene Entspannungsphasen bedeuten also keinen Zeitverlust. Die Kinder lernen, äußere Reize zeitweise bewusst auszuschalten, Energiereserven gezielt auf- und Stress abzubauen. Sie werden leistungsfähiger, ihre Konzentrations- und Merkfähigkeit wächst.

Was brauchen unsere Kinder?

Kinder brauchen gezielte Anleitung zur Entspannung im Elternhaus, im Kindergarten und in der Schule. Dabei geht es nicht um oberflächliches Ruhigstellen und Disziplinieren, sondern um geistige Leistungssteigerung im ganzheitlichen Sinne, um die Ausgewogenheit von Verstand und Gefühl. Kinder wollen motiviert werden, ihr Innenleben, ihre Empfindungen und Gedanken, ihren Atem kennen zu lernen und diese Kräfte bewusst zu mobilisieren. Aus

diesen Erfahrungen gewinnen sie das Selbstvertrauen, auch mal innezuhalten und loszulassen. Im entspannten Zustand lösen sich physische und psychische Anspannung. Wir atmen gleichmäßig und ruhig, die Muskelspannung lässt nach, der Blutdruck sinkt und der Puls schlägt langsamer. Um diesen Zustand zu erreichen, bedarf es:

- einer ruhigen Umgebung
- der Bereitschaft, die Augen zu schliessen und sich auf einen inneren Monolog einzulassen
- der Fähigkeit, seine Gedanken losziehen zu lassen wie Wolken, die kommen und gehen

Aber Vorsicht: Mit Langlegen und Faulsein ist es nicht getan! Wir müssen schon aktiv werden, wenn wir nicht vollkommen benommen aus dem Mittagsschlaf erwachen, sondern echte Entspannung erfahren wollen. Hierzu bedarf es gezielter Übungen, von denen wir Ihnen fünf vorstellen möchten.

1. Verbal gesteuerte Entspannungsübung

Kinder haben eine sehr ausgeprägte Vorstellungskraft, die es zu nutzen und zu fördern gilt. Hierzu eignen sich die bekannten Fantasie-Reisen (s. Die Reise zu meinem Ruhepol S. 146). Mit ihrer Hilfe bauen Kinder Ängste und innere Spannungen ab, werden kreativ und gewinnen Selbstvertrauen. In Gedanken können sie im Schnee herum tollen, die Rolle des starken Löwen oder des schlauen Fuchses einnehmen. Fantasie-Reisen helfen, sowohl Lerninhalte zu vertiefen als auch soziale Verhaltensweisen vor Augen zu führen. Sie haben den Vorteil, dass selbst Kinder, denen die Entwicklung eigener, innerer Bilder schwer fällt, mittels einer Geschichte in das Reich der Fantasie entführt werden. Von Nachteil kann es jedoch sein, dass eine dem ganzen Klassenverband oder Kindergartengruppe erzählte Fantasie-Reise nicht immer alle Gemütslagen und Erfahrungen der Kinder anzusprechen vermag. So manch ein Großstadtkind hat Mühe, sich z. B. den Erholungswert einer Sommerwiese vorzustellen. Achten Sie daher auf die Methodik: Beginnen Sie die Geschichte nicht direkt mit dem Erholungsschauplatz (z. B. Sommerwiese), sondern holen Sie die Kinder zunächst aus ihrer stressigen Realität heraus. Die Erzählung sollte nicht abrupt mit plötzlichem Augenöffnen enden. Entlassen Sie die Kinder behutsam, gestärkt und mit Dehnübungen der Muskeln in die Wirklichkeit.

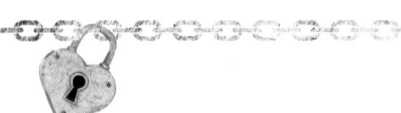

2. Stilleübungen und Bildmeditation

Unglaublich aber wahr: Die meisten Kinder lieben die Stille! Diese Erfahrung machte bereits Maria Montessori, die in ihrer Pädagogik den Stilleübungen einen wichtigen Stellenwert beimaß. Kinder, die sich von gelenkten Fantasie-Reisen eher eingeengt fühlen, bevorzugen diese freie, wenn auch schwierigere Entspannungsform. Zu Übungsbeginn fällt es noch vielen Kindern schwer, bewegungslos und mit geschlossenen Augen in die Stille hineinzuhören: „Schließt die Augen, werdet ganz ruhig, bewegt euch nicht, lauscht in die Stille und spürt euren Körper". Die Übung kann zwei bis fünf Minuten dauern und sitzend oder liegend durchgeführt werden. Wenn es den Kindern noch schwer fällt, einfach die Stille zu geniessen, dann setzen Sie Bildmeditationen als methodische Vorstufe ein. Hier gibt der Spielleiter ein imaginäres Bild als Hilfestellung vor, z. B. „Stell dir vor, du bist ein großer Kastanienbaum. Spürst du, wie tief die Wurzeln im Boden stecken? Spürst du, wie sich seine Blätter im Wind bewegen?" Abschließend tauschen die Kinder ihre Erfahrungen aus.

3. Musikalisch gesteuerte Entspannungsübung

Für Kinder, denen es noch schwer fällt, Ruhe auszuhalten, kann Musik eine geeignete Brücke zur Stille bilden. Mit geschlossenen Augen lauschen sie einem Musikstück und lassen ihren Gedanken freien Lauf. Bitte wählen Sie hierfür Musikstücke aus, die eine ruhige, angenehme Atmosphäre verbreiten, die die Atmung harmonisieren und seelisches Wohlbefinden hervorrufen. Klassik und Barock halten viele geeignete Entspannungsstücke bereit, z. B. die berühmte ‚Mondscheinsonate' von Beethoven, ‚Die vier Jahreszeiten' von Vivaldi oder Mozarts „Kleine Nachtmusik.

4. Entspannung durch Kopfkino

Auch freie, also selbst gewählte Reisen im Kopf (s. Kopfkino S. 151) haben eine sehr entspannende Wirkung. Sie eignen sich besonders für ältere und fantasievolle Kinder, die über eine große Vorstellungskraft verfügen, sich auch bereitwillig darauf einlassen und ihre Gefühlslage selbst einzuschätzen vermögen. Um diese hohe Stufe der Entspannung zu erreichen, bedarf es jedoch einer gezielten Vorbereitung. Erklären Sie den Kindern zunächst, dass sie viel Geld sparen, wenn sie ihr eigenes ‚Kino im Kopf' einschalten, und dass sie dort Filme selbst wählen und produzieren können, wann immer sie wollen. Dieses kleine ‚Kino im Kopf' hat schon vielen Kindern geholfen, sich zu entspannen oder ihre Gefühle, z. B. die

Sehnsucht nach ihren Eltern, selbstständig auszuloten. Der Begriff ‚Kopfkino' bezeichnet kindgemäß das mentale Training.

Alle Spitzensportler absolvieren nicht nur ein körperliches, sondern auch ein mentales Training, bei dem sie detailgenau den langen Weg bis zum gesteckten Ziel geistig durchlaufen. Dies gibt ihnen Sicherheit und konditioniert sie optimal auf den Sieg. Mentales Training eignet sich aber nicht nur für Spitzensportler. Jeder von uns vermag mit dieser Methode intensive Entspannungsmomente einzuleiten, Probleme vorwegnehmend zu analysieren und Ängste abzubauen.

5. Entspannung durch Bewegung, isometrische Übungen

Obwohl sich viele Menschen nach Entspannung sehnen, können sie oftmals nur schwer von ihrer Alltagshektik auf erholsame Passivität umschalten. So manch einer muss erst joggend oder schwimmend den Stress abbauen, bevor sich bei ihm Ruhe und Gelassenheit einstellen. Kindern geht es nicht viel anders. Manchmal ist das Herumtoben und Spielen im Freien als Vorstufe zur späteren Entspannung im Klassenraum erforderlich. Aber was tun mit den kleinen ‚Zappelphilippen', wenn es in Strömen regnet oder die Pause schon vorbei ist? Der bewusste Wechsel zwischen Muskelanspannung und -entspannung kann auch durch isometrische Übungen im Klassenraum erreicht werden. Diese gezielten Kontraktionsübungen dienen der allgemeinen Durchblutung und der Muskelkräftigung. Und hierzu bedarf es nicht der hochtechnisierten Welt eines Body-Building-Studios, unsere Vorstellungskraft stellt alles Erforderliche kostenlos zur Verfügung! Um die gewünschten Muskeln zu aktivieren, reicht es aus, wenn wir uns vorstellen, wir müssten einen Gegenstand tatsächlich wegdrücken oder uns daran hochziehen. Der Blutkreislauf wird durch solche Übungen (s. Body-Building für den Kopf S. 148) in Gang gebracht, dadurch wird mehr Sauerstoff zugeführt und das Gehirn bringt mehr Leistung.

Die Frage, ob die Kinder sich nun mit Fantasie-Reisen, isometrischen Übungen, Kopfkino, Yoga oder Meditation am besten entspannen, kann nicht allgemeingültig beantwortet werden. Manchmal kann schon ein klärendes Gespräch zwischen Eltern und Kind, zwischen Lehrer/-in und Schüler/-in entspannend wirken. Sicher ist es ratsam, viele Entspannungsmethoden auszuprobieren und ihre Wirkung auf einzelne Kinder zu beobachten. Die einzig wahre Methode für alle werden Sie sicher nicht finden. Und das ist auch gut so, denn Ent-

spannung können wir nicht kaufen, wir können uns nur selbst entspannen und die Kinder auf ihrem eigenen Weg geduldig bestärken.

Abschließend einige Entspannungs-Tipps:

• Voraussetzung für alle Entspannungsübungen ist die richtige Atemtechnik (s. Mit der Welle atmen S. 142). Sie führt die Kinder behutsam aus ihrer angespannten, aufgeregten Stimmungslage heraus und bringt Körper und Geist in Einklang.

• Entspannungsübungen sind umso effektiver, je öfter sie eingesetzt werden. Sie sollten einen festen, zeitlichen und methodischen Platz im Lerngeschehen erhalten. Strukturierende Rituale können sehr hilfreich sein, um von der Konzentrations- in die Entspannungsphase überzuleiten.

• Erzieher und Lehrer sollten den Eltern helfen, die Bedeutung von Entspannungsphasen nachzuvollziehen. Dies geht am besten, wenn einige solcher Übungen anlässlich eines Elternabends praktisch durchgeführt werden. So manch gestresstes Elternpaar wird dankbar sein, wenn es gut informiert und tatkräftig zu Hause die Arbeit von Kindergarten und Schule unterstützen kann.

• Entspannungsübungen müssen methodisch behutsam eingeleitet werden. Wichtige Voraussetzung für gelungene Entspannung ist die Bereitschaft der Kinder, die Augen zu schließen (s. Feurige Hände S. 144). Hieran kann so manche Übung scheitern. Dann sitzen Sie nicht vor einer ruhigen und besonnenen Kinderschar, sondern vor kichernden und durch die Augenschlitze blinzelnden Kindern.

• Bitte geben Sie bei Entspannungsübungen nicht zu schnell auf. Lassen Sie sich durch störende Bemerkungen der Kinder, es sei langweilig, nicht von Ihrem Vorhaben abhalten. Jedes Kind muss zunächst das Vertrauen entwickeln, dass es mit geschlossenen Augen nichts verpasst und dass sein Innenleben manchmal interessanter sein kann als die reizüberflutete Außenwelt.

• Noch ein Tipp für Eltern: Zärtlichkeit ist der beste Berater in Sachen Entspannung! Eine Umarmung gibt den Kindern die Zuversicht, geliebt zu werden, aufgehoben zu sein und Spannungen lösen zu können. Also, wie wäre es mit einer regelmäßigen „Schmusezeit" vor dem Schlafengehen, vor den Hausaufgaben oder dem Gang in den Kindergarten oder in die Schule?

Es gibt kein Allheilmittel für Entspannung, keine Methode, die alle Kinder gleichermaßen und zur selben Zeit entspannt. Die Basis aller Entspannungsübungen ist ein erfahrungsorientierter Ansatz. Die richtige Wahl zum richtigen Zeitpunkt bleibt der Beobachtungsgabe, Kreativität und Sensibilität der Eltern und Pädagogen überlassen. Und der Erfolg von mehr Ruhe, Entspannung und Konzentration setzt nicht über Nacht oder bereits nach der ersten Übung ein. Es bedarf vieler kleiner einfühlsamer Schritte und vor allen Dingen des positiven Vorbilds der Erwachsenen. Schließlich können wir nichts an Kinder weitergeben, was wir selbst nicht mehr besitzen. Psychisch ausgeglichene Erzieher, Lehrer und Eltern vermögen Entspannungsübungen überzeugender zu vermitteln. Sicher können Sie im Familien- und Berufsalltag nicht ständig vor Ausgeglichenheit strotzen. Laden daher auch Sie regelmäßig Ihren Energieakku mit Entspannungsübungen auf!

SPIELE, SPIELE, SPIELE

Mit der Welle atmen

Voraussetzung für eine gelungene Entspannung ist die richtige Atemtechnik. Sie ist einfach zu erlernen, wenn Sie die kindliche Vorstellungsgabe nutzen: „Stellt euch bitte eine Meereswelle vor, die langsam bis zum höchsten Punkt anschwillt und gleichmäßig wieder abrollt. Versucht mit den immer wiederkehrenden Bewegungen der sanft fließenden Welle zu atmen. Bitte atmet ganz bewusst langsam und zählt beim Ein- und Ausatmen jeweils bis Sechs. Atmet tief durch die Nase ein und lasst den Bauch weit hervortreten. Die Meereswelle hat jetzt ihren Höhepunkt erreicht, nun haltet die Luft drei Pulsschläge lang an. Atmet langsam aus, entleert dabei erst den Bauchraum und dann den Brustkorb. Wenn die Luft ganz raus ist, dann haltet wieder drei Pulsschläge lang an. Und nun atmet erneut tief ein."

TIPP **Schreiben Sie die richtige Atemtechnik für alle sichtbar auf:**
6 > Einatmen 3 > Anhalten 6 > Ausatmen 3 > Anhalten 6 > Einatmen usw.
Achten Sie darauf, dass die Kinder vollständig ausatmen. Wir alle neigen dazu, länger ein- als auszuatmen. Führen Sie die richtige Technik vor: Durch die Nase in den Bauch einatmen, durch den Mund ausatmen!

VARIANTE Die Kinder stehen: „Stellt euch vor, ihr wäret bunte Luftballons, die feste aufgeblasen werden und durch ein kleines Loch langsam wieder die Luft verlieren." Es macht den Kindern übrigens großen Spaß, beim Ein- und Ausatmen ihren Brustumfang mit einem Meterband zu messen.

Die Kinder liegen auf dem Boden: „Stellt euch vor, ihr wäret Luftmatratzen, die aufgepumpt und bei jedem tiefen Atemzug praller werden. Wenn ihr so richtig prall seid, dann lasst die Luft langsam wieder raus".

Die Kinder hören Aesops Fabel vom Frosch, der sich aufblies, um so groß zu werden wie sein Freund, der Ochse. Sie stellen die Tiere spielerisch nach, atmen tief ein und plustern sich langsam auf, bis sie schließlich ‚zerplatzen'. Die Übung kann von Trommelschlägen begleitet werden.

äußere Reize ausschalten, Augen schliessen	
Stille geniessen	
Spannungen, Stress und Ängste positiv abbauen	✔
Selbstvertrauen und Kreativität entwickeln	
Gruppenatmosphäre harmonisieren	✔
Durchblutung fördern, Muskeln kräftigen	
Energiereserven auftanken, effektiv lernen	✔

Alter	ab 3 Jahre bis 4. Schuljahr
Zeit	3–5 Minuten
Ort	drinnen oder draußen
Sozialform	Einzelspiel
Material	evtl. Tafel

Feurige Hände

„Bitte reibt eure Handflächen ganz fest aneinander, bis sie warm werden. Das geht noch viel fester: Die Innenseiten müssen brennen wie Feuer! Schließt nun die Augen und legt die feurigen Handballen auf eure Augenlider. Genießt die Wärme auf den Augen und atmet ruhig ein und aus!"

TIPP **Diese Übung eignet sich vor allem für Kinder, die nur kurz oder ungern die Augen schließen. Achten Sie darauf, dass die Kinder die warmen Handballen auf die Augen legen. Dann können sie nicht durch die Fingerspalten blinzeln. Wem es immer noch schwer fällt, die Augen zu schließen, dem sollten Sie die Übung mit einem kleinen Hinweis schmackhafter machen: „Weißt du, dass Blinde besser hören als Sehende. Probier es mal aus! Du kannst mit geschlossenen Augen sogar deine inneren Körpergeräusche hören".**

VARIANTE „Wer möchte, kann mit geschlossenen Augen an sein Lieblingstier oder seinen Lieblingsferienort denken."

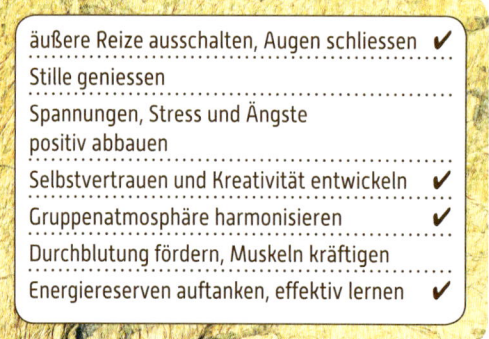

äußere Reize ausschalten, Augen schliessen	✔	
Stille geniessen		
Spannungen, Stress und Ängste positiv abbauen		
Selbstvertrauen und Kreativität entwickeln	✔	
Gruppenatmosphäre harmonisieren	✔	
Durchblutung fördern, Muskeln kräftigen		
Energiereserven auftanken, effektiv lernen	✔	

Alter	ab 3 Jahre bis 4. Schuljahr
Zeit	3–5 Minuten
Ort	drinnen oder draußen
Sozialform	Einzelspiel
Material	—

Mein Traumkissen

Erinnern Sie sich an die Augenblicke in Ihrer Schulzeit, wo Sie abgeschlagen und müde Ihre auf den Tisch gestützten Arme gerne ausgestreckt und den Kopf darauf gelegt hätten, um einmal die Augen zu schließen? Ihren Kindern geht es nicht anders. Und ein kleines, überall einsetzbares Kissen kann leicht Abhilfe schaffen: Es leitet das kurze Entspannungsritual ein und gibt den Kindern Geborgenheit. Und so wird's gemacht: Jedes Kind bemalt eine unbedruckte Leinentasche mit dem gewünschten Traummotiv (z. B. Blumenwiese, Sternenhimmel). Nun wird die Tasche mit weichem Material (Schaumstoff, Stoffreste, Watte) gefüllt und unterhalb der Tragegriffe zugenäht. Fertig ist das ‚Traumkissen am Griff'! Es kann jederzeit in einen anderen Gruppen- oder Klassenraum mitgenommen oder am Kleiderhaken aufgehängt werden. Und wenn alle abgeschlafft dreinschauen, dann ist „Traumzeit! — Holt schnell euer Kissen auf den Tisch und legt euren Kopf darauf. Schließt die Augen, atmet ganz ruhig und genießt eure wunderschönen Träume."

Setzen Sie das Traumkissen als Ritual ein, um von der Konzentrations- zur Entspannungsphase überzuleiten. Die Kinder werden ihr kleines Kissen so lieb gewinnen wie ein Schmusetier. Es vermittelt ihnen Zuversicht und Weichheit.

äußere Reize ausschalten, Augen schliessen	✔
Stille geniessen	✔
Spannungen, Stress und Ängste positiv abbauen	✔
Selbstvertrauen und Kreativität entwickeln	
Gruppenatmosphäre harmonisieren	✔
Durchblutung fördern, Muskeln kräftigen	
Energiereserven auftanken, effektiv lernen	✔

Alter	ab 3 Jahre bis 3. Schuljahr
Zeit	30–50 Minuten
Ort	drinnen
Sozialform	Einzelspiel
Material	Pro Kind: 1 unbedruckte Leinentasche mit Tragegriffen, weiches Füllmaterial, Stofffarbe oder dicke Filzstifte.

Die Reise zu meinem Ruhepol

Die Kinder liegen bequem auf Matten, ohne sich gegenseitig zu berühren. Mit geschlossenen Augen lauschen sie der Geschichte: „Stell dir vor, du stehst in der Pause auf dem Schulhof. Viele Kinder laufen kreuz und quer, einige rempeln und schreien dich an. Es klingelt und alle drängeln die Treppe hinauf ins Klassenzimmer. Du setzt dich genervt auf deinen Stuhl und sehnst dich nach einem ruhigen Ort. Du hast Glück, heute geht ihr in die Turnhalle. Dort liegst du mit geschlossenen Augen auf einer Matte und in deinen Gedanken beginnt eine weite, wunderschöne Reise. Deine Lieblingssachen darfst du mitnehmen. Bevor du sie sanft in den Koffer legst, berührst du sie liebevoll. Behutsam schließt du den Koffer und legst dich mit ihm auf einen weichen Teppich. Du atmest tief ein und aus, ganz tief ein und aus … bis der Teppich langsam abhebt und mit dir durch die warme Luft gleitet. Von hoch oben nimmst du Abschied und winkst der hektischen Welt, die ganz klein unter dir liegt. Hier ist es friedlich und duftet nach Frühling. Du betrachtest jede weiße Wolke, die gemächlich an dir vorbeizieht. Manche ähneln Tieren, andere haben wunderbare Fantasieformen. Zwei Vögel singen dir leise eine kleine Melodie. Lange schwebst du so dahin. Deine Muskeln entspannen sich, sie werden ganz weich und locker. Dein Herz schlägt ruhig und gleichmäßig. Du atmest tief ein und aus, tief ein und aus … bis der Teppich behutsam wieder heruntergleitet. Sanft setzt er auf weichem Sand auf. Du bleibst noch ein wenig liegen, du genießt die Entspannung und tankst ganz viel Kraft. Der Schulalltag macht dir nun keine Angst mehr. Ein sanfter Ton (Klangschale) weckt dich, du öffnest langsam deine Augen, streckst dich und dehnst deine Glieder genüsslich wie eine Katze."

TIPP **Stimmen Sie die Geschichte auf die Lebensumstände der Kinder ab. Erzählen Sie mit ruhigem Tonfall. Führen Sie die Kinder zunächst aus einer stressigen Situation heraus. Geben Sie ihnen Zeit, die Reise zu genießen. Helfen Sie ihnen mit verbalen Suggestionen, ihren Körper und Atem zu spüren, z. B. „Du bist ganz ruhig, behagliche Wärme strömt durch deinen Körper." Geben Sie den Kindern auch Zeit, wieder in den Alltag zurückzukehren. Am Ende der Reise sollte immer eine Brücke zum Alltag geschlagen werden.**

äußere Reize ausschalten, Augen schliessen	✔
Stille geniessen	
Spannungen, Stress und Ängste positiv abbauen	✔
Selbstvertrauen und Kreativität entwickeln	✔
Gruppenatmosphäre harmonisieren	✔
Durchblutung fördern, Muskeln kräftigen	
Energiereserven auftanken, effektiv lernen	✔

Alter	ab 5 Jahre bis 4. Schuljahr
Zeit	5–10 Minuten
Ort	drinnen
Sozialform	Einzelspiel
Material	Decken oder Matten Klangschale

Body-Building für den Kopf

Isometrische Übungen, bei denen ein bewusster Wechsel zwischen Muskelanspannung und -entspannung stattfindet, dienen der allgemeinen Durchblutung und Kräftigung. Wir können uns den Besuch eines Body-Building-Studios sparen, denn unsere Vorstellungskraft stellt alles Erforderliche kostenlos zur Verfügung! Um die gewünschten Muskeln zu aktivieren, brauchen wir uns nur vorzustellen, wir müssten einen Gegenstand tatsächlich wegdrücken oder uns daran hochziehen. Bei jeder Übung werden die zu trainierenden Muskeln sechs Sekunden lang ganz fest angespannt und sofort wieder losgelassen. Dann lässt der Muskelschmerz langsam nach und die Entspannung ist deutlich spürbar. Jede Übung sollte dreimal wiederholt werden.

Zwei Trainingsbeispiele für die
- Arm- und Schultermuskulatur: „Steht auf und stellt euch vor, ihr stündet in einer offenen Tür, deren Rahmen ihr mit eurer bloßen Muskelkraft wegdrücken müsstet. Winkelt eure seitlich erhobenen Armen ein wenig an und drückt den Rahmen ganz fest weg. Ihr setzt alle Kraft ein, denn der Rahmen ist aus Metall. Drückt ganz feste, drückt den Unterkiefer nach vorn und zählt bei der Muskelanspannung bis Sechs, lasst dann schnell wieder los und entspannt eure Muskeln."
- Unterschenkel- und Fußmuskulatur: „Setzt euch auf einen Stuhl, zieht eure Schuhe aus und stellt euch vor, ihr würdet mit den Zehen eine Banane greifen. In jedem Fuß befindet sich eine Banane, die ihr nun so fest es geht mit den Zehen zerdrückt. Zählt bei der Muskelanspannung bis Sechs und lasst dann schnell wieder los."

Isometrische Übungen haben eine große Variationsbreite. Sobald wir ein geeignetes Vorstellungsbild im Kopf mobilisieren (z. B. Wegdrücken eines imaginären Schrankes oder Hochziehen an einer imaginären Stange) spannen wir automatisch die gewünschten Muskelpartien an. So können alle Muskeln gezielt gestärkt und kleine Zappelphilippe von ihren Spannungen erlöst werden.

äußere Reize ausschalten, Augen schliessen	
Stille geniessen	
Spannungen, Stress und Ängste positiv abbauen	✔
Selbstvertrauen und Kreativität entwickeln	
Gruppenatmosphäre harmonisieren	
Durchblutung fördern, Muskeln kräftigen	✔
Energiereserven auftanken, effektiv lernen	✔

Alter	ab 5 Jahre bis 99 Jahre
Zeit	2–5 Minuten
Ort	drinnen oder draußen
Sozialform	Einzelspiel
Material	—

Wolkenkratzer wollen hoch hinaus

„Stellt euch vor, dass ihr euch in ein Hochhaus, einen Wolkenkratzer verwandelt. Zunächst hockt ihr als Steinhaufen zusammengekrümmt auf der Erde. Langsam entsteht Stockwerk für Stockwerk. Im Zeitlupentempo erhebt ihr euch und streckt Arme und Finger nach oben. Auf den Fußspitzen stehend dehnt sich euer ganzer Körper nach oben, bis ihr glaubt, die Wolken berührt zu haben. Bleibt so lange es geht in dieser Stellung und fallt dann rasch wieder zusammen."

TIPP **Diese Übung beugt Rücken- und Haltungsschäden vor, strafft die ganze Körpermuskulatur und wirkt sehr belebend. Bauen Sie die Wolkenkratzer am besten im Freien, so tanken die Kinder zugleich Sauerstoff.**

VARIANTE Wenn Sie diese Übung liegend durchführen wollen, dann erzählen Sie den Kindern die Geschichte von der kleinen Baumwurzel, die tief ins Erdreich dringen will Jahr für Jahr im Zeitlupentempo wächst und sich kraftvoll ausdehnt.

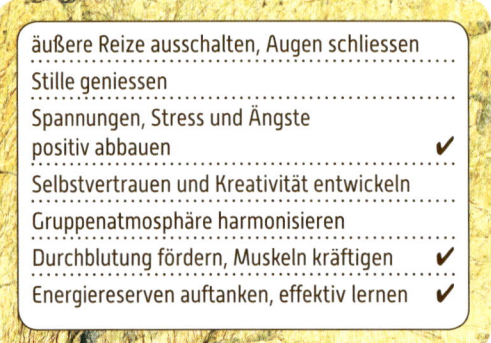

äußere Reize ausschalten, Augen schliessen	
Stille geniessen	
Spannungen, Stress und Ängste positiv abbauen	✔
Selbstvertrauen und Kreativität entwickeln	
Gruppenatmosphäre harmonisieren	
Durchblutung fördern, Muskeln kräftigen	✔
Energiereserven auftanken, effektiv lernen	✔

Alter	ab 3 Jahre bis 99 Jahre
Zeit	2–3 Minuten
Ort	drinnen oder draußen
Sozialform	Einzelspiel
Material	—

Kopfkino

Mentales Training eignet sich für Kinder und Erwachsene gleichermaßen. Beginnen Sie zunächst mit der Wahl eines dieser 3 Übungsziele:

1. Wollen Sie sich entspannen? Dann begeben Sie sich in Gedanken an Ihren Lieblingsort, in Ihr ganz persönliches ‚Wolkenkuckucksheim‘, z. B. ans Meer. Je mehr Sinne Sie dabei aktivieren um so intensiver wird Ihre mentale Entspannungsreise.

2. Wollen Sie Stress reduzieren? Dann können Sie stress- und angstbesetzte Anlässe z. B. eine Prüfung mental entschärfen, wenn Sie sich Schritt für Schritt die Situation veranschaulichen: „Wo werde ich sitzen, wie werde ich reagieren, was wird der Andere sagen und tun?“

3. Wollen Sie die Selbstheilungskräfte mobilisieren? Dann lassen Sie Ihren Körper und seine Problemzonen vor Ihrem geistigen Auge transparent werden: „Ich spüre, wie das Blut in mein rechtes Bein hinunter fließt und wieder herauf, die Helferzellen werden aktiv ...“ Vorsicht: Diese Übung ist kein Ersatz für schulmedizinische Behandlung, sie vermag jedoch den Heilungsprozess zu unterstützen!

So wird's gemacht:
1. Geeigneten Ort wählen und Augen schließen: Suchen Sie einen Platz zu Hause oder im Freien an dem Sie sich wohl fühlen. Von hier aus sollten Sie nun immer die ‚Regie‘ für Ihren mentalen Film führen. Schließen Sie die Augen und wählen Sie eines der 3 Übungsziele (s. o.).

2. Schlüsselsatz aussprechen: Wählen Sie einen Schlüsselsatz, mit dem Sie von nun an immer Ihre Übung beginnen, z. B. „Jetzt gehe ich in mein Wolkenkuckucksheim“ oder „Nun widme ich mich meinem Magenproblem.“

3. Bauch-Brust-Atmung und gewählte Übung durchführen: Füllen Sie beim Einatmen erst den Bauch dann die Brust. Leeren Sie beim Ausatmen erst den Bauch dann die Brust. Halten Sie dabei den Rhythmus 6−3−6−3 ein. Wiederholen Sie dies mindestens 30 Mal, dann sinkt

der Adrenalinspiegel. Ihre Angst- und Stress-Stimmung lässt nach. Jetzt können Sie sich beruhigt Ihrem Übungsziel widmen.

4. Übung beenden: Kommen Sie behutsam in die Realität zurück, spannen Sie alle Muskeln fest an, öffnen Sie langsam die Augen und dehnen Sie Ihren Körper genüsslich.

TIPP **Kurze Übungen täglich sind effektiver als lange Übungen gelegentlich!**

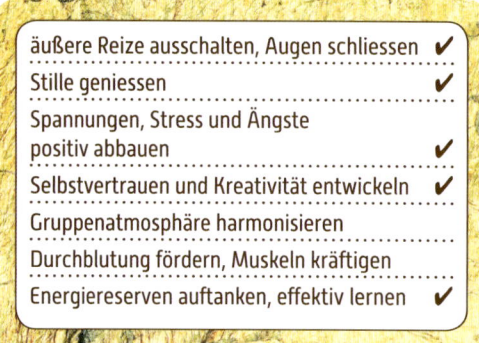

äußere Reize ausschalten, Augen schliessen	✔
Stille geniessen	✔
Spannungen, Stress und Ängste positiv abbauen	✔
Selbstvertrauen und Kreativität entwickeln	✔
Gruppenatmosphäre harmonisieren	
Durchblutung fördern, Muskeln kräftigen	
Energiereserven auftanken, effektiv lernen	✔

Alter	ab 6 Jahre bis 99 Jahre
Zeit	10–30 Minuten
Ort	drinnen oder draußen
Sozialform	Einzelspiel
Material	—

Kleine Handpflege

Schreiben kann anstrengend sein, vor allem wenn man es gerade erst lernt. Schnell verkrampfen sich Handgelenk oder Finger und die Schrift wird krakelig. Gönnen Sie daher den kleinen Kinderhänden eine erholsame Massage: „Ballt beide Hände ganz fest zu Fäusten, so als müsstet ihr einen harten Gegenstand zerdrücken. Haltet an, solange ihr könnt, und lasst dann eure Finger wieder los. Jetzt reibt eure Hände fest aneinander so als würdet ihr sie einseifen. Massiert jeden einzelnen Finger und genießt, wie eure Hände warm und weich werden."

Die Übung sollte vor allem bei Erstklässlern mehrmals täglich wiederholt werden.

Handmassagen können auch als Paarübung durchgeführt werden. Dann spüren die Kinder einander wieder.

äußere Reize ausschalten, Augen schliessen	
Stille geniessen	
Spannungen, Stress und Ängste positiv abbauen	✔
Selbstvertrauen und Kreativität entwickeln	
Gruppenatmosphäre harmonisieren	
Durchblutung fördern, Muskeln kräftigen	✔
Energiereserven auftanken, effektiv lernen	✔

Alter	1.–2. Schuljahr
Zeit	2–3 Minuten
Ort	drinnen
Sozialform	Einzel- oder Paarspiel
Material	—

Farbklänge

Spielen Sie den Kindern ein entspannendes Musikstück vor: „Wer von euch kann seine Gefühle und Gedanken zu dieser Musik in Farben ausdrücken? Nehmt Farbe, einen dicken Pinsel und verteilt die Farben großflächig über euer Zeichenblatt."

TIPP **Ermuntern Sie vor allem die Kinder, die kleine Motive am unteren Blattrand bevorzugen große Farbflächen zu malen. Sie sollten die Angst vor der großen Blattfläche verlieren und ihren Gefühlen freien Lauf lassen.**

VARIANTE Auf diese Weise kann auch ein großes Gruppenbild entstehen, an dem alle Kinder gemeinsam arbeiten.

äußere Reize ausschalten, Augen schliessen	
Stille geniessen	
Spannungen, Stress und Ängste positiv abbauen	✔
Selbstvertrauen und Kreativität entwickeln	✔
Gruppenatmosphäre harmonisieren	✔
Durchblutung fördern, Muskeln kräftigen	
Energiereserven auftanken, effektiv lernen	

Alter	ab 3 Jahren
Zeit	10–20 Minuten
Ort	drinnen
Sozialform	Einzel- oder Gruppenspiel
Material	Papier, Pinsel, Farben, Musikkassette

Der unsichtbare Bleistift

Kinder, die viel sitzen müssen, leiden oft an Verspannungen des Nacken- und Kopfbereichs. Eine kleine, lustige Übung verschafft rasche Abhilfe: „Heute schreiben wir mal ohne Bleistift und Papier. Wir benutzen zur Geheimschrift ganz einfach unsere Nase und die Luft. Wer kann denn mal versuchen, mit der Nase einen Kreis, ein Viereck, eine lange Linie von rechts nach links oder von oben nach unten in die Luft zu schreiben? Jetzt probiert es mal mit eurem Namen!

Führen Sie diese lustige Übung mindestens einmal täglich durch. Kinder, die sich leicht ablenken lassen, sollten dabei die Augen schließen.

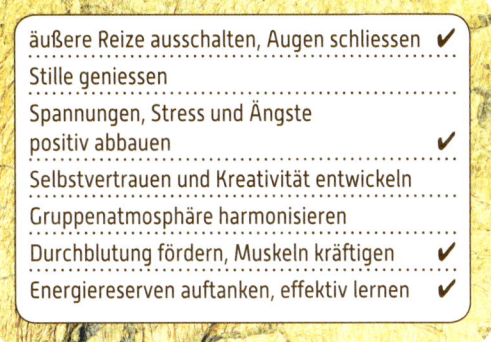

äußere Reize ausschalten, Augen schliessen	✔
Stille geniessen	
Spannungen, Stress und Ängste positiv abbauen	✔
Selbstvertrauen und Kreativität entwickeln	
Gruppenatmosphäre harmonisieren	
Durchblutung fördern, Muskeln kräftigen	✔
Energiereserven auftanken, effektiv lernen	✔

Alter	ab 1. Schuljahr
Zeit	2–5 Minuten
Ort	drinnen oder draußen
Sozialform	Einzelspiel
Material	—

5.

BAUSTEIN: RHYTHMUS

Ihr habt die Uhren, wir haben die Zeit.

Afrikanisches Sprichwort

Rhythmus bedeutet
- Rhythmus im Alltag entdecken
- eigenes Zeitgefühl entwickeln
- Körperkonzentration verbessern
- langsames Gehen fördern
- Bewegung mit akustischen Reizen verbinden
- seinen Rhythmus auf den Anderer abstimmen
- Sprache rhythmisch erfahren
- besser behalten

Wie ist der Lebensraum unserer Kinder?

„Ich habe kein Gefühl für Rhythmus, ich bin unmusikalisch!" Ein oft gehörter Spruch und zugleich ein weit verbreiteter Irrtum, denn Rhythmus ist mehr als nur Musik!

Rhythmus ist Leben! Wir erleben den natürlichen Rhythmus von Geburt und Tod, Winter und Sommer, Tag und Nacht, Ebbe und Flut. Die Mütter unter Ihnen, liebe Leserinnen, erinnern sich sicher noch an den wundervollen Augenblick, als Sie erstmals am Wehenschreiber den Herzschlag Ihres Kindes hörten und seine ersten Bewegungen spürten. Ihr Kind machte sich zunächst rhythmisch bemerkbar. Während der Schwangerschaft entwickelte sich eine Harmonie zwischen Ihrem und dem kindlichen Rhythmus. Wenn Sie aus dem Takt kamen, dann reagierte Ihr Kind gleichfalls mit Unruhe.

Rhythmus ist pulsierende Bewegung! Eltern wiegen ihre Säuglinge liebevoll in den Schlaf. Übrigens: Sie legen den Kopf des Kindes meist an ihre linke Schulter. Britische Wissenschaftler fanden heraus, warum sie instinktiv richtig handeln. Das Baby kann so den Herzschlag der Erwachsenen hören und ihre geflüsterten oder gesungenen Botschaften gelangen in sein linkes Ohr. Es übermittelt die beruhigenden Laute an die rechte Hirnhälfte, die für die Verarbeitung von Emotionen zuständig ist.

Rhythmus ist Reflex und Reaktion! Unsere existenziellen Rhythmen der Atmung und des Herzschlags vollziehen sich unbewusst und automatisch. Es sind Reflexe des Überlebens. Aber schon früh wird unser Rhythmus von äußeren Reizen beeinflusst. So konnte die pränatale Forschung nachweisen, dass Embryonen bereits im Mutterleib für Musik empfänglich sind: Auf rockige Musik reagierten sie mit heftigen und auf klassische Musik mit entspannten Bewegungen.

Dass die Psyche des Menschen auf Melodien reagiert, ist nichts Neues. Schon die alten Chinesen kannten Kriegs- und Heilungsmelodien. Auch die Entdeckung, Menschen mit musikalischen Mitteln zur Arbeit zu bewegen ließ nicht lange auf sich warten. Schon seit dem 15. Jahrhundert spielte man in europäischen Manufakturen Musik, um die Leistung der Arbeiter anzukurbeln. Während des Zweiten Weltkriegs entwarf der englische Sender BBC sogar ein spezielles Radioprogramm, um den Aushilfskräften in der Rüstungsindustrie die Arbeit musikalisch zu versüßen. Nach neuesten Untersuchungen steigert Musikuntermalung die Produktivität um bis zu 25 %. Kein Wunder, dass heute weltweit 130.000 Firmenchefs

diese bewährte Methode einsetzen. Inzwischen schätzen auch Zahnärzte die beruhigende Wirkung von Musik bei der leidigen Prozedur des Zähnebohrens. Und an der Sport- und Schmerzklinik in Lüdenscheid beschallt der Pionier der Musikmedizin, Ralph Spintge, seine Patienten, um den Genesungsablauf gezielt zu unterstützen. Ob in der Disco, im Auto, in der Boutique, im Supermarkt, am Arbeitsplatz oder beim Arzt, es gibt heute kaum noch einen Ort, an dem uns nicht heiße oder seichte Rhythmen beschallen!

Aber unser durchschnittlicher täglicher Musikkonsum von drei Stunden kann nicht darüber hinweg täuschen, dass jeder von uns seinem individuellen Rhythmus folgt. Es gibt stumme Morgenmuffel, unermüdliche Nachteulen und begeisterte Frühaufsteher. Der eine braucht mehr, der andere weniger Schlaf. Es gibt Säuglinge, die zur großen ‚Freude‘ ihrer Eltern nachts aktiv werden und andere die brav durchschlafen.

Der Mensch plagt sich seitdem er aus dem Paradies vertrieben wurde von früh bis spät um's richtige Tempo. Als Jäger und Ackerbauer folgte er noch dem Rhythmus der Natur. In der High-tech-Gesellschaft bestimmt die Atomuhr sein Lebenstempo. Immer schneller dreht sich die Geschwindigkeitsspirale. Marktlogik, Wettbewerb, Rationalisierung, Lean-Management und Just-in-time-Produktion fordern die letzten Temporeserven des arbeitenden Menschen. Er steckt in Zeitkorsett, der Arbeitsdruck wächst und die Erholung schwindet. Die Non-stop-Gesellschaft gewährt ihm nur ungern einen gesunden Rhythmus von Tag und Nacht, von Arbeits- und Feiertag, von Konzentration und Entspannung. Auch den natürlichen Rhythmus der Jahreszeiten haben wir längst überholt. Im Winter fliegen wir ins sonnige Mallorca und zu jeder Jahreszeit gibt's Erdbeeren. Überhaupt kann es beim Essen nicht schnell genug gehen: Fast-Food oder Mikrowellenkost! Kein Wunder, dass die stressbedingten Erkrankungen (z. B. Herzinfarkt) zunehmen.

Selbst unser Freizeit-Tempo wird von außen bestimmt: Es ist Zeit für die Tagesschau, das Kinderprogramm oder für die Late-Night-Show! Die Bildschnitte werden immer schneller, die Zeitintervalle zur Verarbeitung immer kürzer. Es gilt in kurzer Zeit viel zu zeigen, aber eines wird übersehen: Quoten können zwar messen, was wir fernsehen, aber nicht wie viel unser Hirn davon speichert!

Effizienz und Zeitökonomie bestimmen mehr und mehr unser Privatleben. Eine Verabredung ohne vorherigen Blick in den Terminplaner ist selten geworden. Zeit ist für stress-

geplagte Menschen ein hohes Luxus- und Statussymbol. Dabei ist eine interessante Beobachtung zu machen: In gleichem Maße wie wir den Zeitmangel verbalisieren, tabuisieren wir das Zeithaben. Denn wer sich als Opfer der Zeit erklärt, steht auf der Gewinnerseite: Er unterstreicht seine Arbeitsamkeit und gesellschaftliche Position. Aber wer behauptet, ausreichend Zeit zu haben, stößt auf Unverständnis und gilt schnell als Faulenzer. Und wer aufgrund seines Alters oder einer Behinderung mit dem rasanten Tempo nicht mithalten kann oder als Arbeitsloser nicht mithalten darf, fristet ein kümmerliches Dasein am Rande des gesellschaftlichen Pulsschlags. Er weiß plötzlich mit der Fülle der Zeit nichts anzufangen, sein Alltagsrhythmus ist aus dem Lot geraten und von seinem natürlichen Rhythmus ist er weit entfernt.

Wie reagieren unsere Kinder darauf?

Schon vor 50 Jahren beschrieb der Soziologe Niklas Luhmann[70] die Folgen der ständigen Zeitknappheit: Bekannte, eingefahrene Denkbahnen und vertraute Kommunikationspartner werden bevorzugt. Unter der mangelnden Muße leiden schließlich Kreativität und langfristiges Denken. Auch das jüngste Produkt der High-Tech-Gesellschaft, die Datenautobahn, kennt kein Tempolimit mehr. Der französische Zeitforscher Paul Virilio[71] warnte bereits 1980 vor den Gefahren der sozialen Beschleunigung, die eine weltumspannende Zeitordnung schafft und jahrhundertealte Zeitstrukturen zerstört.

> **Wissenswertes**
> Möchten Sie Ihr Tempo limitieren und über Zeit reflektieren? Dann sollten Sie wissen, dass es einen Verein zur Verzögerung der Zeit (www.zeitverein.com) gibt! Die Mitglieder sind gegen blinden Aktivismus und verpflichten sich zum Innehalten.

---

[70] Luhmann, N.: Funktionen und Folgen formaler Organisation, Berlin 1964
[71] Virilio, P.: Geschwindigkeit und Politik, Berlin 1980

Um zu erkennen, wie sehr wir aus dem Lot geraten, wenn wir unseren natürlichen Rhythmus überrumpeln, benötigen wir keine Fachleute. Schon ein Fernflug beschert uns die Folgen der Zeitumstellung: Störungen des Gleichgewichtssinns, Desorientierung, Müdigkeit und Nervosität. Wenn Kinder unter Zeitdruck geraten und wenig Gelegenheit haben, sich zu bewegen, dann reicht ein kleiner Anlass, um sie in unausgeglichene und zappelige Wesen zu verwandeln. Sie können ihre angestaute Dynamik und Energie nicht bändigen, sie sind überfordert. Zappelphilippe brauchen daher weniger Ermahnung als vielmehr Zeit- und Bewegungsspielraum. Ein fünfjähriger Junge antwortete mir auf die Frage, warum er immer dann zappelt, wenn er sich beeilen soll: „Das bin ich nicht, das sind meine Knochen!" So kommentierte er seine nervliche Reaktion auf den Zeitdruck.

Wie anders als mit Zappelei und Hyperaktivität sollen Kinder auf das rasante Tempo in ihrer Umwelt reagieren? Viele haben ein Terminpensum eines Topmanagers zu bewältigen. Montags: Ballett, dienstags: Schwimmkurs, mittwochs: Opa besuchen usw. Ihr Zeitgefühl ist noch nicht ausgeprägt und schon geraten sie in Stress. Beispielsweise fällt es vielen Kindern schwer, längere Zeittakte in Gehbewegung auszuhalten. Sie rennen sofort los, als hätten sie keine Zeit und innere Ruhe mehr, um nur zu gehen. Eine Grundschule berichtete mir von ihrer alljährlichen Sorge, den Sankt-Martins-Zug einigermaßen gesittet durchzuführen. Die Kinder wollen mit ihren Laternen nicht mehr gehen, sondern lieber laufen. Man stelle sich diese lustige Prozession einmal vor: Eine hell erleuchtete Kinderschar, die hinter dem Sankt-Martins-Pferd hastet und mittendrin die gehetzte Blaskapelle, die nach Luft schnappt!

Was brauchen unsere Kinder?

Nicht nur für den Sankt-Martins-Zug brauchen Kinder einen adäquaten Rhythmus. Ein strukturierter Alltag mit geregelten Zeiten, wann sie z. B. schlafen gehen, Hausaufgaben machen oder Freizeit haben, gibt ihnen Orientierungshilfe und Sicherheit. Das heißt nicht, dass wir in einen unentrinnbaren Alltagstrott geraten müssen! Alles kann auch mal anders als gewohnt ablaufen. Dann sollten wir jedoch dem Kind die geplante Änderung transparent machen und ihm Zeit geben, sich darauf einzustellen. Auch uns werfen unvorhergese-

hene Ereignisse aus dem Trott. Kindern geht es nicht anders, nur ihr Repertoire an flexiblen Reaktionen ist begrenzter!

Kinder brauchen viel Zeit für Muße, für Erkundungen und sogar für Langeweile. Sie müssen lernen, auch mal einen nicht verplanten Nachmittag oder Sonntag nach ihren Interessen und Launen zu gestalten. Nur dann entwickeln sie ein eigenes Zeitgefühl. Und die von Kindern oft geäußerte Klage „Ich langweile mich!" sollte Sie nicht dazu verleiten, zum Bespaßer Ihres Kindes zu werden. Denken Sie daran: So manch ein Gelangweilter hat die tollsten Sachen erfunden. Man muss ihm nur die Zeit dafür geben!

Und jeder braucht seine individuelle Zeitration. Das Wohlbefinden einer Kindergruppe hängt also davon ab, ob Sie die unterschiedlichen Rhythmen der Kinder kennen. Nur dann können Sie sie sensibel den äußeren Rhythmen des Elternhauses, Kindergartens und der Schule angleichen. Manch ein Kind braucht morgens vor der Schule mehr Zeit, es geht trödelnd in den Tag hinein. Ein anderes steht gerne früh auf und kann es kaum abwarten, in den Kindergarten zu laufen. Bei beiden bestimmt nicht die Uhr das Zeitgefühl. Sie handeln vielmehr nach dem Lust und Laune-Prinzip, sie folgen ihrem natürlichen Rhythmus.

Schritt für Schritt auf ihrem Entwicklungsweg gleichen Kinder ihren natürlichen Rhythmus den äußeren Erfordernissen an. Und hierfür brauchen sie das Verständnis der Erwachsenen und ihre Geduld. Je intensiver das Kind sein Gefühl für Bewegung und rhythmischen Ausdruck erlebt umso einfacher fallen ihm schwierige Koordinationsübungen. Nutzen Sie so oft wie möglich den kindlichen Bewegungsdrang als natürlichen Antrieb zum Lernen.

Denn der Schlüssel zum wirklichen Zeitgefühl ist nicht das Zählen oder die Uhr sondern die Bewegung. Dies erfahren Sie eindrücklich, wenn Sie auf dem Bahnhof stehen und beim Blick auf die Uhr feststellen dass Sie den Zug verpassen könnten. Automatisch werden Sie Ihre Bewegungen beschleunigen. Das heißt, Zeit ist Bewegung im Raum und sie lässt sich durch die rhythmische Erfahrung der Muskulatur nachempfinden.

Jeder Mensch erlebt tagtäglich viele Energieschwankungen: Bei Ärger und Stress kontrahieren die Muskeln und verhärten, bei Traurigkeit verlieren sie an Spannung und erschlaffen. Geben Sie daher Kindern stets die Gelegenheit, ihre überschüssige Muskelenergie und nervliche Anspannung positiv auszudrücken. Die Musik ist hierfür ein geeignetes Medium. Sie ruft bei Kindern in der Regel eine kinästhetische Reaktion hervor. Es ist ratsam, Bewe-

gungsübungen mit Klängen zu verbinden. So werden akustische und körperliche Reaktionen fest miteinander verknüpft und als nahezu identisch empfunden. In Singspielen lernt das Kind, seine Bewegungen dem Rhythmus der Musik und dem der Mitspieler anzupassen. Im freien Tanz lernt es sich spontan zu bewegen, Ängste abzubauen und Fantasie zu entwickeln.

> **Kinästhetik oder Kinesiologie**
> Lehre vom Erfassen der Bewegungsempfindungen aus den verschiedenen Körperregionen. Die entsprechenden Rezeptoren liegen in den Gelenken, Muskeln, Sehnen und im Gleichgewichtsorgan des inneren Ohres.

Rhythmus ist auch ein wichtiges Element der Sprache. Schon im Kindergarten zeigt das Kind ein großes Interesse an Sprechrhythmen es liebt Reime und Wortspielereien. Bitten Sie die Kinder, ihren Namen oder die Wochentage rhythmisch aufzusagen. Und schon werden sie entdecken, dass alle Wochentage mit Ausnahme des Donnerstags dem gleichen rhythmischen Motiv folgen.

Wer mit Kindern rhythmisch arbeitet, fördert das Lernen und Behalten! Denn unser Gedächtnis bedient sich der Rhythmik und die Wirksamkeit vieler Gedächtnishilfen beruht auf rhythmischen Mustern. Wir speichern das Wahrgenommene nach rhythmischen Kriterien, z. B. Schrittabfolge oder Tonfall eines Freundes. Testen Sie mal, ob Ihre Kinder anhand rhythmischer Kriterien vertraute Menschen herauszuhören vermögen!

Hier noch einige Ratschläge für den pädagogischen Alltag

- Beobachten Sie, wann welche Kinder rhythmische Spiele brauchen, um ihr inneres Gleichgewicht wiederzufinden. Ist dies vielleicht montagmorgens eher der Fall als an anderen Tagen? Lassen sich manche Konflikte in der Gruppe besser durch rhythmische Spiele lösen als durch Gespräche?

- Das Gehen ist für die Muskelkontrolle und Körperkonzentration der Kinder entscheidend. Und genau das fällt unseren gehetzten Kindern immer schwerer. Führen Sie so oft wie möglich Spiele durch, die die Kinder zu längeren Gehtakten anregen!

- Arbeiten Sie nach dem Prinzip von Anspannung und Entspannung: Auf eine Periode der Anstrengung sollte eine Periode der Ruhe folgen. Vorsicht: Ausruhen erreichen Sie nicht durch Stillsitzen, sondern durch einen Wechsel der Aktivität.

- Rhythmische Reaktionen sind abhängig vom Alter, von der Auffassungsgabe, dem Temperament und dem Körperbau. Es ist daher wichtig, dass Sie die Kinder richtig einschätzen und herausfinden, wo die möglichen Ursachen eines rhythmischen Problems liegen. Ein Kind, das nicht auf Anhieb Musik und Bewegung zu synchronisieren vermag, wird oft vorschnell als unrhythmisch gebrandmarkt. Manchmal genügt schon eine geringfügige Tempoveränderung und plötzlich kann das Kind den musikalischen seinem natürlichen Rhythmus anpassen. Mängel in einer Bewegungsantwort können verschiedene Ursachen haben:

  1. **Mangelnde Aufmerksamkeit:** Vielleicht mag das Kind die gehörte Musik nicht und lässt in seinem Interesse nach. Selten liegt ein fehlerhaftes Hörvermögen vor.
  2. **Mangelnde Bewegungsbeherrschung:** Eine schwach ausgebildete Muskelkoordination kann rhythmisch ungenaue Bewegungsantworten verursachen. Dann braucht das Kind verstärkt Zuwendung.
  3. **Schüchternheit:** Schüchterne Kinder brauchen Zeit und Ruhe. Sie beobachten die anderen Kinder sehr genau und schöpfen daraus Zuversicht um irgendwann aus eigenem Antrieb mit zu machen.
  4. **Psychologische Störungen:** Nervöse oder verhaltensgestörte Kinder brauchen Geduld und Sorgfalt. Ihre rhythmische Entwicklung verläuft langsamer und sprunghafter. Für sie sind viele kleine Rhythmikübungen von großem therapeutischen Nutzen.

Unsere Kinder und ihren natürlichen Rhythmus wertzuschätzen, bedeutet vor allem, ihnen Zeit zu gewähren! Der heutige Standardsatz „Ich habe keine Zeit!" sollte jeden Pädagogen misstrauisch machen. Denn die auf Hochtouren laufende Zeit-Lernstoff-Maschinerie ver-

hindert das, was Bildung ausmacht – einen lebenslangen Reifungsweg mit individuellem Lerntempo. Schon Nietzsche klagte: „Die Bildung wird täglich geringer, weil die Hast größer wird!"

Bislang organisiert die Schule das Lernen weitgehend durch Zeitgewinn. Das heißt, Lehrer versuchen in möglichst kurzer Zeit etwas zu vermitteln, was sonst nur in zeitraubenden Erlebnissen oder Reisen erfahrbar wäre. Aktuelle Untersuchungen belegen jedoch, dass unser Umgang mit der Zeit destruktiv ist! Weil wir uns in kurzer Zeit zu viel zumuten, erleben wir Leistungsausfälle und Gesundheitsschäden. Zwar erleiden Kinder unter Zeitstress keinen Herzinfarkt, aber sie werden nervös, unausgeglichen und somit leistungsschwach.

Die Schulzeit sollte nicht ausschließlich durch ‚Schrittmacher' wie Lehrplan, Stundenplan und Zeittakt strukturiert werden. Denn Schüler haben nicht nach 45 Minuten ‚ausgelernt'. Sie brauchen Lernsituationen, in denen ihre Leistungen nicht mit der Stoppuhr bewertet und ihre Interessen nicht vom Klingelzeichen beendet werden. Effektives und harmonisches Lernen kann nur erreicht werden, wenn wir den natürlichen Rhythmus der Kinder respektieren. Schließlich sind sie keine Maschinen, die auf Knopfdruck das Richtige zur richtigen Zeit tun. Wie alle lebendigen Organismen folgen ihre Entwicklungsvorgänge einer eigenen Zeitlichkeit und Rhythmik.

Zeitmanagement ist eine Schlüsselqualifikation der heutigen Lernwelt. Sie sollte die Schüler befähigen, den gewünschten Lernstoff in der jeweils optimalen Arbeits- und Sozialform zu lernen. Dazu brauchen sie genügend Zeit zum Innehalten, Rückblicken, Ausprobieren, Erfahren, Überprüfen und Festigen. Das aber heißt, Abschied nehmen von linearen und raschen Verhaltensänderungen, die wir als ‚Lernen' bezeichnen. Unsere Kinder brauchen flexible Lernzeiten, Projekte mit übergreifenden Fragestellungen, wo sie aus Erfahrungen und Fehlern lernen können.

Also weg von der produktorientierten Wissensvermittlung und hin zum prozessorientierten Lernen mit fruchtbaren Umwegen und einem freudigen Ringen um gute Lösungen. Der Schulentwicklungsforscher Hans-Günther Rolff[72] spricht von der „Problemlöseschule", die Schüler befähigt, die in ihrer Umwelt anfallenden Probleme selbst zu lösen. Diese lan-

---

[72] Rolff, H. G.: Wandel durch Selbstorganisation, Weinheim 1993

ge Reise der schulischen Innovation beginnt immer mit dem ersten Schritt eines einzelnen Lehrers oder Schulleiters!

Abschließend noch ein kleiner Appell in punkto Rhythmus und Musikalität: Bitte behaupten Sie nie mehr, Sie oder die Kinder hätten kein Gefühl für Rhythmus! Denn wir atmen, denken, bewegen, sprechen, lernen und leben rhythmisch!

SPIELE, SPIELE, SPIELE

Unsere Stadt erwacht

Bitten Sie die Kinder, die alltäglichen Bewegungsmuster ihrer Umwelt doch einmal rhythmisch darzustellen: behutsames Schleichen, bedächtiges Schreiten, fröhliches Hüpfen, eiliges Laufen, gehetztes Rennen oder langsames Trödeln. „Stellt euch vor, ihr schaut morgens aus dem Fenster! Zeigt mir, wie die Menschen morgens aus dem Haus gehen und wie sie abends wieder heimkehren. Wie erwacht das Leben in eurer Straße und wie kehrt gegen Abend langsam wieder Ruhe ein? Wie bewegt ihr euch, wenn ihr müde oder in Eile seid, aus der Schule kommt oder es draußen rutschig und dunkel ist? Verlaufen alle Bewegungen im selben Takt? Zählt doch mal mit, wenn ihr langsam oder schnell geht!"

 **Unterstützen Sie das rhythmische Zählen mit Händeklatschen oder mit Schlaginstrumenten. Durch häufiges Wiederholen der Bewegungen entwickeln die Kinder ein eigenes Gefühl für Zeit, Raum und Rhythmus. In der Turnhalle haben sie Platz für ein ‚bewegtes Straßentheater‘. Oder führen Sie ein Freiluft-Spiel im Schulhof auf. Sauerstoff kann nie schaden!**

VARIANTE Das eingeübte Straßentheater kann rasch in eine ‚Verwunschene Stadt‘ verzaubert werden. Alle Bewohner erleben dann eine Zeitreise. Auf ein akustisches Signal hin, bewegen sich alle in Zeitlupe, d. h. der Gehende schleicht, der Laufende geht, der Rennende läuft usw.

Rhythmus im Alltag entdecken	✔
eigenes Zeitgefühl entwickeln	✔
Körperkonzentration verbessern	✔
langsames Gehen fördern	✔
Bewegung mit akustischen Reizen verbinden	✔
seinen Rhythmus auf den Anderer abstimmen	✔
Sprache rhythmisch erfahren	
besser behalten	

Alter	ab 3 Jahre bis 2. Schuljahr
Zeit	15–20 Minuten
Ort	drinnen oder draußen
Sozialform	Gruppenspiel
Material	Rhythmische Begleitinstrumente wie Trommel oder Tamburin

Die hohe Kunst des Gehens

Den meisten Kindern fällt es schwer, längere Zeittakte in Gehbewegung auszuhalten. Sie rennen sofort los, als hätten sie keine Zeit und innere Ruhe mehr, um nur zu gehen. Das Gehen ist jedoch für die Entwicklung einer guten Körperkonzentration und Muskelkontrolle entscheidend! „Wer von Euch beherrscht die hohe Kunst des Gehens? Versucht mal langsam im Kreis zu gehen." Sollte die Kinderrunde langsam aber sicher schneller werden, dann helfen Sie ihr mit gezielten Übungen: beim Gehen langsam aufsteigenden Rauch mit den Armen darstellen oder Buchstaben, Zahlen und Formen mit großen, fließenden Armbewegungen in die Luft zeichnen.

TIPP **Das langsame Gehen fällt den Kindern leichter wenn sie rhythmisch von Händeklatschen oder Schlaginstrumenten begleitet werden. Nutzen Sie so oft wie möglich Gehbewegungen, um Erlerntes zu festigen. Aufgrund der rhythmischen Ganzkörpererfahrung speichert das Hirn besser. Daher gehen viele Menschen beim Auswendiglernen lieber auf und ab als still sitzen zu bleiben!**

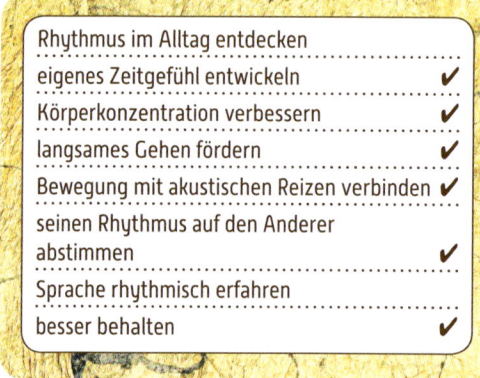

Rhythmus im Alltag entdecken	
eigenes Zeitgefühl entwickeln	✔
Körperkonzentration verbessern	✔
langsames Gehen fördern	✔
Bewegung mit akustischen Reizen verbinden	✔
seinen Rhythmus auf den Anderer abstimmen	✔
Sprache rhythmisch erfahren	
besser behalten	✔

Alter	ab 3 Jahre bis 2. Schuljahr
Zeit	5 Minuten
Ort	drinnen oder draußen
Sozialform	Gruppenspiel
Material	Rhythmische Begleitinstrumente wie Trommel oder Tamburin

Der Tanz der Herbstblätter

Herbstblätter sind nicht nur bunt und für Collagen geeignet. Machen Sie mit den Kindern einen kleinen Herbstspaziergang: „Wusstet ihr, dass sich Blätter im Herbst in Spitzentänzer verwandeln! Sie drehen sich im Wind steigen langsam wieder auf oder fallen schnell zu Boden. Beobachtet ihre Bewegungen, sie sind nicht alle gleich. Wie tanzen kleine, wie tanzen große Blätter und wie fallen trockene oder nasse Blätter? Versucht einmal die Bewegungen der Blätter nachzumachen."

Der Tanz der Herbstblätter lässt sich auch mit geschlossenen Augen nachahmen. Dann erleben die Kinder die Bewegungs- und Fallerfahrungen intensiver.

 TIPP

„Wilde Kreisel", die sich nach Inschwungsetzen sehr schnell drehen, dann langsamer werden und schließlich torkelnd umfallen oder „Tanzende Schneeflocken", die vom Wind aufgewirbelt und bei Windstille langsam zu Boden sinken.

VARIANTE

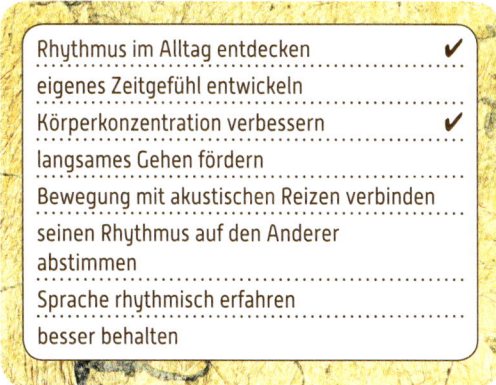

Rhythmus im Alltag entdecken	✔
eigenes Zeitgefühl entwickeln	
Körperkonzentration verbessern	✔
langsames Gehen fördern	
Bewegung mit akustischen Reizen verbinden	
seinen Rhythmus auf den Anderer abstimmen	
Sprache rhythmisch erfahren	
besser behalten	

Alter	ab 3 Jahre bis 1. Schuljahr
Zeit	30 Minuten
Ort	draußen
Sozialform	Einzelspiel
Material	—

Leise schleichen wilde Räuber

Die Kinder interpretieren durch Bewegung, Gestik und Mimik einen Text, der an der Tafel steht oder an die Wand projiziert wird. Zunächst sprechen sie den Text laut mit und bewegen sich dazu im Kreis. Wenn die Kinder den Rhythmus und die Bewegungsabfolge beherrschen, können sie mehrere stumme Runden machen. Hier ein Beispiel für einen ‚bewegten Text‘, der Kindern viel Spaß macht:

Leise schleichen wilde Räuber durch die tiefe dunkle Nacht.	*leises Auftreten, kleine Schritte,* *gebeugte Haltung*
Hastig schreiten Polizisten denn sie halten tapfer Wacht.	*schreiten, große und feste Schritte,* *als Schirmmütze: Hand an die Stirn*
Fröhlich laufen alle Kinder aus der Schule, wenn sie aus ist,	*im Kreis laufen*
hüpfen lustig durch den Garten und zuletzt noch um das Haus.	*im Kreis hüpfen* *weiter im Kreis hüpfen, um sich selbst drehen*

 **TIPP** **Achten Sie mal auf die Texte, die Sie im Unterricht einsetzen. Viele von ihnen sind in Bewegung umsetzbar. Die Kinder könnten auch eigene Texte mit der entsprechenden Choreografie erarbeiten.**

VARIANTE Im Fremdsprachenunterricht: Worte und Texte mit Bewegung verbinden. Das hinterlässt im Hirn nachhaltigere Spuren als stures ‚Herunterbeten‘ von Vokabeln! Nutzen Sie für Ihren Unterricht das effektive Gespann: Bewegen und Behalten!

Rhythmus im Alltag entdecken	
eigenes Zeitgefühl entwickeln	✔
Körperkonzentration verbessern	✔
langsames Gehen fördern	
Bewegung mit akustischen Reizen verbinden	
seinen Rhythmus auf den Anderer abstimmen	✔
Sprache rhythmisch erfahren	✔
besser behalten	✔

Alter	2. bis 4. Schuljahr
Zeit	5 Minuten
Ort	drinnen
Sozialform	Gruppenspiel
Material	Text

Die Rhythmen meines Körpers

Viele Kinder spüren ihren eigenen Körper nicht mehr. „Habt ihr schon entdeckt, dass euer Körper einen Takt schlägt wie ein kleines Schlagzeug. Fühlt mal euren Pulsschlag und zählt dabei laut. Jetzt hüpft zehnmal auf der Stelle und wiederholt die Pulsmessung. Hat sich der Rhythmus verändert? Wann ist er schneller und wann langsamer? Versucht auch mal, den Körperrhythmus eures Nachbarn herauszufinden.“

 Durch Lautmalerei wie z. B. „Bumm, bumm ...“ wird den Kindern das rhythmische Schlagen bewusster!

 Auch der Rhythmus des Herzschlags kann erfühlt werden. Bei Aufregung und Angst schlägt es schneller, dann sagen wir „Ich habe Herzklopfen oder Herzrasen“. Im Schlaf verlangsamt sich der Rhythmus. Übrigens: Wir tragen unser Herz nicht auf der linken Seite, es liegt vielmehr mittig, nur die Herzspitze zeigt nach links!

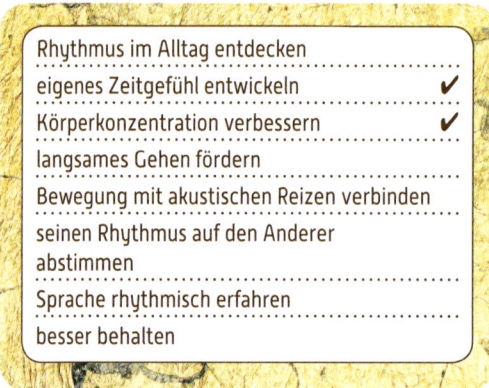

Rhythmus im Alltag entdecken	
eigenes Zeitgefühl entwickeln	✔
Körperkonzentration verbessern	✔
langsames Gehen fördern	
Bewegung mit akustischen Reizen verbinden	
seinen Rhythmus auf den Anderer abstimmen	
Sprache rhythmisch erfahren	
besser behalten	

Alter	Vorschulkinder
Zeit	5 Minuten
Ort	drinnen oder draußen
Sozialform	Einzel- und Paarspiel
Material	—

Die Geräuschkette

Alle Kinder stehen im Kreis. Das erste Kind beginnt mit einem Geräusch, z. B. Klatschen. Das nächste Kind wiederholt das Klatschen und führt ein neues Geräusch vor, z. B. Summen. Jedes Kind ahmt alle vorangegangenen Geräusche nach und fügt ein neues hinzu. So entsteht eine lustige Geräuschkette. Wer ein Geräusch vergisst, der muss ausscheiden.

Vorschulkindern bereitet eine Tier-Geräuch-Kette viel Freude: Der Elefant trompetet, der Vogel zwitschert, der Frosch quakt und der Hahn kräht.

In diesem Buch finden Sie zwei weitere Spielvarianten:
Die Konzentrationskette (s. S. 124) und *Die Bewegungskette* (s. S. 88).

Rhythmus im Alltag entdecken	✔
eigenes Zeitgefühl entwickeln	✔
Körperkonzentration verbessern	✔
langsames Gehen fördern	✔
Bewegung mit akustischen Reizen verbinden	✔
seinen Rhythmus auf den Anderer abstimmen	✔
Sprache rhythmisch erfahren	✔
besser behalten	✔

Alter	3 bis 7 Jahre
Zeit	5–10 Minuten
Ort	drinnen oder draußen
Sozialform	Gruppenspiel
Material	—

Das Gewitterkonzert

„Habt ihr schon Mal ein Gewitter erlebt? Es kommt nicht plötzlich, es bahnt sich klanglich und rhythmisch an. Erst tönt es leise von weitem, dann wird das Grollen immer stärker und lauter, bis es anfängt zu blitzen und zu krachen. Dann zieht es langsam in die Ferne." Bitten Sie die Kinder, ein Gewitter — von seiner leisen Ankündigung (pianissimo) über das Donnergrollen und die heftigen Blitzschläge (fortissimo) bis hin zum erlösenden Ausklang (pianissimo) — zu interpretieren. Dieser rhythmisch-dynamische Spannungsbogen kann durch Bewegung und Lautmalerei dargestellt werden: Die Kinder beginnen mit kleinen Schritten, die bei Zunahme des Gewitters immer größer werden. Passende Armbewegungen ergänzen den Körperausdruck, ein kräftiges Klatschen unterstreicht den Gewitterhöhepunkt.

TIPP **Hier eignen sich Trommel und Gong als Begleitinstrumente.**

VARIANTE Auch in Bahnhöfen gibt es rhythmische Spannungsbögen. Züge haben unterschiedliche Rhythmen und Geräusche. Darstellungsmöglichkeit: Die Kinder stellen sich in drei Reihen auf. Die erste Reihe spielt einen Güterzug (halbe Noten), die zweite einen Vorortszug (Viertel) und die dritte einen Schnellzug (Achtel). Auch hier helfen Lautmalerei oder Rhythmusinstrumente, den Takt einzuhalten.

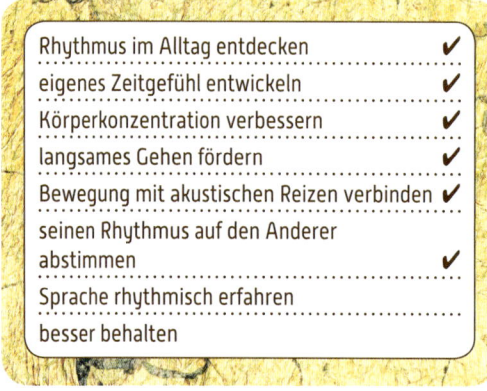

Rhythmus im Alltag entdecken	✔
eigenes Zeitgefühl entwickeln	✔
Körperkonzentration verbessern	✔
langsames Gehen fördern	✔
Bewegung mit akustischen Reizen verbinden	✔
seinen Rhythmus auf den Anderer abstimmen	✔
Sprache rhythmisch erfahren	
besser behalten	

Alter	ab 4 Jahre bis 2. Schuljahr
Zeit	10 Minuten
Ort	drinnen oder draußen
Sozialform	Gruppenspiel
Material	Rhythmische Begleitinstrumente wie Gong oder Tamburin

Das Körper-Orchester

„Ich bin der Dirigent und gebe einen Takt vor, den ihr gleich bitte nachahmt." Klatschen Sie den Kindern einen Rhythmus vor und erläutern Sie die Kommandos: „damm" = lang; „da" = kurz. Beginnen Sie mit einfachen Rhythmen z. B. damm — damm — damm oder da — da — da und steigern Sie langsam den Schwierigkeitsgrad, z. B. da — damm — da — da — damm — da ... Die Dirigentenrolle können später auch Kinder übernehmen.

Nutzen Sie diese rhythmischen Kommandos auch, um langsames Gehen zu fördern!

Es muss nicht unbedingt geklatscht werden: Wie wäre es mit auf die Tische klopfenden Fingern, auf die Erde stampfenden Füßen, auf die Schenkel schlagenden Händen.

Rhythmus im Alltag entdecken	
eigenes Zeitgefühl entwickeln	✔
Körperkonzentration verbessern	✔
langsames Gehen fördern	✔
Bewegung mit akustischen Reizen verbinden	✔
seinen Rhythmus auf den Anderer abstimmen	✔
Sprache rhythmisch erfahren	
besser behalten	

Alter	ab 3 Jahre bis 1. Schuljahr
Zeit	5 Minuten
Ort	drinnen oder draußen
Sozialform	Gruppenspiel
Material	—

Vom Rhythmus der Planeten

Die Bewegungen von Sonne, Erde und Mond verlaufen in unterschiedlichen Rhythmen, die die Kinder darstellen können: Die Sonne steht in der Mitte des Raums und dreht sich langsam (halbe Noten). Die Erde steht in einiger Entfernung von der Sonne und umkreist sie, wobei sie sich um die eigene Achse dreht (Viertel). Der Mond wiederum kreist — sich ebenfalls um die eigene Achse drehend — um die Erde (Viertel).

TIPP **Ein vorbereitendes Gespräch über Stellung und Verlauf der Planeten ist erforderlich. Dieses Spiel eignet sich hervorragend, um das abstrakte Wissen mit Ganzkörpererfahrungen sinnlich erlebbar zu vermitteln. Der Besuch eines Planetariums wäre ein schöner Abschluss!**

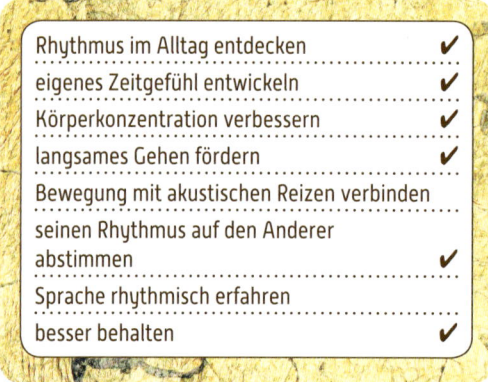

Rhythmus im Alltag entdecken	✔
eigenes Zeitgefühl entwickeln	✔
Körperkonzentration verbessern	✔
langsames Gehen fördern	✔
Bewegung mit akustischen Reizen verbinden	
seinen Rhythmus auf den Anderer abstimmen	✔
Sprache rhythmisch erfahren	
besser behalten	✔

Alter	2. bis 4. Schuljahr
Zeit	5 Minuten ohne Vorbereitungsgespräch
Ort	drinnen oder draußen
Sozialform	Gruppenspiel
Material	—

Zungenbrecher

Und abschließend noch einige Zungenbrecher, die voller Rhythmus sind und den Kindern viel Spaß machen:

Zwei zierliche zahnlose Zwergziegenzüchter züchten zahme Zwergziegen.

Bürsten mit braunen Borsten bürsten besser als Bürsten mit blauen Borsten.

Zwischen zwei Zwetschgenbäumen zwitschern zwei geschwätzige Schwalben.

Acht alberne Affen angeln am Abend achtzehn Aale.

Sieben Schneeschaufler schaufeln mit silbernen Schaufeln sieben Schaufeln Schnee.

Die Kinder kennen sicher noch weitere lustige Zungenbrecher!

Besuchen Sie doch einmal mit den Kindern einen Sprachtherapeuten oder laden Sie einen Sprechtrainer aus einer Schauspielschule in Ihre Lerngruppe ein. Diese Fachleute wissen sicher Interessantes über Rhythmus und Sprache zu berichten!

Rhythmus im Alltag entdecken
eigenes Zeitgefühl entwickeln
Körperkonzentration verbessern
langsames Gehen fördern
Bewegung mit akustischen Reizen verbinden
seinen Rhythmus auf den Anderer abstimmen
Sprache rhythmisch erfahren ✔
besser behalten ✔

Alter	ab 3 bis 99 Jahre
Zeit	5 Minuten
Ort	drinnen oder draußen
Sozialform	Einzelspiel
Material	—

BAUSTEIN: RITUALE

> Tradition ist die Weitergabe des Feuers und nicht die Anbetung der Asche.

Gustav Mahler

Rituale können
- Identität stärken, Orientierung geben
- Gefühle ordnen und stabilisieren
- Erziehung und Unterricht strukturieren
- Lernfreude und Kreativität steigern
- Sozialbindungen und Mitverantwortung fördern
- Konfliktlösungen initiieren
- Zeitgefühl ausprägen, Lebenszyklen betonen

Wie ist der Lebensraum unserer Kinder?

Erinnern Sie sich an die schönen Augenblicke in Ihrer Kindheit, wo dasselbe Schmusetier, derselbe Weg zum Kindergarten oder dieselbe Einschlafgeschichte Ihnen Sicherheit und Geborgenheit gaben? Von diesen lieb gewonnenen Wiederholungen ging eine gewisse Kraft aus, die Ihnen half, den Alltag zu strukturieren und seine Probleme zu meistern. Und heute geben Sie die bewährten Alltagsrituale von einst schmunzelnd an Ihre Kinder weiter.

Aber auch Ihr Erwachsenen-Alltag steckt voller Gewohnheiten mit rituellem Charakter. Haben Sie schon einmal beobachtet, wann Sie auf kleine Rituale zurückgreifen? Sie werden überrascht feststellen, dass es sich meist um Übergangssituationen handelt, in denen Sie von einem Alltagsabschnitt (z. B. Beruf) in den nächsten (z. B. Freizeit) wechseln. Ob wir vertraute Wege vom Arbeitsplatz zur Wohnung bevorzugen oder nach getaner Arbeit zu Hause erst unsere Kleidung wechseln und dann zum Briefkasten gehen, immer begleitet uns ein kleiner Automatismus, der uns hilft, Situationen ganz selbstverständlich zu meistern.

Auch Kinder empfinden Übergangssituationen als verunsichernd. In den kleinen Augenblicken des inneren Chaos (z. B. abends beim Zubettgehen) entwickeln sie ein verstärktes Bedürfnis nach Ritualen, nach einer festen äußeren Ordnung. Immer wieder wollen sie vor dem Einschlafen eine Geschichte oder ein Lied hören und am liebsten am gewohnten Platz.

Es ist weder Zufall noch persönliche Eingebung, wenn wir in Momenten der Verunsicherung auf Rituale zur Stabilisierung unserer Psyche zurückgreifen. Es ist vielmehr ein lang erprobtes und tradiertes kulturelles Verhalten, dass wir mobilisieren. Ein kleiner Exkurs in unsere ‚Ritualgeschichte‘ soll dies deutlich machen. Der französische Ethnologe und Begründer der modernen Ritualforschung, Arnold van Genepp (1873-1957), stellte in seinen interkulterellen Forschungen fest, dass Menschen seit Urzeiten die Übergänge ihres Lebens mit Ritualen begehen. Jede Kultur hat ihre ‚rites de passage‘,[73] Übergangsrituale entwickelt, aber allen gemeinsam sind drei charakteristische Phasen:
- der Abschied vom Alten
- die Schwelle des Übergangs
- der Schritt ins Neue.

---

[73] von Genepp, A.: Les Rites de passage (1909). In: K. v. Acham (Hrsg.), Gesellschaftliche Prozesse, 1983

Immer wenn rational Unerklärbares die Menschen verunsicherte, setzten sie auf die Kraft der Magie. Zeremoniell wurde Bedrohliches gebannt, Angst besänftigt, Trauer gemildert und Ersehntes herbeibeschworen. So war jeder Einzelne als Teil des Ganzen sicher eingebettet in einer Gemeinschaft mit tradierten Werten und Ritualen, die die Geschichte seiner Urahnen, seines Stammes und Landes widerspiegelten. Und bis heute setzen die Naturvölker in Übergangssituationen, deren Gefahr sie nicht einzuschätzen vermögen, auf die Macht ihrer kollektiven Zeremonien, auf die Hilfe ihrer Gottheiten.

Im Zuge der weltweiten christlichen Missionierung und Kolonialisierung traten an die Stelle der magischen Riten und heidnischen Gottheiten moderne Zivilisation und Monotheismus. Viele kolonialisierte Völker erlebten einen Geschichts- und Kulturverlust, der sie orientierungslos und beeinflussbar machte. Es entstanden große Staatseinheiten, deren Monotheismus von nun alle Bewohner zu Kindern desselben Stammvaters erklärte. Und jede Weltreligion entwickelte ein Ritual-Netzwerk, das ihren Gläubigen half, den Übergang in neue Lebensphasen wie Geburt, Pubertät, Ehe, Krankheit, Alter und Tod gemeinsam zu meistern.

Aber auch dieses religiöse Gerüst zur konkreten Lebensbewältigung geriet bei uns ins Wanken. Aufklärung und Wissen traten an die Stelle von Religion und Glauben. Es boomte der „Irrglaube, dass nur das rational Erfassbare oder gar nur das wissenschaftlich Nachweisbare zum festen Wissensbesitz der Menschheit gehöre. Der Schatz von Wissen und Weisheit, der in den Traditionen jeder alten Kultur wie in den Lehren der großen Weltreligionen enthalten ist, wurde über Bord geworfen".[74] Mythos, Ritus, Tradition und Intuition wurden als sinnloser, romantischer Ballast vergangener Zeit angesehen. Aber das ‚Wunderwerk' der neuen ‚Dreifaltigkeit' Wissenschaft, Wirtschaft und Technik brachte Folgelasten, die bis in die Gegenwart aller Industrie- und Informationsgesellschaften wirken.

Der moderne Mensch muss in einer bis zur Sinnlosigkeit aufgeklärten Welt leben! All sein Wissen gibt ihm wenig Sicherheit und befriedigt seinen Verstand nur vordergründig. Zwar fürchtet er sich nicht mehr vor einem Gewitter, weil er sein Zustandekommen rational zu erklären vermag. Aber seine existenzielle Angst und Ohnmacht sind geblieben. Nach wie vor plagt ihn die alte Frage nach dem Lebenssinn, die Angst vor dem Unvorhersehbaren und Unerklärlichen. Wenn Krankheit und Tod in sein modernes Leben einbrechen, dann hilft kein

---

[74] Lorenz, K.: Die acht Todsünden der zivilisierten Menschheit, München 1997, S. 70

schlaues Buch. Und die tradierten Strategien der kollektiven Hilfe sind ihm abhanden gekommen. Allein gelassen steht er vor einem Gefühls-Chaos, dessen Bewältigung er entweder beim Therapeuten mühsam und teuer wiedererlernen muss. Oder aber er gerät orientierungslos in die Klauen obskurer Sekten, die seine Lebensführung auf bedrohliche Weise manipulieren.

Weder die nüchterne Wissenschaft noch der profane Alltag mit seinem harten Daseinskampf vermögen die Sehnsucht des menschlichen Geistes nach dem Zauber der magischen Welt, der Illusion der Ganzheit, die die Welt im Innersten zusammenhält, zu stillen. Kein Wunder also, dass wir, seitdem die Stammesväter ausgestorben und die Kirchenoberhäupter an Überzeugungskraft verloren haben, erfinderisch geworden sind. Esoterische, okkulte und parapsychologische Theorien erfreuen sich einer zunehmenden Anhängerschaft. Ihre Spannbreite reicht vom gebildeten Akademiker, der einem asiatischen Guru hörig ist, über den Topmanager, der sich beim Urschrei für das Kommende rüstet, bis hin zum Politiker, der sein Wahlergebnis vom Wahrsager prophezeien lässt! Und wer besucht nicht gerne einen Trommelkurs, um die afrikanische Magie ‚tief in der Mitte des Bauches‘ zu spüren?

Allen in Modewellen auftauchenden Heilslehren ist eines gemeinsam: der sehnliche Wunsch, dem monotonen Alltag tiefe Erkenntnisse und Gefühle abzuringen und der Vereinsamung ein gemeinschaftliches Glückserleben entgegenzusetzen. Erstaunlich ist nur, dass wir dabei weit über die Grenzen unserer westlichen Kultur hinausblicken und in Asien, Afrika oder Südamerika nach rituellem Tiefgang und neuer Sinnlichkeit suchen. Dabei hat unsere eigene Kultur viele Bräuche bzw. Rituale zu bieten, die wiederzuentdecken sich lohnt. Aber wer möchte noch den Totensonntag als ein kollektives Trauerritual ansehen, wo es doch viel moderner ist, zum Friedhof zu gehen, wann man will und stattdessen regelmäßig indische Meditation zu betreiben!

Wie reagieren unsere Kinder darauf?

Warum reagieren Kinder auf kleine Rituale zu Hause, im Kindergarten oder in der Schule mit großer Freude? Und warum sind sie wahre Meister im Erfinden neuer Rituale?

Ganz einfach: Wird das rituelle Bedürfnis des Menschen unterdrückt wird, so sucht er nach Ersatz. Der menschliche Urtrieb, dem Schicksal durch magische Handlungen ein

Schnippchen schlagen zu wollen, lässt uns in vielen Bereichen des modernen Lebens kreativ werden.

So tanzt der moderne Mensch nicht mehr ums Stammesfeuer sondern drückt seine Solidarität in Lichterketten aus. Und vor einem sportlichen Wettkampf ruft er keine Götter mehr an, sondern ergötzt sich vor dem Fernseher sitzend am rituellen Beginn des Fußballspiels. Dann würde er am liebsten dabei sein wenn die Profisportler im konspirativen Kreis die Köpfe zusammenstecken um das Glück heraufzubeschwören. Auch das moderne Kind sitzt nicht mehr im beschützenden Kreis der Stammesfamilie nimmt aber am morgendlichen Stuhlkreis-Ritual im Kindergarten gerne teil.

Warum sind im Alltag von Kindern und Jugendlichen die Markenartikel nicht mehr weg zu denken? Auf der Suche nach neuen Werten fallen vor allem sie auf dubiose und kostspielige Ersatzangebote herein. Schon 1993 gab der berühmte Verhaltensforscher und Mediziner Konrad Lorenz zu bedenken, dass Menschen, die wenig kulturellen Halt haben, ihren „Drang nach Identifizierung und Gruppenzugehörigkeit an einem Ersatzobjekt befriedigen."[75] Und diesen unseren wunden Punkt hat die Konsumgesellschaft längst erkannt. Sie inszeniert Konsum als Schauplatz der Verzauberung und entwickelt immer neue Strategien des Kult-Marketings. Gewinnbringend wird die Sehnsucht von Jung und Alt nach magischem Zauber und neuem Lebenssinn ausgenutzt! Die Werbung besetzt die vakanten Positionen im Wertehimmel ganz einfach mit Düften, die ‚Eternity' oder ‚Heaven' heißen, und mit Zigarettenmarken, die Freiheit und Abenteuer verkünden.

In der heutigen ‚Anything-goes-Gesellschaft' sind starre Konventionen verpönt. Das moderne Ritual kommt nicht mehr in Feiertagsrobe, sondern in Jeans, T-Shirt, Lederjacke und Sportschuhe daher. Viele junge Menschen suchen nach Zeichen, Symbolen und Ritualen einer Jugendkultur, die sie miteinander verbindet. Immer neue Konsumartikel suggerieren ihnen Orientierung und Identität nach dem Motto „Hier geht's lang!" Wer dem verführerischen Trend folgt und seine Markenaccessoires kauft, kann sich endlich als Mitglied einer neuen Kultgemeinschaft fühlen.

Geschickt nutzen Werbung und Marketing das zunehmende Wertevakuum der Kinder und Jugendlichen aus. Sie kreieren einen Götzenkult, in dem große und kleine Kunden eine

---

[75] Lorenz, K.: Die acht Todsünden der zivilisierten Menschheit, München 1997, S. 81

magische Beziehung zu Waren, eine Markenliebe entwickeln und ‚events' als rituelle Identitätsfeste feiern können. Sie errichten Konsumtempel, die diese postmoderne ‚Religiositätswelle' gewinnbringend auffangen. So stilisiert z. B. die Sportschuhfirma ‚Nike' in ihrem „The temple of Nike" in Chicago blinkende Schuhe zu Fetischen und vermarktet Sportstars als Hohepriester ihrer ‚Markenphilosophie'. Die junge Generation verschlingt ihre Filme auch nicht mehr in herkömmlichen Stadtviertelkinos, sondern in gigantischen ‚Cine-Domen'.

Und da fragen Sie noch, warum moderne Kinder nach Markenartikeln lechzen? Dabei ist das Geheimnis der Marken doch so simpel: Biete Menschen, die nach Werten suchen, triviale Gegenstände an. Lade sie in der Werbung mit spirituellem Mehrwert auf. Und schon gewinnst du eine kauffreudige Jüngerschaft, die glaubt, eine Ersatzfamilie gefunden zu haben! „Alles ist besser, als gar keiner Gruppe anzugehören, und sei es die Mitgliedschaft in der traurigsten aller Gemeinden, nämlich derjenigen der Rauschgiftsüchtigen. Wo eine Gruppe fehlt, der man sich anschließen kann, besteht immer die Möglichkeit, eine ‚nach Maß angefertigte' zu konstituieren."[76] Oder um es mit den Worten Andy Warhols zu sagen: „Man kann heute Denken durch Kaufen ersetzen."

Und wann können wir dies besser beobachten, als zu Ostern, Pfingsten oder Weihnachten? Der ursprüngliche Sinn dieser religiösen Feste, die das Jahr einst auch zeitlich strukturierten und Orientierungspunkte im Leben der Menschen waren, geht in der Hektik und im Stress unseres heutigen Geschenkerummels einfach unter. Übrig bleiben kommerzialisierte Rituale! Denn ob praktizierender Christ oder nicht, wer verzichtet schon gerne auf den Tannenbaum oder die Weihnachtsgans? Spätestens ab Oktober geben Frauenzeitschriften ihre Tipps für Weihnachtsplätzchen und Baumdekorationen. Und das St. Martinsfest ist noch in weiter Ferne, da lachen schon die Weckmänner bzw. Stutenkerle in allen Bäckereien verführerisch die Kinder an. Tagtäglich bombardieren bunte Werbespots die Kleinen mit teuren Geschenkideen. Und Heiligabend sitzen ausgelaugte Mütter, genervte Väter, unzufriedene Jugendliche und quengelige Kinder gemeinsam vor dem Fernseher, um die Weihnachtsgeschichte in scheinbar ‚trauter Glückseligkeit' zu sehen!

Und alle träumen von der Muße, Bedächtigkeit und Kraft einstiger Bräuche und Rituale!

---

[76] Ebd., S. 82.

Was brauchen unsere Kinder?

Kinder brauchen sinnvolle Rituale! Warum? Die folgende Auflistung bietet Ihnen hinreichend Argumente.

Rituale strukturieren den Alltag

Viele liebgewonnene Gewohnheiten von der Morgengymnastik bis zur Bettlektüre geben unserem Alltag eine sichere Struktur und einen ausgewogenen Rhythmus. Erinnern Sie sich an Ihren letzten Übernachtungsbesuch, der abends endlos lange diskutieren wollte und am nächsten Morgen das Badezimmer blockierte? Mal ehrlich: Sie freuten sich zwar, als er kam, aber mindestens ebenso sehr, als er wieder ging. Denn endlich konnten Sie ihren gewohnten Alltagsrhythmus wieder aufnehmen!

Vor allem Kinder sind in der informations- und reizüberfluteten Umwelt auf verlässliche Wegweiser und Vereinbarungen angewiesen, um sich zu orientieren und zu konzentrieren. Kleine Alltagsrituale helfen ihnen, die Komplexität der Eindrücke zu reduzieren und das Wesentliche zu erkennen. Sie geben ihnen die nötige Geborgenheit und Zuversicht, um sich inmitten des Chaos zu behaupten, um bedrohliche Übergangssituationen z. B. vom Tag zur Nacht angstfrei zu bewältigen.

Rituale gliedern das Leben

Der unerbittliche Fortgang der Zeit macht vor allem vielen alten Menschen Angst. Und Kleinkinder ohne Zeitgefühl sind auf äußere Zeichen mit Symbolgehalt z. B. die Einschlafgeschichte angewiesen, um zu wissen, dass jetzt Schlafenszeit ist. Immer wiederkehrende Rituale helfen ihnen, die Zeit übersichtlicher, vertrauter, kalkulierbarer und beherrschbarer zu gestalten. Rituale gliedern unsere Lebenszeit in stabile Zyklen, z. B. das Wochenende, Feiertage, Jahreszeiten oder das Kirchenjahr. Auf dieser Drehbühne des Lebens funktionieren sie wie Geländer, die unserem individuellen Lebensweg den kollektiven Halt geben. Spätestens an unserem Geburtstag werden wir daran erinnert, dass wir älter werden. Aber wie würden wir uns wohl fühlen, wenn wir mit dieser Erkenntnis alleine blieben und niemand anrufen, Geschenke bringen, Kuchen backen oder mit uns anstoßen würde?

Rituale stabilisieren soziale Bindungen

Ethnologen definieren Rituale als Handlungen, die mit traditionell festgelegtem Ablauf zu bestimmten Anlässen vollzogen werden. Sie geben dem Einzelnen Bestätigung und haben aufgrund ihrer gruppenstärkenden Wirkung eine wichtige kollektive Funktion. Kurzum: Menschen sind soziale Wesen, sie sind nicht autark. Sie suchen nach ihrem Lebenssinn auch in Bezug auf andere Menschen und benötigen Rituale, um ihre Identität in der sozialen Gemeinschaft zu finden. So haben die diversen Geburts-, Hochzeits- oder Beerdigungsriten in allen Kulturen eines gemeinsam: Sie weisen dem Individuum seinen neuen Platz in der Gemeinschaft der Lebenden oder der Ahnen zu. Rituale sichern also einerseits das Kollektive gegen das Individuelle, d. h. sie schützen die Interessen der Gruppe. Andererseits nehmen sie dem Einzelnen die Angst vor der Einsamkeit und mindern das Risiko seiner persönlichen Freiheit. In unserer egoistischen Ellbogen-Gesellschaft brauchen vor allem Kinder eine soziale Identität, eine sichere Anbindung — ob an Familie, Religionsgemeinschaft, Verein oder Freundeskreis. Hier sammeln sie Erfahrungen mit den sozialen Regeln und Ritualen der Mitverantwortung.

Rituale geben Identität

Der Mensch lebt nicht nur von innen nach außen, sondern auch von außen nach innen. Er liest seine Identität an Traditionen, Überlieferungen, Bräuchen und Regeln ab. Rituale helfen uns, eine historische Identität zu entwickeln. Sie setzen das Beständige über das Wandelbare und gewährleisten die Kontinuität der Tradition. Es sind Rituale, die uns mit den Erfahrungs- und Gefühlsströmen vorangegangener Generationen vereinen und mit den Menschen, die irgendwo auf der Welt z. B. mit uns dasselbe Fest feiern.

Kindern macht es viel Freude, in alten Fotoalben oder Büchern aus Mutters Kindheit zu stöbern. Nicht oft genug können sie überlieferte Familiengeschichten oder -lieder hören. Und wenn sie immer wieder fragen „Wer ist mein Opa" (Ur-Opa), dann möchten sie ihren Platz im Familienstammbaum finden und ihre Wurzeln schlagen.

Rituale wirken therapeutisch

Psychologen definieren Rituale als stereotypes Verhalten zu bestimmten Anlässen, deren individuelle oder kollektive Handlungsabfolge in Entscheidungsdruck und Angstsituationen stabilisierend wirkt.

Rituale helfen uns also, psychische Hygiene zu betreiben! Sie schaffen Raum für aufgestaute Gefühle wie Freude (z. B. Tanzrituale) oder Trauer (z. B. Beerdigungsrituale) und helfen, Ängste (z. B. Sterberituale) und Konflikte (z. B. Kommunikationsrituale) zu bewältigen. Diese Rituale heben sich in ihrer hohen Bedeutungsdichte und Stilisierung stark vom Alltag ab. Sie messen existentiellen Gefühlen den hohen Stellenwert bei, den sie auch tatsächlich in unserem Leben haben. Rituale sind also sinnliche Inszenierungen, die unserem inneren Gefühlsleben eine äußere Form geben. Selbst kleine Rituale, wie z. B. die feierliche Beerdigung des liebgewonnenen Hamsters im Garten haben große Wirkung. Dabei sammeln Kinder Erfahrungen in der Einschätzung und im Umgang mit ihren und den Gefühlen anderer.

Die Liste der vielfältigen Vorteile zeigt: **Rituale helfen erziehen!**

Ihre Fähigkeit, das Verhalten des Einzelnen und der Gruppe nachhaltig zu beeinflussen, brauchen wir mehr denn je im Erziehungs- und Unterrichtsprozess. Denn erziehen und unterrichten bedeutet nicht nur Wissen zu vermitteln, sondern vor allem Verhaltensänderungen auszulösen. Hier machen uns die Verhaltensforscher mit ihrer Definition viel Mut: Rituale leiten die Wandlung innerer Verhaltensweisen durch äußere Zeichen oder Signale (z. B. akustische, visuelle) ein. Sie wirken bei den Mitmenschen als Auslöser und setzen ein vereinbartes und bekanntes Verhalten in Gang. Denn Rituale:

- helfen Zeit sparen
- machen lange Erklärungen überflüssig
- ermöglichen klare und eindeutige Verständigung
- strukturieren den Erziehungs- und Schulalltag
- bieten Orientierungshilfe bei Übergängen, z. B. von Konzentration zu Entspannung
- vermitteln persönliche Geborgenheit und Sicherheit
- initiieren und stabilisieren soziales Verhalten

Aber Vorsicht! Rituale sollten nicht zu dekorativen Accessoires, hohlen Zwangshandlungen oder gar zu Machtinstrumentarien verkommen. Der Nationalsozialismus hat uns gelehrt, wie schnell Menschen in den Bann von Symbolen und Ritualen geraten. Rituale müssen immer wieder hinterfragt und als sensible Regeln mit den Kindern besprochen und gemeinsam mit ihnen weiterentwickelt werden. Denn sie nutzen sich ab. So kann ein Ritual für Erstklässler wirksam und sinnvoll sein, im dritten Schuljahr aber großes Gelächter auslösen weil die Kinder sich weiterentwickelt haben. Rituale sind nur dann hilfreich, wenn sie überzeugend und kindgerecht eingesetzt werden. Sie sind kontraproduktiv, wenn sie zum Selbstzweck mutieren.

Aber was tun? Sollen wir fremde Rituale übernehmen und den Lebensabend bei tibetanischen Mönchen verbringen? Sicher nicht! Oder unsere alten Rituale wiederbeleben? Gar nicht so einfach, denn ihre Überlieferung hat gelitten, und sie haben oft keine Funktion mehr in unserem modernen Alltag. Ein Trost bleibt: Wir sind als kreative Wesen in der Lage, neue sinnvolle Rituale zu entwickeln. Eigentlich brauchen wir das kindliche Bedürfnis nach Ritualen nur zu beobachten, denn darin sind Kinder wahre Meister: Ist ein liebgewonnenes Ritual plötzlich schal und wirkungslos geworden, dann erfinden sie rasch ein neues, effektiveres. Und so entstehen in jeder Phase der Kindheit viele, altersgerechte Rituale.

Wenn wir uns jedoch den Lebenslauf eines Menschen unter Ritualgesichtspunkten anschauen, dann werden wir feststellen, dass noch vieles im Argen liegt:

In der **Kindheit** wirken Rituale wie kleine, magische Strategien, um Unsicherheit und Angst zu meistern. Wehe dem Erwachsenen, der den Schlafbär irgendwo liegen gelassen hat oder ein anderes Schlaflied singt! All die lieb gewonnenen Rituale machen aus unserer Kindheit eine Schatztruhe, die wir auch als Erwachsene immer wieder gerne öffnen.

Die **Pubertät** zu meistern ist keine leichte Aufgabe! Das vertraute kindliche Verhalten ist überholt und von der erstrebten neuen Erwachsenenrolle hat man keinen blassen Schimmer. Es beginnt ein widersprüchliches Chaos der Selbstfindung und -zweifel. Nun weiß man zwar, was man nicht mehr will, bloß: Was will man jetzt? Naturvölker begleiten Jugendliche in dieser schwierigen Phase mit Initiationsriten, Besinnungszeiten und Mutproben. Sie sehen Pubertät nicht als ‚schwelenden Krankheitsherd‘ an, der die ganze Familie in Mitleidenschaft zieht, sondern feiern den gelungenen Übergang vom Kindes- zum Erwachsenenalter im Kreise der Gemeinschaft. In der modernen Industriegesellschaft muss sich der Heranwachsende die Wegweiser durch die Pubertät bei Gleichaltrigen suchen, die nur zu oft auf kommerzialisierte Ersatzrituale hereinfallen: Modetrends, Musikgruppen oder Markenartikel. Die Mutproben der Jugendlichen sind zur Zeit: Bungee-Seil-Springen, U-Bahn-Surfen,

Car-Rafting, Ohnmachtsspiele und Free-Climbing. Das Problem ist nur: Bei diesen Mutproben schaut kaum einer zu! Und von freudiger Aufnahme in den Familienkreis ganz zu schweigen! Könnte es sein, dass im mangelnden Interesse der Bezugspersonen der Grund liegt für die zunehmende Sucht nach einer Ersatz-Öffentlichkeit nach einer persönlichen Zurschaustellung in den Medien? Der Jugendliche ist auf seiner Suche nach neuen Wegen sehr leicht beeinflussbar und ein ‚gefundenes Fressen' für Sekten, extremistische Politgruppen und gefährliche Dealer. Bieten Sie daher den Kindern noch vor Einsetzen der Pubertät sinnvolle Stützen der Problembewältigung an, z. B. eine regelmäßig stattfindende ‚Familienkonferenz', an der sich alle Familienmitglieder beteiligen, bei der Konflikte besprochen und Lösungen gemeinsam entwickelt werden.

Im **Alter** dann, wenn den Menschen keine sinngebende Aufgabe mehr zugestanden wird, werden sie trotz all ihrer wertvollen Lebenserfahrung auf das unwürdigste an den Rand der Gesellschaft abgeschoben. Die einst hochgeschätzten weisen Stammesältesten vegetieren heute perspektivlos, traurig und einsam in Altersheimen. Ihre Ratschläge sind zur ‚alten Leier ewig Gestriger' verkommen die keiner mehr hören will. Ihre weise Ausstrahlung ist nur noch in Werbespots von Versicherungen oder Cognacmarken gefragt. Woran sollen sie sich klammern, wenn nicht an den täglichen Weg zum Friedhof, zum Gottesdienst, zum Kaffekränzchen oder zum Seniorenclub? Und so entwickelt der Mensch im Alter viele, lebenserhaltende Rituale und manchmal auch starrsinnige Marotten, die ihm helfen, das Gefühl der eigenen Endlichkeit zu meistern. Und hier schließt sich der Ritualkreis: Nun sorgt nicht mehr der liegen gelassene Schlafbär für Verunsicherung, sondern die Teekanne, die nicht an ihrem gewohnten Platz steht.

SPIELE, SPIELE, SPIELE

Begrüßungsrituale

Nur zu oft vergessen wir, dass wir beim Erziehen und Unterrichten auch Kommunikations-regeln vermitteln, die kulturell bedingt sind. Jede menschliche Gruppe hat z. B. ihre Begrü-ßungs-, Gesprächs- und Abschlussrituale. Diese Höflichkeitsregeln sind in der Informati-onsgesellschaft seltener geworden. Für eine Generation, in der das unverbindliche „Hallo" und beiläufige „Tschüss" grassiert, haben solch kleine Rituale großen Wert. Vielen Kindern ist der Händedruck nicht mehr geläufig und mit dem Blickkontakt hapert es auch. Im Erzie-hungs- und Lernalltag sind Sie auf einen gut funktionierenden Blickkontakt angewiesen! Also warum nicht mal …

• beim Betreten der Gruppe/Klasse zu jedem einzelnen Kind Blickkontakt aufnehmen. Ein kleiner, freundlicher Augengruß hat große Wirkung.
• zu Beginn, mittendrin oder am Ende einen Händegruß mit dem Auftrag „Sag deinem Nachbarn etwas Nettes" durch die Kindergruppe schicken.
• anstelle des stereotypen „Guten Morgen, Kinder" Grußworte aus Fremdsprachen wählen.
• ein Lächeln auf Reise schicken, denn es ist der kürzeste Weg vom ICH zum DU.

Identität stärken, Orientierung geben	✔
Gefühle ordnen und stabilisieren	✔
Erziehung und Unterricht strukturieren	✔
Lernfreude und Kreativität steigern	✔
Sozialbindungen und Mitverantwortung fördern	✔
Konfliktlösungen initiieren	✔
Zeitgefühl ausprägen, Lebenszyklen betonen	✔

Alter	ab 3 Jahre
Zeit	2–3 Minuten
Ort	drinnen
Sozialform	Gruppenspiel
Material	—

Aufmerksamkeitsrituale

„Seid mal ruhig und konzentriert euch!", diese Ermahnung ist wenig motivierend. Kleine Rituale dagegen machen Spaß und können wirkungsvoll für Aufmerksamkeit sorgen:

- Drehen Sie einen Regenmacher-Klangstab langsam von oben nach unten. Während die Steinchen deutlich hörbar durch den Stab rieseln, dürfen alle Kinder noch laut sein. Aber „wenn ihr kein Steinchen mehr rieseln hört, dann müsst ihr ganz still sein!"
- Zu Beginn gehen alle Kinder schweigend durch den Raum und dürfen dabei niemanden berühren oder gar anrempeln.
- Beginnen oder beenden Sie den Unterricht bzw. Gruppentag mit einer ‚Stilleminute', bei der sich alle Kinder die Hand reichen.
- Die anregende und beruhigende Wirkung von Musik sollten wir im päd. Alltag nutzen. Ein Grundschullehrer berichtete mir, dass er allmorgendlich, während die Kinder in den Raum kommen und ihre Plätze suchen, klassische Musik spielt. So beginnt der Morgen harmonisch, die Kinder beruhigen sich und begegnen ‚en passant' klassischen Musikstücken.
- Jeden Morgen darf ein Kind sein Wunschlied mit allen anderen Kindern singen. Singen ist nicht nur eine gute Atemtherapie, sondern hebt die Stimmung und das Gemeinschaftsgefühl. Ein Bewegungslied sorgt für Spaß und fördert die Bewegungsfreude.

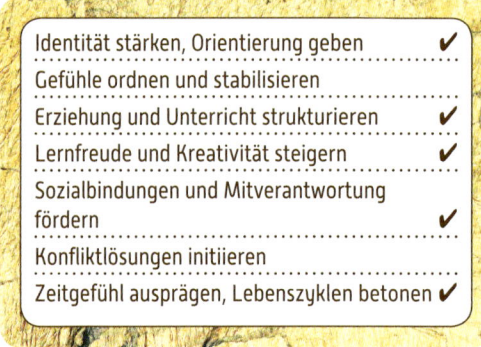

Identität stärken, Orientierung geben	✔
Gefühle ordnen und stabilisieren	
Erziehung und Unterricht strukturieren	✔
Lernfreude und Kreativität steigern	✔
Sozialbindungen und Mitverantwortung fördern	✔
Konfliktlösungen initiieren	
Zeitgefühl ausprägen, Lebenszyklen betonen	✔

Alter	ab 3 Jahre
Zeit	2–3 Minuten
Ort	drinnen
Sozialform	Gruppenspiel
Material	Kassette mit ruhiger, klassischer Musik

Das Sonnenbänkchen

Dieses Ritual eignet sich besonders für traurige oder aggressive Kinder, die viel Zuwendung, Liebe und Geborgenheit brauchen. Da sie ungern mit ihrem auffälligen Verhalten im Mittelpunkt stehen möchten, ist es bei diesem Ritual sehr wichtig, dass noch zwei bis drei Statisten, also unauffällige Kinder, mitspielen. Drei nebeneinander stehende Stühle, auf deren Sitzfläche ein gelbes Tuch liegt, bilden das ‚Sonnenbänkchen‘. Darauf nehmen das verhaltensauffällige Kind und mindestens zwei weitere Kinder Platz: „Auf dem Sonnenbänkchen könnt ihr ganz viel Sonne und Kraft für den heutigen Tag tanken. Mehrere Kinder aus der Gruppe werden jedem von euch etwas Liebes ins Ohr flüstern. Genießt diese kleinen Komplimente und nehmt sie in euch auf!“

Das verhaltensauffällige Kind darf nicht spüren, dass die Übung vor allem ihm dient. Sonst wird das Sonnenbänkchen rasch zur Strafbank! Wenn es den anderen Kindern anfangs schwer fällt, ihren Mitspielern auf der Sonnenbank etwas Liebes zu sagen, dann sollten Sie mit gutem Beispiel vorangehen. Sie werden staunen, wie rasch dieses Ritual wohliges Lächeln und Zufriedenheit bei den ‚Sonnenbadenden‘ auslöst. Auch uns Erwachsenen signalisieren Komplimente im Alltag dass wir beachtet und geschätzt werden.

TIPP

Identität stärken, Orientierung geben	✔
Gefühle ordnen und stabilisieren	✔
Erziehung und Unterricht strukturieren	
Lernfreude und Kreativität steigern	
Sozialbindungen und Mitverantwortung fördern	✔
Konfliktlösungen initiieren	✔
Zeitgefühl ausprägen, Lebenszyklen betonen	

Alter	ab 4 Jahre bis 4. Schuljahr
Zeit	5 Minuten
Ort	drinnen
Sozialform	Gruppenspiel
Material	mindestens 3 Stühle, 1 gelbes Tuch

Der Sonnenzauber

In jeder Gruppe gibt es schüchterne Kinder, die selten zu Wort kommen, meist im Hintergrund stehen und von den anderen leicht ‚untergebuttert' werden. Lassen Sie diese Kinder einmal den Zauber und die Kraft der aufgehenden Sonne am eigenen Leib erleben! Alle stehen im Kreis, das schüchterne Kind hockt mittendrin und spielt die Sonne. Die rundherum stehenden, dominanten Kinder spielen Schneemänner, die voller Zuversicht, dick aufgeplustert und selbstbewusst den Winter genießen. Nun singen oder sprechen alle Kinder:

Ich bin der Schneemann.	*Alle plustern sich auf und*
Ich bin der Schneemann.	*genießen ihre Macht.*
Ich bin ein dicker Mann.	
Doch kommt der	*Das hockende Kind erhebt sich*
liebe Sonnenschein,	*langsam, imitiert mit ausgestreckten Armen die*
	Sonnenstrahlen, die es genüsslich über die Köpfe der
	Schneemänner verteilt.
dann werd ich klein,	*Die Schneemänner ‚schmilzen'*
ganz klein.	*langsam. Das Sonnenkind steht nun aufrecht mit nach oben*
Und wenn die Sonne stärker wird,	*ausgestreckten Armen und demonstriert seine Kraft.*
pitsch, patsch, pitsch, patsch,	*Die Schneemänner sinken am*
dann wird der Schneemann	*Boden zusammen.*
gleich zu Matsch!	

 Ermuntern Sie das schüchterne ‚Sonnenkind', selbstbewusst seine ‚Strahlen' auszusenden und zu genießen, dass einmal alle anderen vor ihm dahin schmelzen.

Identität stärken, Orientierung geben	✔
Gefühle ordnen und stabilisieren	✔
Erziehung und Unterricht strukturieren	
Lernfreude und Kreativität steigern	
Sozialbindungen und Mitverantwortung fördern	✔
Konfliktlösungen initiieren	✔
Zeitgefühl ausprägen, Lebenszyklen betonen	

Alter	ab 4 Jahre bis 2. Schuljahr
Zeit	5 Minuten
Ort	drinnen oder draußen
Sozialform	Gruppenspiel
Material	—

Streithähne befrieden

Oft genug geschieht es, dass zwei oder mehr Kinder Ihnen nach einem Streit aufgeregt zu schildern versuchen, was passiert ist. Keiner der kleinen Streithähne lässt den anderen ausreden, jeder hat eine andere Version des Vorfalls und darüber entfacht ein neuer Streit. Da Sie bei dem Vorfall nicht anwesend waren, sind sie darauf angewiesen, dass jeder der Beteiligten in Ruhe erzählen kann, was er auf dem Herzen hat. Mündliche Appelle an die Streithähne helfen da wenig! Ein handgroßer Schaumstoffball vollbringt als **„Schlichtball"** dagegen wahre Wunder: „Nur wer den Schlichtball in der Hand hält, darf reden. Alle anderen Streithähne hören zu. Wer seine Meinung gesagt hat, reicht den Ball an den nächsten weiter!" Der Streit ist zwar damit nicht behoben, aber die Kinder lernen, wichtige Kommunikationsregeln einzuhalten.

Bei länger anhaltenden, schwelenden Streitfällen und negativen Stimmungen sollten Sie das „Kriegsbeil" ausgraben. Ziehen Sie demonstrativ einen Hammer aus Plastik (zu Karneval überall erhältlich) hervor: „So, nun reicht's! Ich beobachte schon seit Wochen, dass Lisa und Tim sich unentwegt hänseln und streiten. Für euch beide ist das Kriegsbeil jetzt ausgegraben. Seht zu, dass wir es ganz schnell und feierlich wieder vergraben können!" Von nun an liegt das Kriegsbeil tagtäglich für alle sichtbar im Raum. Beide Streithähne müssen selbstständig Problemlösungswege finden, um wieder ein positives Miteinander herzustellen, ob durch Gespräche, Spiele oder gemeinsame Unternehmungen. Wenn beide Kinder glauben, das Ziel erreicht zu haben, verkünden sie: „Unser Kriegsbeil kann vergraben werden!" Nun feiern alle Kinder diese frohe Botschaft.

TIPP **Sie werden feststellen, dass die Streithähne den Schlichtball wütend in ihren Händen zerdrücken und dabei schon viele Aggressionen loswerden.**
Wenn das Kriegsbeil ausgegraben ist, lassen Sie die Streithähne zunächst ruhig ein wenig ‚zappeln'. Sie sollen selbst nach Problemlösungen ringen oder Kinder um Rat fragen, die schon Erfahrungen mit dem Kriegsbeil gemacht haben. Sie werden staunen, wie kreativ ihre Kinder sind! Das anschließende Vergraben des Kriegsbeils sollte immer auf dieselbe (ritualisierte) Weise gefeiert werden. Es sollte ein sehr motivierendes Angebot sein, z. B. ein gemeinsamer Tanz auf dem Schulhof oder ein kleiner Ausflug.

Wenn die Kraftausdrücke der Kinder mal Überhand nehmen, hilft ein anderes Ritual: „Bitte gebt alle bösen Wörter vor der Tür ab!" Die Kinder sprechen ihre Schimpfworte in einen vor der Tür stehenden Karton, wo sie in der Zwischenzeit ‚recycelt' werden. „Und am Schluss holt ihr euch aus dem Karton ein liebes Wort mit auf den Nachhauseweg."

Identität stärken, Orientierung geben	✔
Gefühle ordnen und stabilisieren	✔
Erziehung und Unterricht strukturieren	✔
Lernfreude und Kreativität steigern	✔
Sozialbindungen und Mitverantwortung fördern	✔
Konfliktlösungen initiieren	✔
Zeitgefühl ausprägen, Lebenszyklen betonen	✔

Alter	ab 4 Jahre bis 4. Schuljahr
Zeit	5 Minuten
Ort	drinnen
Sozialform	Partnerspiel
Material	Softball, Schaumstoff-beil bzw. -hammer

Das Muschelfon – Das billigste Handy der Welt

Trennung fällt jedem Kind schwer, ob beim ersten Abschied von der Mama im Kindergarten, ob für immer von der verstorbenen Oma oder bei der Beerdigung des geliebten Meerschweinchens. Es verliert das geliebte, bislang sicht- und spürbare Wesen aus den Augen. Aber es ist nicht aus dem Sinn! Mit dem ‚Muschelfon', dem kleinen symbolischen ‚Handy', kann das Kind mental Kontakt zum geliebten Wesen aufnehmen. Geben Sie jedem Kind eine Muschel: „Haltet die Muschel an euer Ohr und schließt die Augen. Nun denkt an eure Mama und stellt sie euch in Gedanken genau vor. Wie ist sie angezogen, was macht sie gerade, lacht sie? Ihr könnt ihr in Gedanken auch etwas sagen!" Abschließend berichten die Kinder allen von ihrem ‚Telefonat'.

TIPP

So erfahren Kinder, dass jemand nicht weg ist, wenn er den Raum verlassen hat, sondern erst, wenn wir nicht mehr an ihn denken. Für diese recht abstrakte Erkenntnis ist die Muschel als konkretes Hilfsmittel sehr geeignet. Besonders schön ist es, wenn alle wichtigen Bezugspersonen eine Muschel besitzen, mit der sie untereinander kommunizieren können. Gerade für Kinder aus getrennten Familien ist es beruhigend zu wissen, dass auch der weit weg lebende Papa ein ‚Muschelfon' an seinem Bett stehen hat oder auf seinen Reisen mitnimmt. Übrigens, das Buch „Der Gedankensammler"[77] erweist sich als kleiner Schatz, wenn man Kindern veranschaulichen möchte, dass Gedanken von Mensch zu Mensch wandern.

---

[77] Feth M. / Boratynski A.: Der Gedankensammler, Düsseldorf 1993

Identität stärken, Orientierung geben	✔
Gefühle ordnen und stabilisieren	✔
Erziehung und Unterricht strukturieren	
Lernfreude und Kreativität steigern	
Sozialbindungen und Mitverantwortung fördern	✔
Konfliktlösungen initiieren	✔
Zeitgefühl ausprägen, Lebenszyklen betonen	

Alter	ab 3 Jahre bis 1. Schuljahr
Zeit	3–5 Minuten
Ort	drinnen oder draußen
Sozialform	Einzelspiel
Material	Muschel

Glühbirnenclub und Geheimbund

Im **Glühbirnenclub** kann Konzentration so richtig Spaß machen. Wählen Sie hierfür einen Raum mit klaren Flächen und ruhigen Farben. Darüber hängt eine überdimensionale, evtl. selbst gebastelte Glühbirne, die den Kindern signalisiert, dass hier der Ort für ‚helle Köpfe‘ ist. Natürlich können nicht alle dorthin, nur einige von Ihnen ‚Auserwählte‘ „dürfen heute für zehn Minuten in den Glühbirnenclub". Nun liegt es an Ihnen zu entscheiden, welche Konzentrationsschätze Sie den Kindern im stillen Kämmerlein‘ nahe bringen wollen. Es kann ein effektives Lehrmittel sein, dass Sie im Lernalltag selten einsetzen weil es nicht im Gruppen- oder Klassensatz vorhanden oder sehr fragil ist. Auch ein kleines Rätsel, eine Kopfkino-Reise oder eine Zusatzaufgabe aus dem aktuellen Lernstoff eignen sich dafür.

Wer kennt Sie nicht, diese genialen Kinderfragen wie z. B. „Warum pfeift der Wind?" oder „Werden Iglus rund gesägt?" Es ist die Phase der Neugier und des großen Interesses an Zusammenhängen. Aber im hektischen Alltag müssen sich die Kinder oft mit ausweichenden Antworten begnügen: „Frag den Papa!" oder „Das wirst du in der Schule lernen". Leider ist dies nicht der Fall. Aber Sie, liebe Eltern, können das erwachende Forscherinteresse fördern. Gründen Sie mit anderen Familien einen **Geheimbund,** der einmal im Monat in einer anderen Familie tagt. Wenn sich jeweils ein Erwachsener sachkundig macht, dann sind die anderen Eltern entlastet. So kann in jeder Geheimbund-Sitzung ein Geheimnis des Lebens gelüftet werden. Aber bitte geben Sie den Kindern keine vorgefertigten Antworten. Motivieren Sie sie vielmehr, eigene Problemlösungswege zu finden: „Wo können wir nachschlagen, welche Person, welches Museum oder welche Bücherei kann uns weiterhelfen?" Sie werden staunen: Die kleinen Forscher sind mit Begeisterung bei der Sache und lernen dabei Diskussionsregeln und zielgerichtetes Arbeiten.

TIPP **Das Wörtchen „dürfen" ist für den Glühbirnenclub ganz entscheidend. Es signalisiert den Kindern, dass es eine besondere Ehre ist, dazu zu gehören. Sie gehen freudiger an die Konzentrationsaufgabe heran. So kann manche Fördermaßnahme im Glühbirnenclub zum besonderen Erlebnis werden. Damit sich die Mitglieder des Geheimbunds nicht elitär verhalten, sollten Sie eine Satzung verfassen, in der sich jeder ‚Geheimbündler‘ verpflichtet, seine neue Erkenntnisse allen Interessierten weiterzugeben.**

Identität stärken, Orientierung geben	✔
Gefühle ordnen und stabilisieren	
Erziehung und Unterricht strukturieren	✔
Lernfreude und Kreativität steigern	✔
Sozialbindungen und Mitverantwortung fördern	✔
Konfliktlösungen initiieren	
Zeitgefühl ausprägen, Lebenszyklen betonen	

Alter	ab 5 Jahre bis 4. Schuljahr
Zeit	10–60 Minuten
Ort	drinnen
Sozialform	Gruppenspiel
Material	—

Der Wetterbericht

Bei diesem Ritual macht ‚Eckenstehen' endlich Spaß, denn jede der vier Ecken des Raumes verkörpert eine Wetterzone: Sonne, Regen, Sturm und Nebel. Die Ecken können mit Zeichnungen, Fotos oder Stoffen als Wetterecken gekennzeichnet werden. Wenn Sie sich einen Überblick über die Stimmungslage ihrer Kindergruppe verschaffen wollen, verkünden Sie: „Es ist höchste Zeit für den Wetterbericht!" Nun stellen sich die Kinder gemäß ihrer Gefühlsstimmung in eine der vier Wetterecken: Gut gelaunte Kinder zur Sonne, traurige Kinder zum Regen, wütende Kinder zum Sturm und Kinder, die nicht wissen, wie es ihnen geht, zum Nebel. Ziel ist es, alle Kinder in die Sonnenecke zu holen. Dies geschieht in Gesprächen zwischen den ‚Sonnenkindern' und den Kindern in den drei anderen Wetterecken. Wenn das ‚Sonnenkind' eine Problemlösung gefunden hat, darf es seinen Gesprächspartner an der Hand in seine Sonnenecke ziehen. Beispiel: Das ‚Regenkind' antwortet auf die Frage des ‚Sonnenkindes', warum es traurig sei: „Weil mein Hamster gestorben ist" oder „Weil ich nicht gut lesen kann". Gelungene Lösungsangebote des ‚Sonnenkindes' wären dann: „Du darfst mit meinem Hamster spielen" oder „Wir können heute gemeinsam lesen üben".

TIPP **Zu Beginn werden viele im Nebel stehen denn die meisten Kinder haben nicht gelernt, ihre Gefühle wahrzunehmen und zuzuordnen. Es ist ratsam, den Wetterbericht regelmäßig durchzuführen. So können die Sonnenkinder den Nebelkindern helfen, ihre Gefühlslage zu erforschen und eine adäquate Wetterecke zu finden.**

Identität stärken, Orientierung geben	✔
Gefühle ordnen und stabilisieren	✔
Erziehung und Unterricht strukturieren	✔
Lernfreude und Kreativität steigern	✔
Sozialbindungen und Mitverantwortung fördern	✔
Konfliktlösungen initiieren	✔
Zeitgefühl ausprägen, Lebenszyklen betonen	

Alter	ab 5 Jahre bis 4. Schuljahr
Zeit	10–15 Minuten
Ort	drinnen
Sozialform	Gruppenspiel
Material	evtl. Dekoration für die Wetterecken

Der wundervolle Werkzeugkasten

„Nun konzentriert euch mal!" Wer kennt sie nicht diese oft benutzte und wenig befolgte Aufforderung. Demgegenüber vermag die Geschichte vom Werkzeugkasten kleine Wunder zu bewirken: „Wisst ihr, dass in eurem Kopf ein großer Werkzeugkasten ist, in dem ganz viel Werkzeug liegt, das euch Eltern, Erzieher und Freunde mitgegeben haben. Und ich verspreche euch, dass in eurer Schulzeit noch viel mehr hineinkommt. Denn ihr wisst ja, je mehr Werkzeug ihr besitzt, umso besser könnt ihr die Welt des Wissens zusammenbauen und verstehen. Aber das Tollste ist, dass euer Werkzeugkasten ein Wunder birgt: Er wird nie voll, auch wenn ihr bis ins hohe Lebensalter Werkzeuge sammelt. Welcher Werkzeugkasten kann das schon! Wichtig ist allerdings, dass ihr ihn so oft es geht öffnet und euer Werkzeug austauscht. Immer wenn ich euch dieses kleine Bild eines Werkzeugkastens zeige, dann solltet ihr den wundervollen Werkzeugkasten in eurem Kopf ganz weit öffnen. Ich sage euch auch, wann es Zeit ist, ihn wieder zu schließen und sich ein wenig zu entspannen."

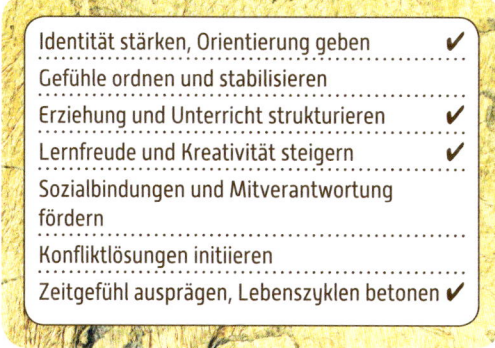

Identität stärken, Orientierung geben	✔
Gefühle ordnen und stabilisieren	
Erziehung und Unterricht strukturieren	✔
Lernfreude und Kreativität steigern	✔
Sozialbindungen und Mitverantwortung fördern	
Konfliktlösungen initiieren	
Zeitgefühl ausprägen, Lebenszyklen betonen	✔

Alter	ab 1. bis 4. Schuljahr
Zeit	3–5 Minuten
Ort	drinnen
Sozialform	Gruppenspiel
Material	Abbildung eines geöffneten Werkzeugkastens

Wochen- oder Monatsrituale

Kleine Rituale helfen, den pädagogischen Alltag inhaltlich und zeitlich zu strukturieren. Und sie vermitteln Kindern ein Gefühl von Geborgenheit im Strom der Zeit. Hier einige Rituale, die Sie monatlich oder wöchentlich durchführen können:

- **Meine Geschichte:** Jede Woche nimmt eines der Kinder Platz auf dem Stuhl des Pädagogen und erzählt allen seine Lieblingsgeschichte.
- **Der Rat der Weisen:** Nun erzählt eine Mutter, ein Opa, ein Nachbar oder ein Geschäftsmann aus der Umgebung eine Episode aus seiner Kindheit oder eine Geschichte aus seinem Alltag, aus der er eine wichtige Lehre gezogen hat. Natürlich sitzen diese Erzähler auf dem ‚Stuhl der Weisen‘.
- **Die Autorenlesung:** Eines der Kinder nimmt Platz auf dem ‚Autorensessel‘ und liest sein selbstgeschriebenes ‚Werk‘ oder eine Geschichte seines Lieblingsautors vor.
- **Das kreative Klassenbuch:** Wöchentlich gestalten mehrere Kinder ein DIN A4-Blatt. Sie schreiben kleine Texte oder fertigen Zeichnungen an. Am Ende des Monats werden alle Blätter zusammengeheftet und ergeben ein neues Leseheft für die Klassenbücherei.

TIPP **Leiten Sie jedes Ritual mit einem immer wiederkehrenden Zeichen ein, z. B. einem Stofftier, einer Handpuppe oder einer Klangschale.**

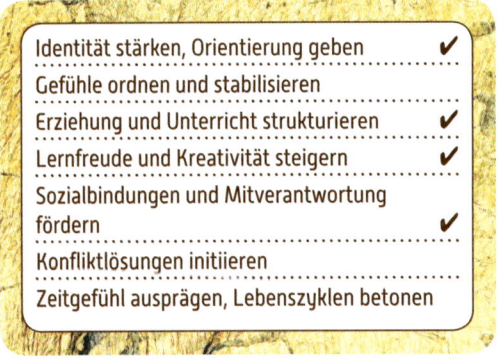

Identität stärken, Orientierung geben	✔
Gefühle ordnen und stabilisieren	
Erziehung und Unterricht strukturieren	✔
Lernfreude und Kreativität steigern	✔
Sozialbindungen und Mitverantwortung fördern	✔
Konfliktlösungen initiieren	
Zeitgefühl ausprägen, Lebenszyklen betonen	

Alter	ab 5 Jahre bis 4. Schuljahr
Zeit	10–15 Minuten
Ort	drinnen
Sozialform	Gruppenspiel
Material	evtl. Stofftier, Handpuppe oder Klangschale

KAPITEL 6

PROJEKTE

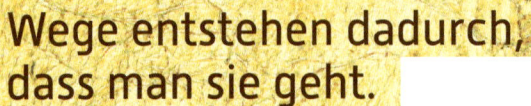

> **Wege entstehen dadurch,
> dass man sie geht.**
>
> Franz Kafka

Die Schatzinsel

Dieses Projekt nimmt die Kinder mit auf eine abenteuerliche Fantasiereise mit vielen Bewegungsspielen. Erzählen Sie den Kindern die Geschichte der ,Bounty'[78], eines Segelschiffes, das Schiffbruch erleidet und dessen Besatzung sich auf eine unbewohnte Insel, die ,Bounty Islands'[79] rettet. Dort erlebt die Mannschaft sechs spannende Etappen.

1. Etappe: Das Schiff kentert!
„Ihr befindet euch auf der Bounty, einem Segelschiff, das im stürmischen Wellengang des Meeres immer wilder schaukelt und schließlich kentert." Nun wird jedes der Kinder in einem großen Tuch liegend von zwei Mitspielern langsam geschaukelt. Die Schaukelbewegungen steigern sich, bis das Kind vorsichtig aus dem Tuch herauskippt. (Fallenlernen ist wichtig!). Die ,gekenterten' Kinder machen auf der Erde liegend solange Brustschwimm-Bewegungen, bis die ganze Mannschaft beisammen ist.

2. Etappe: Erholung am Inselstrand
Die Kinder liegen mit geschlossenen Augen nah beieinander, atmen tief durch und lauschen der Geschichte: „Nun liegt ihr erschöpft im warmen Sand der Bounty-Insel und ruht euch

---

[78] Bounty: Name des von Kapitän W. Bligh kommandierten britischen Schiffes, dessen Besatzung 1789 auf einer Fahrt in die Südsee meuterte. Die Geschichte diente Ch.B. Nordhoff und J.N. Hall als Vorlage für drei Romane.

[79] Bounty Islands: Zu Neuseeland gehörende Gruppe von 13 Felseninseln im Südwest-Pazifik, die 1788 von W. Bligh, dem Kapitän der „Bounty", entdeckt wurde.

aus. Ihr hört das Rauschen der Wellen und atmet dabei tief ein und aus. Ihr spürt den warmen Wind, riecht die salzige Meeresluft, hört die Möwen schreien und seht, wie sich die Palmenblätter im Wind bewegen. Ihr denkt zurück an das schaukelnde Schiff und seid froh, dass ihr nun festen Boden unter den Füßen spürt. Öffnet die Augen, steht langsam auf und reckt eure Glieder, denn jetzt müsst ihr euch auf weitere Abenteuer auf dieser unerforschten Insel gefasst machen!"

3. Etappe: Die Besatzung überquert einen reißenden Fluss
Nun gehen die Kinder im Kreis: „Ihr beginnt die unbewohnte Insel zu erforschen. Es ist heiß und der Weg führt steil bergauf. Oben angekommen hört ihr ein tosendes Geräusch. Euer Entdeckergeist erwacht und ihr beginnt zu laufen." Die Kinder laufen mehrere Runden im Kreis. „Plötzlich steht ihr vor einer Schlucht. Tief unten tobt ein reißender Fluss." In der Mitte des Raums liegt ein dickes Seil straff gespannt auf dem Boden. „Zum Glück gibt es eine Möglichkeit, den Fluss zu überqueren. Zieht eure Schuhe aus und balanciert vorsichtig mit nackten Füßen über das Hochseil. Achtet darauf, dass ihr mit den Füßen auf dem Seil bleibt, denn unten im Fluss lauern sicher hungrige Krokodile!"

4. Etappe: Eine Kriechspur durch den Urwald
Wenn alle Kinder das andere Ufer erreicht haben, erwartet sie schon die nächste Aufgabe: „An diesem Ufer ist der Urwald besonders dicht und das Gebüsch sehr niedrig. Hier müsst ihr auf allen vieren über die Erde kriechen. Und zwar so leise, wie ihr könnt, denn es kann sein, dass auf der Schatz-insel kampfeslustige Eingeborene oder wilde Tiere leben. Am besten kriecht ein Späher vor und alle anderen Schiffbrüchigen folgen ihm schweigend."

5. Etappe: Die Besatzung entdeckt das Tal der Tiere
Nachdem die Kinder den Urwald kriechend überwunden haben, stehen sie auf und schütteln ihre Beine kräftig aus. „Seht, dort drüben im tiefen Tal stehen ganz viele Tiere! Stellt euch im Kreis auf, wählt ein Lieblingstier und ahmt seine Bewegungen nach!" Langsam entsteht eine Bewegungskette, bei der jedes Kind zunächst alle vorangegangenen Bewegungen seiner Mitspieler übernimmt und dann eine neue Tierbewegung hinzufügt. Beispiel: Das erste Kind ahmt einen Elefanten nach und stampft mit den Füßen. Das zweite Kind übernimmt

dieses Stampfen und hüpft dann wie ein Frosch. Das dritte Kind stampft wie ein Elefant, hüpft wie ein Frosch und stellt sich wie ein Flamingo auf ein Bein usw.

6. Etappe: Der Schatzinsel-Traum

„Es wird langsam dunkel und ihr spürt nach all den abenteuerlichen Etappen eine große Müdigkeit. Jeder von euch nimmt sich nun eine Decke und breitet sie irgendwo im Raum aus. Legt euch auf euren Schlafplatz, schließt die Augen und atmet tief ein und aus. Ihr träumt einen wunderschönen Traum: Ihr riecht den Blütenduft, spürt die letzten Sonnenstrahlen auf eurer Haut, der Abendwind streicht durch eure Haare, ihr hört das Rauschen der Wellen und das Gezwitscher der Urwaldvögel." Die Kinder hören nun ruhige Entspannungsmusik. Nach ein paar Minuten holen Sie die müde Besatzung wieder aus ihrem Traum, indem Sie jedem Kind mit einer Feder übers Gesicht, über die Hände und die Füße streicheln: „Ein Paradiesvogel streift mit seiner Zauberfeder sanft über euren Körper." Die Kinder erwachen langsam. „Wo hat euch der Paradiesvogel gestreichelt und wie hat er euch verzaubert? Erzählt es den anderen Kindern!"

Alter	ab 3 Jahre bis 3. Schuljahr
Zeit	25 – 35 Minuten
Ort	drinnen (großer Raum oder Turnhalle)
Sozialform	Gruppenspiel
Material	1 großes, stabiles Tuch zum Schaukeln, 1 langes, dickes Seil, 1 Decke oder Matte für jedes Kind, 1 große Feder, Kassette mit Entspannungsmusik

Weitere Projekte zum ganzheitlichen Lernen können Sie im Internet auf der Seite www.donbosco-medien.de kostenlos downloaden. Bitte gehen Sie auf die Seite www.donbosco-medien.de unter „Meine Bonusseite" und geben Sie dort den folgenden Code ein: 29wYBMSu

Nachwort

> **Persönlichkeiten,
> nicht Prinzipien sind es,
> die die Welt verändern!**
>
> Oscar Wilde

Unser Blick in die Vergangenheit hat gezeigt, dass das Ganzheitliche Lernen ein alter reformpädagogischer Schlüssel zum Kind ist, dessen Funktion in der aktuellen Bildungslandschaft wiederentdeckt wird. Während zur Zeit der Reformpädagogen das Lernen mit Kopf, Herz und Hand auf Erfahrungswissen beruhte ist es heute zur wissenschaftlich fundierten Gewissheit geworden. Dies zeigte uns der Blick in die aktuelle Hirn- und Lernforschung.

Bei allem Respekt vor diesem neuen naturwissenschaftlichen Fundament appelliere ich an unser Selbstbewusstsein als Pädagogen: Wir sollten nicht vergessen, dass die Wurzeln des ganzheitlichen Lernens in der Erziehungswissenschaft liegen. Viele mutige Reformpädagogen mussten aufgrund ihrer fortschrittlichen und visionären Bildungsansätzen um ihr Ansehen ringen.

Im 21. Jahrhundert ertönt der Ruf nach einer besseren Bildung immer lauter. Viele Fragen werden nun virulent: Wann ist der Siedepunkt der Informationsmenge erreicht? Werden wir rechtzeitig erkennen, dass nicht die Quantität an Faktenwissen sondern die Qualität ganzheitlich erworbener Kompetenzen für die Gestaltung der Zukunft entscheidend sind? Wo lernt ein Kind, was zum eigenen Wohlbefinden und dem der anderen erforderlich ist, wie man seinen Beruf findet und ausfüllt, wie man seine Probleme löst und seine Ziele erreicht, wie man eine harmonische Partnerschaft aufbaut? Welchen Raum geben wir der Persönlichkeitsentwicklung von Kindern und Jugendlichen?

Zur Bildung im 21. Jahrhundert gehört der souveräne Umgang mit den Schlüsselqualifikationen (soft skills) der Zukunft: Emotionale Intelligenz und soziale Kompetenz. Die heutige Generation braucht mehr denn je die Herausforderung an eigenes Denken, Fühlen

und Handeln. Sie sollte so oft und so lange wie möglich, persönliche und konkrete Erfahrungen machen und an den Phänomenen lernen. Sie braucht Bildungsprozesse und -orte, die Entdecken und Erforschen, Bewegung und Sinneswahrnehmung, Lachen und Lernen, Erfahrung und Erkenntnis miteinander verknüpfen. Und sie braucht eine Erziehungs- und Lernhaltung die der flüchtigen Informationsflut eine beständige Herzensbildung entgegen setzt.

Denn in einem Jahrhundert der permanenten Medienpräsenz und der Informationsflut kann morgen schon wieder überholt sein, was heute noch richtig ist. Das früher seltene und wertvolle Wissensrepertoire steht heute jedem allerorts in inflationärem Überschuss zur Verfügung. Die Kompetenz mit dieser Informationsflut umzugehen und sie effektiv einzusetzen, ist heute entscheidend!

Es ist höchste Zeit, dass wir Pädagogen unsere eigentlichen Schlüsselkompetenzen als Menschbildner wieder in den Vordergrund von Erziehung und Bildung rücken.

Wenn wir unseren Auftrag auf die Fakten- und Stoffvermittlung reduzieren, werden uns die Neuen Medien rasch verdrängen und ersetzen. Denn sie sind die Meister der ansprechenden und stets aktualisierbaren Wissensvermittlung – nicht weniger aber auch nicht mehr! Eine Gesellschaft, die glaubt, für optimale Bildung zu sorgen, wenn nur die Informationsflüsse kräftig fließen, beweist letztendlich, wie wenig sie verstanden hat. Denn sie unterliegt dem Irrglauben, je mehr Informationen die Flüsse transportieren um so größer würde das Meer der Erkenntnis.

Solange wir den Bildungsgrad eines Menschen danach beurteilen, wie hoch sein Notendurchschnitt oder Intelligenzquotient ist, solange unterliegen wir dem Irrglauben, dass angepasste Leistungserfüller gebildete Menschen seien.

Bildung ist keine unverbindliche Schöngeisterei, kein ambitioniertes Wissensalbum, kein kaltes Förderprogramm und keine *Informationssuppe*, die über alle gekippt wird.

Jedes Kind kommt voller Neugier auf die Welt, in den Kindergarten und in die Schule. Es hängt weder seine Gefühle mit dem Anorak an den Garderobenhaken, noch wartet es mit leerem Kopf darauf, mit Wissen gefüllt zu werden. Immer kommt der ganze Mensch, nicht nur der Schüler! Und immer begegnet ihm die ganze Persönlichkeit des Pädagogen!

Sich heute für eine bessere Bildung einzusetzen bedeutet vor allem an sich selbst, an seiner pädagogischen Haltung, an seiner Persönlichkeit zu arbeiten. Schließlich ist es ein wertvolles Privileg an und mit einer jungen Generation wachsen zu dürfen. Sie hat starke und kompetente Pädagogenpersönlichkeiten mit Kopf, Herz, Hand und Humor verdient. Denn:

„Der Mensch wird am Du zum Ich."

Martin Buber

Vor lauter Wehklagen über das schlechte Bildungs- und Schulsystem haben wir die Zuversicht an unsere persönliche Kraft und Wirkung geschwächt. Unser Gestaltungsfreiraum ist größer als je zuvor in der Geschichte der Pädagogik. Also worauf warten wir? Wann wenn nicht jetzt? Wer wenn nicht ich?

Die bessere Bildung beginnt bei jedem von uns!

Danke!

Ein Buch ist das Produkt eines ganzheitlichen Prozesses. Mein besonderer Dank gilt daher:
Martina Brausem, die mir als Vorstandsmitglied der Gesellschaft für ganzheitliches Lernen e.V. den Rücken stärkt und stets Zuversicht verströmt.

Pädagogischer Beirat der Gesellschaft für ganzheitliches Lernen e.V., der unser Anliegen mit Rat und Tat unterstützt:

- Ute Eckert
  Fachrektorin am Thüringer Institut für Lehrerfortbildung, Lehrplanentwicklung und Medien
- Olga Pedevilla Óbwegs
  Direktorin des Kindergartensprengels Bruneck/Südtirol
- Henrik Schödel
  Schulleiter Sophienschule Hof, Referent Berufswissenschaften BLLV Oberfranken
- Barbara Wrede
  Schulleiterin Lobdeburgschule Jena

Jérôme Liebertz, meinem 23jährigen Sohn der mir viel Freude und Interesse schenkt.

Sylvia Liebertz-Weidenhammer, meiner Schwester die mir als Studiendirektorin viele interessante Denkimpulse gibt.

Gesa Rensmann, meine Lektorin im Don Bosco Verlag die mich stets kompetent berät und geduldig motiviert.

Nicole Menzel, Erzieherin im Kindergarten „Kreisel" in Kürten die das Projekt „Vorsicht, Straßenverkehr!" mitentwickelt und erprobt hat.

Willy Wilting, Lehrer an der Roncalli-Hauptschule in Südlohn der das Projekt „Der Natur auf der Spur!" mitentwickelt und erprobt hat.

Fortbildung und Gütesiegel

**Ich kann einen Menschen nichts lehren.
Ich kann ihm nur helfen,
es in sich selbst zu entdecken.**

Galileo Galilei

Wir hoffen, dass dieses Schatzbuch Ihnen, liebe Leserin und lieber Leser, viele Anregungen für die Praxis geben konnte. Aber ein Buch ist und bleibt ein theoretisches Werk. Daher bieten wir Ihnen mobile Seminare, Fachtagungen und Zertifikats-Lehrgänge an (www.ganzheitlichlernen.de). Hier können Sie in anregender Atmosphäre neue Wege des ganzheitlichen Lernens gehen, Erfahrungen mit Kollegen austauschen und persönlich auftanken. Unsere Fortbildungen sind:

- **mobil**
  Wir kommen zu Ihnen.
- **individuell**
  Wir stellen uns auf Ihre Zielgruppe und Themenwünsche ein.
- **variabel**
  Wir richten uns nach Ihren Zeitvorgaben.
- **praxisbezogen**
  Wir verbinden die Theorie mit der Praxis.
- **aktuell**
  Wir sind auf dem neuesten Stand der Hirn-, Lern- und Lachforschung.
- **zertifiziert**
  Wir sind ein zertifiziertes Fortbildungsinstitut.
- **beratend**
  Wir beraten und begleiten Ihre Einrichtung für das Gütesiegel „Ganzheitlich Lernen".
- **preiswert**
  Wir sind ein gemeinnütziger Verein und bieten unsere Leistungen kostengünstig an.

Gehen Sie mit uns den Bildungsweg des 21. Jahrhundert:
hin zum Können – weg vom Faktenwissen
hin zum Ganzen – weg vom Einzelnen
hin zur Herzensbildung – weg von Sachlichkeit

Unser renommiertes Gütesiegel „GANZHEITLICH LERNEN"(www.ganzheitlichlernen.de)
bietet Ihrer Einrichtung:

- individuelle Beratung und Begleitung
- ganzheitliches Erziehungs- und Lernprofil
- öffentlich wirksame Darstellung
- qualitative Weiterentwicklung

Kontinuierliche Verbesserungen sind besser als hinausgezögerte Vollkommenheit.

Mark Twain

Kontakt
Gesellschaft für ganzheitliches Lernen e.V.
Tel: 0049 - (0) 221 - 92 33 103
c.liebertz@ganzheitlichlernen.de

Literatur

Bauer, J.: Das Gedächtnis des Körpers: Wie Beziehungen und Lebensstile unsere Gene steuern. Frankfurt a. M. 2012

Beywl, W./ Zierer, K.: Lernen sichtbar machen: Überarbeitete deutschsprachige Ausgabe von John Hattie: „Visible Learning". Baltmannsweiler 2013.

Buskies, W. / Demski, N.: Rückenfitness. Wiebelsheim 2003

Buzan, T.: Nichts vergessen! Kopftraining für ein Supergedächtnis. München 1994

Comenius, J. A.: Große Didaktik: Die vollständige Kunst, alle Menschen alles zu lehren. Hg. von A. Flittner. Stuttgart 2008[10]

Damasio, A. R.: Descartes Error and the Future of Human Life. In: Scientific American. Oktober 1994

Diorio, D. / Viau, V. / Meaney, M.: The role of the Medial Prefrontal Cortex in the Regulation of Hypothalamic-Pituitary-Adrenal Responses to Stress. In: Journal of Neuroscience, 11/1993

Feldenkrais, M.: Bewusstsein durch Bewegung. Frankfurt 1978

Feth, M. / Boratynski, A.: Der Gedankensammler. Düsseldorf 1993

Gardner, H.: Abschied vom IQ. Die Rahmentheorie der vielfachen Intelligenzen. Stuttgart 1991

Gelernter, David: The Muse in the Machine. Computerizing Poetry of Human Thought. New York 1994

Gebauer, K./Hüther, G. (Hrsg.): Kinder brauchen Vertrauen. Düsseldorf 2004

Gerdsmeier, G. / Köller, Ch.: Nachhaltiges Lernen, selbst gesteuertes Lernen und Aushandlungsprozesse. Universität Kassel. Hessisches Kultusministerium, Amt für Lehrerbildung BLK-Modellversuch LunA. 2005 – 2009

Gould, St. J.: Der falsch vermessene Mensch. Frankfurt 1988

Grindler J./ Bandler, R.: Kommunikation und Veränderung. Paderborn 1991

Hattie,J.:

– Visible Learning. A synthesis of over 800 meta-analyses relating to achievement. Routledge, London, New York 2008 (deutsche Übersetzung s. Beywl, W. / Zierer, K.)

– Visible learning for teachers. Maximizing impact on learning. Routledge, London, New York 2012

Heiland, H.: Maria Montessori. Hamburg 1996

Herrmann, U. (Hrsg.): Neurodidaktik. Weinheim 2006

Hilbert, M. / López, P.: „The World's Technological Capacity to Store, Communicate and Compute Information", April 2011, Science, Volume 332

Huber, G. L.: Pädagogische Interaktion in der Schule. In: Krapp, A. (Hrsg.): Pädagogische Psychologie. Weinheim 2001

Hüther,G.: Was wir sind und was wir sein könnten: Ein neurobiologischer Mutmacher. Frankfurt a. M. 2011

Hüther, G./ Michels, I.: Gehirnforschung für Kinder – Felix und Feline entdecken das Gehirn. München 2013[4]

Hurrelmann, K.
– Familienstress, Schulstress, Freizeitstress. Gesundheitsförderung für Kinder und Jugendliche. Weinheim 1990
– Eine gute Schule ist der beste Beitrag zur Jugendpolitik. In: Humane Schule, 19. Jg. Mai 1993

Kasten, H.: Einzelkinder. Göttingen 2007

Kernis, M. / Goldman, B.: A multicomponent conceptualization of authenticity. In: Zanna, Mar (Hrsg.): Advances in Experimental Social Psychology. New York: Academic Press, 2006

Kiphard, E.: Psychomotorik in Praxis und Theorie. Gütersloh 1989

Köhler, H.: Rede am 21.9.2006 in der Kepler-Oberschule in Berlin Neukölln

Krenberger, S. (Hrsg.): Itards Berichte über den Wilden von Aveyron. Wien 1913

Krenz, A.: Kinderseelen verstehen. Verhaltensauffälligkeiten und ihre Hintergründe. München 2012

Krettenauer, W.: Gerechtigkeit als Solidarität: Entwicklungsbedingungen sozialen Engagements im Jugendalter. Weinheim 1998

Krueger, F.: Über psychische Ganzheit. Neue Psychologische Studien Bd.1, 1926

Largo, R.: Lernen geht anders. Bildung und Erziehung vom Kind her denken. München 2012

Liebertz, Charmaine:
– Neurologische Grundlagen und was daraus folgt, In: Projekt Frühes Lernen. Ruhe & Konzentration. Stuttgart 2004
– Bewegung: Sitzen – Nein danke! In: Gehirn & Geist, 7/2004
– Konzentration: Alle mal aufpassen! In: Gehirn & Geist, 1-2/2005
– Entspannung: Licht aus – Kopfkino an! In: Gehirn & Geist, 3/2005
– Lachen: Mit Humor geht alles besser! In: Gehirn & Geist, 4/2005
– Das Schatzbuch der Herzensbildung. Grundlagen, Methoden und Spiele zur emotionalen Intelligenz. München 2013[7]
– Das Schatzbuch des Lachens. Grundlagen, Methoden und Spiele für eine Erziehung mit Herz und Humor. München 2013[3]
– Mit Kopf, Herz, Hand und Humor. Das Konzept der ganzheitlichen Bildung, In: Brockhaus perspektiv: Wahnsinn Bildung. Brauchen wir eine neue Lernkultur? Gütersloh/München 2012

Limmer, R.: Mein Papa lebt woanders – Die Bedeutung des getrenntlebenden Vaters für die psychosoziale Entwicklung seiner Kinder. In: Mühling, T./Rost, H. (Hrsg.): Väter im Blickpunkt. Perspektiven der Familienforschung. Opladen 2007

Locke, J.: Gedanken über Erziehung. Stuttgart 1990 (Erstveröffentlichung 1693)

Lorenz, K.: Die acht Todsünden der zivilisierten Menschheit. München 1997

Luhmann, N., Funktionen und Folgen formaler Organisation. Berlin 1964

Mentzer, A. / Sonnenschein, U.: 22 Arten, eine Welt zu schaffen: Erzählen als Universalkompetenz. Frankfurt a. M. 2008

Nefiodow, L. A.: Der sechste Kondratieff — Wege zur Produktivität und Vollbeschäftigung im Zeitalter der Information. Sankt Augustin 1996

Niemitz, C.: Alle Menschenaffen lachen. Interview Planet Wissen 4.11.2005

Peuckert, R.: Familienformen im sozialen Wandel. Wiesbaden 2008

Postmann, N.: Wir amüsieren uns zu Tode. Urteilsbilder im Zeitalter der Unterhaltungsindustrie. Frankfurt a. M. 1985.

Rolff, H.-G.:

– Kindheit heute – Leben aus zweiter Hand. In: Faust-Siehl / Schmitt / Valtin (Hrsg.): Kinder heute – Herausforderung für die Schule. Frankfurt a. M. 1990

– Wandel durch Selbstorganisation, Weinheim 1993.

Roth, G.: Bildung beginnt bei Null. Vorwort. In: Brockhaus perspektiv: Wahnsinn Bildung. Brauchen wir eine neue Lernkultur? Gütersloh/München 2012

Rousseau, J.-J.: Emil oder Über die Erziehung. Paderborn 1975 (Erstveröffentlichung 1762)

Russell, P.: Der menschliche Computer. München 1991

Scheich, H.: Begeisterung diszipliniert. In: Der Spiegel. Nr.27, 2002

Seguin, E.: Die Idiotie und ihre Behandlung nach physiologischer Methode. Wien 1912

Sloterdijk, P.: Lernen ist Vorfreude auf sich selbst. Peter Sloterdijk im Gespräch mit Reinhard Kahl über den Abschied vom Ernstfall und die Entprofessionalisierung der Schule. Manuskript 2002

Spitzer, M.: Digitale Demenz. Wie wir uns und unsere Kinder um den Verstand bringen. München 2012

Stickgold, R.: Sleep, Memory and Learning, an Issue of Sleep Medicine Clinics. 2011

Struck, Peter: Die 15 Gebote des Lernens. Darmstadt 2011[4]

van Genepp, A.: Les rites de passage 1909. In: Acham, v. K. (Hrsg.), Gesellschaftliche Prozesse. Graz 1983

Vester, F.: Denken, Lernen, Vergessen. München 1992

Virilio, P.: Geschwindigkeit und Politik. Berlin 1980

von Hentig, H.: Die Menschen stärken, die Sachen klären. Plädoyer für die Wiederherstellung der Aufklärung. Stuttgart 1986

Spieleübersicht